Klaus Adler
Benno Steffens

Deutsch für die Mittelstufe

Texte und Übungen

Max Hueber Verlag

Deutsch für die Mittelstufe

von Klaus Adler und Benno Steffens

1226 **Texte und Übungen**
Neubearbeitung

2.1226 **Arbeitsheft**

3.1226 **Lösungen, Arbeits- und Übungsformen**
Neubearbeitung

Aufnahme der Basistexte der Reihen 1 und 2, der dialogischen Wiedergabe des Textinhalts der Basistexte der Reihen 2, 6 und 7 sowie sämtlicher Hörverständnis-Texte der Reihen 1 mit 7

8.1226 1 Compact-Cassette

5.1226 1 Tonband

Aufnahme der Hör-Schreib-Texte (Diktat-Texte) der Reihen 1 mit 7

9.1226 2 Compact-Cassetten

6.1226 2 Tonbänder

5. Auflage

| 3. 2. 1. | Die letzten Ziffern |
| 1983 82 81 80 | bezeichnen Zahl und Jahr des Druckes. |

Alle Drucke dieser Auflage können nebeneinander benutzt werden.
© 1974 Max Hueber Verlag München
5., bearbeitete Auflage 1980
Schreibsatz: Johanna Franz, Pfaffenhofen
Druck: Georg Appl, Wemding · Printed in Germany
ISBN 3–19–00.1226–1

Inhaltsverzeichnis

Abkürzungen und Zeichen 8
Vorwort zur 4., neubearbeiteten Auflage 1978 9
Hinweise für den Unterrichtenden 11

REIHE 1

Minimalbestand und die Abfolge seiner Teile 19
Die Bremer Stadtmusikanten (Basistext) 20
Erklärungen und Fragen zum Text 22
Aufgaben zur Textarbeit 23
Zur Wiederholung und Erweiterung des Wortschatzes 24
Zum Gebrauch des Präteritums und des Plusquamperfekts 26
Aufgaben zur freien Äußerung 27
Ergänzungen und Angaben 28
Franz Kafka · Kleine Fabel (Lese- und Interpretationstext) 38

REIHE 2

Minimalbestand und die Abfolge seiner Teile 39
In Untermiete bei Frau Sommerfeld (Basistext) 40
Erklärungen und Fragen zum Text 41
Aufgaben zur Ausdrucksfähigkeit 43
Aufgaben zur Fragebildung 44
Dialogische Wiedergabe des Textinhalts 45
Aufgaben zur freien Äußerung 46
Übung zur indirekten Rede 49
Verlobter als Mitbewohner (Text zu verschiedenen Formen der
Redewiedergabe) 49
Zum Gebrauch deutscher Verben 51
„es" als Nominativ und Akkusativ einer festen Verbindung 55
Häuser (Ergänzungs- und Umformungstext) 57

Texte, Aufgaben und Übungen zum Leseverständnis

Zimmeranzeigen (LV 1) 59
Aufgaben 60

Zimmermisere in den Universitätsstädten der Bundesrepublik (LV 2) . . 62
Fragen zum orientierenden Lesen 62

Das Erschließen unbekannter Ausdrücke aus dem Zusammenhang
des Textes oder aufgrund der Wortbildung 66
Meuterei im Mädchenwohnheim (LV 3) 71
Fragen zum orientierenden Lesen 71
Das Erschließen unbekannter Ausdrücke aus dem Zusammenhang des
Textes oder aufgrund der Wortbildung 73
Umformungen (Zum Gebrauch von „es" vor/hinter den Satzergän-
zungen DASS und INF+) 76
Satzanalyse als Hilfe zum Leseverständnis 77
Jürgen Becker · Raum-Fragen (LV 4) 78
Anleitung zu einem Gespräch über den Text 79

REIHE 3

Minimalbestand und die Abfolge seiner Teile 81
Im Schnell-Restaurant (Basistext) 82
Erklärungen und Fragen zum Text 83
Übung zur indirekten Rede 86
Aufgaben zur freien Äußerung 87
Aufgaben und Übungen zum Gebrauch deutscher Verben 90
Feste Verbindungen der Typen „Platz nehmen" und „die Absicht
haben" 98
Reibekuchen braten. Pfannkuchen backen. (Aktions- und Umfor-
mungstexte) 100
Texte, Aufgaben und Übungen zum Leseverständnis
„Bitte einen 71er Ruppertsberger Reiterpfad!" (LV 1) 103
Signalwörter 110
Zur Erschließung von Substantiven und Adjektiven 111
Bertolt Brecht · Über niederen Materialismus (LV 2) 112
Aufgaben zur Textarbeit 114

REIHE 4

Minimalbestand und die Abfolge seiner Teile 115
Einkaufsrennen — zweite Runde (Basistext) 116
Erklärungen und Fragen zum Text 117
Aufgaben zur Ausdrucksfähigkeit 120
herrschen + Nominativergänzung 120
kommen + es + Präpositionalergänzung/zu-Dat 122

Aufgaben zur Textarbeit 122
Aufgaben zur freien Äußerung 123
Feste Verbindungen der Typen „zur Verfügung stehen" und „in
Kraft treten" 127
snips (Umformungstext) 130

Texte, Aufgaben und Übungen zum Leseverständnis

Eröffnungsangebot (LV 1) 132
Das Erschließen unbekannter Wörter aufgrund der Wortbildung unter
besonderer Berücksichtigung zusammengesetzter und abgeleiteter
Adjektive 135
Maß- und Mengenbezeichnungen 137

Preise (LV 2) — Aufgaben zum Verständnis und zur freien Äußerung . 138

Hausfrau — ein harter Job (LV 3) — Text zur Anwendung verschie-
dener Erschließungstechniken 139
Signalwörter 141
Aufgaben zur Umformung nominaler Fügungen 142

Ausgaben — wofür? (LV 4) 143
Aufgaben zum Verständnis und zur freien Äußerung 145

Günter Grass · „No Madamchen, beßchen Butter jefälligst ..."
(LV 5) 145
Aufgaben zur Behandlung des Textes 146

REIHE 5

Minimalbestand und die Abfolge seiner Teile 147
Fernando Schmidt — am 15. November 1971 — an die Technische
Universität Berlin (Basistext) 148
Erklärungen und Fragen zum Brief vom 15. November 1971 149
Aufgaben zur schriftlichen Äußerung, zur Fragebildung sowie zur
Wiederholung und Erweiterung des Wortschatzes 150
Technische Universität — am 12.12.1971 — an Fernando Schmidt .. 152
Fragen zum Inhalt des Briefes vom 12. Dezember 1971 153
Technische Universität — am 17.2.1972 — an Fernando Schmidt ... 154
Fragen zum Inhalt des Briefes vom 17. Februar 1972 155
Aufgaben zur Ausdrucksfähigkeit sowie zur Wiederholung und Erwei-
terung des Wortschatzes 155
Zum Gebrauch des Verbs „rechnen" 156
Aufgaben zur freien Äußerung 158

Das erweiterte Partizip vor dem Substantiv 161
Im Wirtshaus hört die Gemütlichkeit auf (Umformungstext zum
erweiterten Partizip vor dem Substantiv) 167
Übungen zum Gebrauch von „es" 170

Texte, Aufgaben und Übungen zum Leseverständnis

Der Geschäftsbrief (LV 1) 173

Das Studium in der Bundesrepublik Deutschland (LV 2) 174
Aufgaben zur Gliederung des Textes 177
Aufgaben zu den Ausdrucksmitteln 177
Umformungen 178

Uwe Timm · Seminar (LV 3) 178
Aufgaben zur freien Äußerung 180
Aufgaben zu den Ausdrucksmitteln 180

REIHE 6

Minimalbestand und die Abfolge seiner Teile 183
Erich Kästner · Aus meinem Leben (Basistext) 184
Erklärungen und Fragen zum Text 185
Aufgaben zur Fragebildung 189
Dialogische Wiedergabe des Textinhalts 189
Übung zur schriftlichen Äußerung (Tabellarischer Lebenslauf) 190
Gesprächs- und Diskussionsanlässe 191
Freie Angaben 193
Erich Kästner ist tot (Ergänzungs- und Umformungstext) 198
Übungen zum Gebrauch von „es" 200

Texte, Aufgaben und Übungen zum Leseverständnis

Wolfgang Leiser (LV 1) 203
Aufgaben zum Text 203
Aufgaben und Übungen zur Herstellung eines Lebenslaufs in erzäh-
lender und tabellarischer Form 204
Aufgaben zum Gebrauch der Vergangenheitszeiten 206

Deutschland und ich. Ein Hundertjähriger berichtet aus seinem Leben
(LV 2) 207
Aufgaben zum Text 213

Heinrich Böll · Über mich selbst (LV 4) 214
Aufgaben zum Textverständnis 218

Zwei Frauen (LV 4) 219
Nina 219
Gabriele Wohmann · Über meine Mutter 220
Aufgaben zum Textverständnis 222

REIHE 7
Minimalbestand und die Abfolge seiner Teile 223
Ein Brief aus dem Krankenhaus (Basistext) 224
Erklärungen und Fragen zum Text 226
Aufgaben zur Fragebildung 228
Dialogische Wiedergabe des Textinhalts 228
Übungen zur Wiederholung und zur Erweiterung der Ausdrucksmittel .. 230
Übungen zu den Bedeutungen der Modalverben 233
Aufgabe zum schriftlichen Ausdruck 255
Mehrerlei Maß beim Arzt (Ergänzungs- und Umformungstext) 257
Heinar Kipphardt · Öchsel erzählt ... Kofler. Bericht
(Umformungstexte zur Redewiedergabe) 259

Texte, Aufgaben und Übungen zum Leseverständnis

Die Krankenversicherung (LV 1) 260
Aufgaben zum Textverständnis 263

Gesundheit steht an erster Stelle (LV 2) 264

Beim Arzt in Stadt und Land (LV 3) 265
Aufgaben zur Gliederung eines Textes 268

Wie ein Baby (LV 4) 269
Aufgaben zur Ausdruckserschließung sowie zur Gliederung eines
Textes 271

ANHANG
Materialien und Aufgaben zur Hinführung auf die Zentrale Mittel-
stufenprüfung des Goethe-Instituts (ZMP)
A. Sprechanlässe 272
B. Die Echten aus Frankreich (Mündlicher Ausdruck) 273
C. Brieffreundschaft (Schriftlicher Ausdruck) 274
D. Alexander Kluge · Manfred Schmidt. Lebenslauf. Bewerbung
(Schriftlicher Ausdruck) 276
E. Wir leben länger (Leseverständnis) 279

Quellenverzeichnis. Bildnachweis 286

Abkürzungen und Zeichen

Abb.	Abbildung	LV	(Text zum) Leseverständnis
AH	**Arbeitsheft** zu **Deutsch für**	m.	maskulin
	die Mittelstufe	MV	Modalverb(en)
Akk.	Akkusativ	n.	neutrum
bzw.	beziehungsweise	R	Reihe
Dat.	Dativ	Rom.	Roman(e)
Erz.	Erzählung(en)	s.	siehe
f.	feminin	S.	Seite(n)
ff.	(Seite 1) und die folgenden	TB	Tonband
	Seiten	u. a.	und andere(s); unter ande-
Gen.	Genitiv		rem/anderen
HS	(Text zum) Hören (und)	Z.	Zeile(n)
	Schreiben	z. B.	zum Beispiel
HV	(Text zum) Hörverständnis		

Die Abkürzungen für die Ergänzungen sind auf S. 31 ff.

Text ist auf Tonband

Die Verfasser empfehlen, in welcher Reihenfolge die Texte einer Reihe durchgenommen werden können; z. B. R 2, S. 40 f.: zuerst der LV-Text 1 (S. 59–61); anschließend der HV-Text 1 (dazu TB/AH); dann der Basistext „In Untermiete bei Frau Sommerfeld" und die dazugehörigen Materialeinheiten (S. 40–46).

*   geboren

..   2 Punkt..   – Hier soll die fehlende Endung ergänzt werden:
       2 Punkt*e*

...   3 ...   – Hier fehlt ein bestimmtes Wort, das zu ergänzen ist:
       3 *Punkte*

..... Mehr als zwei Wörter ..... – Hier fehlen mehr als zwei Wörter:
       Mehr als zwei Wörter *sollen ergänzt werden.*

(...)   Ein Zitat wird verkürzt wiedergegeben:
       „Die Verfasser empfehlen, in welcher Reihenfolge die Texte (...)
       durchgenommen werden können."

→   Ein Ausdruck, ein Satzglied, ein Satz soll anders formuliert werden:
       wegen des Regens → *weil es regnete*

Vorwort zur 4., neubearbeiteten Auflage

Analyse und Auswertung von annähernd hundert Erfahrungsberichten und Stellungnahmen zu **Klaus Adler/Benno Steffens: Deutsch für die Mittelstufe** ergaben keine so grundsätzlichen oder schwerwiegenden Einwände gegen den konzentrischen Aufbau des Programms, daß dieses Prinzip hätte aufgegeben oder entscheidend geändert werden müssen. Die Kritik, in der sowohl die **Aufnahmen** als auch die im **Arbeitsheft** enthaltenen Übungen zum **HS** und **HV** kaum Erwähnung fanden, zielte hauptsächlich ab auf die **Texte und Übungen**: auf das hier zugrundegelegte Grammatikmodell, die Inhalte einer Reihe von Texten (bzw. das Fehlen bestimmter Texte), den für nicht ausreichend angesehenen Bestand an sprachlichen Übungen sowie an Sprech- und Schreibanlässen, schließlich, auf die Auswahl (bzw. das Defizit) der grammatischen Schwerpunktthemen.

Was bringt die vorliegende Neubearbeitung?

Das in R 1 eingeführte, von R 2 bis R 4 nunmehr progredient entfaltete Dependenz-Verb-Modell wurde deshalb beibehalten, weil Fehleranalysen zu bestätigen scheinen, daß selbst auf der Mittelstufe grammatische, aber auch semantische Abweichungen und Irregularitäten überwiegend als Valenzfehler, hier wiederum als Verstöße gegen die Valenz der Verben zu klassifizieren und zu erklären sind. Die Erklärstärke dieses Modells läßt sich ferner für (explizite/implizite) kontrastive und konfrontative Vergleiche zwischen Ziel- und Herkunftssprache nutzen. Anhand ablesbarer Merkmale (Funktionskennzeichen) der syntaktischen Oberfläche werden zugleich schwierige Bedeutungsunterscheidungen ohne eine rein inhaltsbezogene Semantisierung ermöglicht. An wissenschaftlichen Arbeiten, die wesentlich dazu beigetragen haben, das dem Programm von Anfang an zugrunde liegende Dependenz-Verb-Modell für Lehr- und Lernzwecke präziser zu fassen, den stärker analytischen und deshalb wohl auch zu Recht kritisierten Ansatz der bisherigen Auflagen in aufeinander aufbauende Übungsfolgen umzusetzen, seien in diesem Zusammenhang nachdrücklich genannt:

Engel, Ulrich: Kleines Valenzlexikon deutscher Verben / Ulrich Engel; Helmut Schumacher. Unter Mitarbeit von Joachim Ballweg ... – Tübingen: TBL-Verlag Narr, 1976. (Forschungsberichte / Institut für Deutsche Sprache Mannheim; Band 31)

Götze, Lutz: Valenzstrukturen deutscher Verben und Adjektive. Eine didaktische Darstellung für das Fach „Deutsch als Fremdsprache". – München: Max Hueber Verlag, 1978. (Heutiges Deutsch/Reihe III: Linguistisch-didaktische Untersuchungen des Goethe-Instituts; Band 3, Hueber-Nr. 6901)

Der ursprüngliche Bestand an grammatischen Schwerpunktthemen wurde durch Kapitel erweitert, die, berechtigt oder nicht, allgemein als Stoff der Mittelstufe für unerläßlich gehalten werden (z. B. Passiv; Ersatzformen des Passivs; Tempusgebrauch; indirekte Rede). Für die Behandlung der beiden letztgenannten Kapitel verdanke ich Hinweise und Anregungen vor allem den beiden folgenden Monografien:

Kaufmann, Gerhard: Die indirekte Rede und mit ihr konkurrierende Formen der Redeerwähnung. – München: Max Hueber Verlag, 1976. (Heutiges Deutsch/Reihe III: Linguistisch-didaktische Untersuchungen des Goethe-Instituts; Band 1, Hueber-Nr. 6788)

Latzel, Sigbert: Die deutschen Tempora Perfekt und Präteritum. Eine Darstellung mit Bezug auf Erfordernisse des Faches „Deutsch als Fremdsprache". – München: Max Hueber Verlag, 1977. (Heutiges Deutsch/Reihe III: Linguistisch-didaktische Untersuchungen des Goethe-Instituts; Band 2, Hueber-Nr. 6799)

Weitere Forderungen der Kritik haben in dieser Neubearbeitung ihren Niederschlag gefunden:

1. 14 Texte wurden hauptsächlich aus inhaltlichen Gründen aus dem Programm genommen und teilweise durch andere ersetzt. In allen Reihen werden **literarische Texte** angeboten.

2. Jede Reihe enthält nunmehr besondere **Rede- und Schreibanlässe** zur Förderung des produktiven Schreibens, vor allem des initiativen Sprechens.

3. Zu den Themen der Reihen 2 bis 7 werden in einem Anhang **Materialien zur Hinführung auf die Zentrale Mittelstufenprüfung des Goethe-Instituts** zur Verfügung gestellt. Programm- und kursimmanent werden die Lerner vertraut und sicher im Umgang mit den Verfahren und Techniken der vier Teilprüfungen (HV; LV; mündlicher Ausdruck; schriftlicher Ausdruck).

4. Die ebenfalls themenbezogenen **Ergänzungs- und Umformungstexte** der Reihen 2 bis 7 stellen im Rahmen des insgesamt vorhandenen Aufgaben- und Übungsmaterials textsortenspezifische Übungsvorlagen zur Förderung der Ausdrucksfähigkeit dar. Die betreffenden Vorlagen in R 2, R 5, R 6 und R 7 führen die Lerner zudem in verschiedene Aufgabenstellungen ein, wie sie in den „Grammatischen Umformungen" der „Deutschen Sprachprüfung für ausländische Studienbewerber an den wissenschaftlichen Hochschulen der Bundesrepublik Deutschland einschließlich Berlin (West)" verlangt werden.

5. Aus dem gesamten Materialangebot einer Reihe wird für Lernergruppen mit geringeren Ausgangskenntnissen die Durchnahme eines **Minimalbestandes** vorgeschlagen, verbunden mit der Empfehlung, in welcher **Abfolge** dessen Teile behandelt werden können.

Die Verfasser hoffen, daß der neue „Adler/Steffens" den Ansprüchen der Lerner weit mehr entgegenkommt, als dies der alte tat. Dem Max Hueber Verlag sei ganz besonders dafür gedankt, daß er bereit war, schon drei Jahre nach der Erstveröffentlichung diesen Neudruck vorzulegen.

München, im November 1977   Benno Steffens

Hinweise für den Unterrichtenden

Adler/Steffens: Deutsch für die Mittelstufe (AS) ist ein unterrichtstragendes, fertigkeitsorientiertes (kein berufs- oder fachspezifisches) Programm für erwachsene Lerner, die sich in einem 150- bis 180-stündigen Intensivkurs – von Lernvoraussetzungen her, die z. B. den in den Stoffkatalogen der „Grundstufe" oder der Zertifikatsbroschüre „Deutsch als Fremdsprache" implizierten Sprachfähigkeiten und -fertigkeiten entsprechen – noch eingehender mit authentischer gesprochener und geschriebener Umgangssprache beschäftigen wollen oder müssen. Siehe dazu:

Bär, Günter (Herausgeber): Die Grundstufe. Lehrziele, Methoden, Stoffkataloge. – Goethe-Institut München, 1972.

Deutscher Volkshochschul-Verband und **Goethe-Institut** (Herausgeber): Das Zertifikat Deutsch als Fremdsprache. – 2., neu bearbeitete und erweiterte Auflage, 1977.

Die **Texte und Übungen** (Hueber-Nummer 1226) sind für den Klassenunterricht mit wechselnden Sozialformen (lehrerzentriert: frontal; lernerzentriert: Plenum; Arbeitsgruppen; partnerschaftlich; individuell), in bezug auf die Auswahl der zu behandelnden Texte und der ihnen zugeordneten Materialeinheiten mit binnendifferenzierten Angebotsmöglichkeiten gemacht. Die **HV-** und die **HS-Texte**, beides auf TB und Compact-Cassette (Hueber-Nummern 5.1226 bzw. 8.1226 und 6.1226 bzw. 9.1226) können in der Mehrzahl von den Lernern selbständig bearbeitet werden. Die Verfahren dazu werden Schritt für Schritt im **Arbeitsheft** (Hueber-Nr. 2.1226) erläutert; die **Lösungen, Übungs- und Arbeitsformen** (Hueber-Nr. 3.1226) liefern das zum selbständigen Arbeiten notwendige Kontroll- und Vergleichsmaterial.

Die Basis-, HV-, HS- und LV-Texte (letztere, sofern es sich um expositorische Texte überwiegend aus Zeitungen, Zeitschriften und Sachbüchern handelt) sind authentisch adaptiert, in der Mehrzahl aber authentisch gekürzt,

11

derart, daß jeden Text in bezug auf den dargestellten Sinnzusammenhang ein klar erkennbarer Anfang sowie ein klar erkennbarer Schluß markiert. Es wurden in keinem Fall sinnverändernde oder sinnentstellende Vereinfachungen und Kürzungen vorgenommen. Bei keinem dieser Texte handelt es sich also um speziell für Lehr- und/oder Lernzwecke verfaßte (didaktische) Texte der Programmautoren. Die Texte wurden vielmehr danach ausgewählt, — ob sie Fragen und Probleme vor allem der Lerner berücksichtigen, die sich in der Bundesrepublik Deutschland oder in Berlin (West) aufhalten oder unter Umständen auch für längere Zeit aufhalten müssen; — daß ihr originärer Entstehungs- und Kommunikationsanlaß jeweils ihre Verwendung und Behandlung im Unterricht bestimmt.

Materialbestand und Aufbau einer Reihe

AS besteht aus sieben jeweils einem Leitthema gewidmeten Reihen und einem Anhang mit wiederum themenbezogenen, in die Reihen einprogrammierbaren Materialien zur Hinführung auf die Mittelstufenprüfung des Goethe-Instituts.

Mit der Einschränkung, daß R 1 keinen LV-, R 5 keinen HV-Text anbietet, treten bestimmte Materialeinheiten in allen Reihen auf. Dadurch zeigen die Reihen in ihrem Aufbau eine gewisse Ähnlichkeit, wenn auch keine Übereinstimmung. Hervorzuheben ist, daß die Materialeinheiten einer Reihe nicht in der chronologischen Abfolge ihrer Behandlung, sondern nach Materialkomplexen geordnet sind, deren Kristallisationskerne der Basistext und die LV-Texte (Buch-Texte), die HV-Texte und der HS-Text (Band-Texte) bilden. (Nur einen HV-Text haben jeweils R 1 und R 7.) Die Folge, in der die zentralen Texte einer Reihe aufgezählt wurden, entspricht zugleich der Anordnung, in der die Materialkomplexe der Buch-Texte in den **Texten und Übungen**, die Materialkomplexe der Band-Texte auf **Tonband** und **Compact-Cassette**, im **Arbeitsheft** sowie in den **Lösungen, Übungs- und Arbeitsformen** zu finden sind. Der dem Basistext zugehörige Materialkomplex enthält Materialeinheiten zur Aufarbeitung des Basistextes, zur freien (mündlichen und/oder schriftlichen) Äußerung und zur Grammatik (mit einem Umformungstext in R 2, R 3, R 4, R 5, R 6 und R 7). Der den Basistext aufarbeitende Materialbestand umfaßt in R 1, R 2, R 6 und R 7 die Materialeinheiten (ME) 1 bis 5, in R 3 die ME 1 bis 3, in R 4 die ME 1 bis 6 und in R 5 die ME 1 bis 10. Bei der Behandlung des Basistextes kommt es entscheidend darauf an, insbesondere die „Erklärungen zum Text", die „Fragen zum Inhalt des Textes" und die „Aufgaben zur Ausdrucksfähigkeit" nach Möglichkeit vollständig, die

„Aufgaben zur Fragebildung" (z. B. nach häuslicher Vorbereitung des Basistextes), die „Aufgaben zur Textarbeit" sowie in R 1, R 4, R 5 und R 7 die Materialeinheiten zum Wortschatz, zum Gebrauch einzelner Verballexeme bzw. zu den Ausdrucksmitteln zumindest exemplarisch in die Durchnahme einzubeziehen. Bei einem solchen Verfahren stünden die genannten Materialeinheiten für die schriftliche Hausarbeit zur Verfügung. (Hiervon ausgenommen sind die „Erklärungen zum Text".)

Aus dem Gesamtbestand ein zielgruppenorientiertes Teilsortiment auswählen

Damit nun das in einer Reihe vorhandene Text- und Materialangebot vor allem bei den Lernern nicht zu Ermüdungserscheinungen führt, sollte der Unterrichtende, je nach Zusammensetzung der Lernergruppe (LG), aus dem Gesamtbestand ein den Lernvoraussetzungen und dem Leistungsstand angemessenes Teilsortiment auswählen, hier aufgrund der Bedürfnisse fertigkeitsorientierte Schwerpunkte setzen, die, themenbedingt, von Reihe zu Reihe differieren können. Für Lerner mit den entsprechenden Voraussetzungen wird deshalb zu jeder Reihe ein Minimalbestand vorgeschlagen. Nichts spricht indessen dagegen, daß sich Lerner, die weitergehenden Anforderungen gewachsen sind, in Eigenarbeit auch mit Texten und Materialeinheiten des Minimalbestandes auseinandersetzen. Die in einer Reihe versammelten Materialien stellen also kein geschlossenes Lehr- und Lernpaket dar; aus dem Gesamtbestand soll vielmehr je nach den Voraussetzungen und Interessen der LG ein Teilsortiment ausgewählt werden. Eine solche Auswahl kann für jede der sieben Reihen getroffen werden. Die in jede Reihe eingefügten Symbole, deren Plazierung der unmittelbaren Unterrichtspraxis entstammt, raten zu einer von den Autoren für effektiv befundenen Abfolge, unabhängig davon, für welche der vorhandenen Texte und Materialeinheiten sich der Unterrichtende entschieden hat.

Dem „Minimalbestand und der Abfolge seiner Teile" ist außerdem zu entnehmen, auf welche Art und in welcher Verteilung sich sowohl die dem Basistext unmittelbar zugeordneten als auch alle weiteren (dem LV-Teil vorangestellten) Materialeinheiten in die Arbeit am Basistext einbeziehen lassen.

Unterrichtsintegrierte Hausarbeit

In dem Verbund von Cassetten-Recorder, Compact-Cassette und **Arbeitsheft**, von Transkription und vorgeschlagenen Lösungen sind für die HV- und HS-Übungen optimale Bedingungen für die Eigentätigkeit des Lerners geschaffen, die, außerhalb des Unterrichts, diesen zugunsten klassen-, gruppen- und partnerschaftsorientierter Arbeitsformen entlasten. Vor allem die HS-Übungen sind so programmiert, daß der Lerner sie selbständig und außerhalb des Klassenunterrichts durchführen kann. Inwieweit es bei leistungsschwächeren Lernern möglich und vertretbar ist, die HV- und die HS-Texte des Minimalbestandes individuell und außerhalb der Klasse bearbeiten zu lassen, hängt in erster Linie davon ab, welche Voraussetzungen die Lerner für diese Arbeitsform mitbringen oder im Laufe des Kurses entwickeln. Auf jeden Fall sollte es in bezug auf die hier angesprochenen Fertigkeiten das Ziel des Unterrichtenden sein, auch die Lerner, die sich mit den Materialien des Minimalbestandes beschäftigen, zur Eigentätigkeit außerhalb der Klasse zu motivieren, u. zw. unter dem Gesichtspunkt des nachweislich größeren Lerneffekts. Andererseits sollte Lernern, die sich den in den Minimalbeständen nicht aufgeführten Materialien zuwenden, die Mehrzahl der HV- und — mit Ausnahme der einführenden HS-Übung in R 1 — alle HS-Vorlagen zur selbständigen Bearbeitung außerhalb der Klasse überlassen werden. Diese Möglichkeit wäre voll genutzt, wenn gerade diese Lerner in einem solchen Maße vom Nutzen selbständigen Lernens und Arbeitens zu überzeugen wären, daß sie sich während der Behandlung des Basistextes etwa zusätzlich und allein mit den für das Minimalprogramm vorgesehenen HV-Übungen beschäftigen würden. Zusammenfassend läßt sich wohl sagen: Bei Lernern, für die der Minimalbestand die angemessenen Texte und Materialeinheiten liefert, ist der Unterricht wohl überwiegend auf Betreuung, bei Lernern, die mehr schaffen, zumindest in gleichem Maße auf Eigentätigkeit abgestellt, innerhalb und außerhalb der Klasse.

Auf der Grundlage der den Lernern gleich zu Anfang des Kurses gegebenen Erläuterungen zur Einteilung, zu den Themen und zur allgemeinen Zielsetzung des Programms sowie im besonderen zur Materialauswahl und zum konzentrischen Aufbau einer Reihe bespricht der Unterrichtende mit den Lernern immer vor Beginn der Arbeit an einer Reihe den Materialbestand des in Aussicht genommenen Teilsortiments und die Abfolge seiner Texte und Materialeinheiten. Dazu entwirft er, sofern er sich nicht an den Minimalbestand halten kann, zur Vorausinformation der Lerner einen auf sie zugeschnittenen Stoff- und Abfolgeplan. Denn weiß der Lerner, was ihn erwartet und wohin der Weg ihn führt, so ist er eher bereit, diesem Weg auch zu folgen. Die Lerner sollten deshalb dazu angehalten werden, jede Reihe anhand des Inhaltsverzeichnisses im voraus aufzublättern, um sich über Inhalt und Umfang der einzelnen Materialeinheiten zu orientieren, und dabei im Hinblick auf ein Unterrichtsgespräch feststellen, was sie besonders interessiert.

14

Grundformen (einfache Prädikatsformen) des Verbs

Um die Valenzstrukturen der Verben auf der Basis des Dependenz-Verb-Modells für Lernzwecke in den Griff zu bekommen, ist bei Erklärungen, Notierungen, Bedeutungsunterscheidungen, kurz, bei allen Anwendungsbereichen dieses Modells von den folgenden Grundformen des Verbs auszugehen, die den Lernern detailliert vor Augen geführt werden sollten:

1. Einfache Verben (Simplexverben): Er schläft gerade. Der Hund beißt nicht. Sie arbeitet wieder. Er schnarcht entsetzlich.

2. Verben mit Vorsilben (Präfixverben): Was bekommt er die Woche? Er verbummelt seine Zeit. Sie übertreibt gern. Er verspricht mehr, als er hält.

3. Verben mit Verbzusatz: Legst du noch eine Platte auf? Wir setzen unser Gespräch so bald wie möglich fort. Dr. Schnitt schrieb sie für einige Wochen krank. Sie läuft für ihr Leben gern ski. Er geht noch an seiner Fettleibigkeit zugrunde. Du lernst ihn noch früh genug kennen.

4. Feste Verbindungen vom Typ AKKUSATIV + VERB: Die „Hopfenperle" ist ein Lokal, in dem man noch Rücksicht nimmt auf die viel zu kurze Mittagspause der Berufstätigen. Sie stellt beim DAAD erneut einen Antrag auf Verlängerung ihres Stipendiums.

5. Feste Verbindungen vom Typ PRÄPOSITION (+ ARTIKEL) + SUBSTANTIV + VERB: Die Studentin, der man fristlos gekündigt hatte, zog einen Rechtsanwalt zu Rate. Frau Berger stellt ihren Untermietern die Bettwäsche zur Verfügung. Seine letzte Rede steht in auffälligem Widerspruch zu früheren Äußerungen.

6. Reflexivverben mit nicht erfragbarem, nicht weglaßbarem, nicht austauschbarem SICH: Sie erkältet sich leicht. Er kennt sich hier nicht aus. Wir leisten uns, so oft es geht, ein gutes Essen. Sein nächstes Ziel ist, die Universität hinter sich zu bringen. Das Staatsexamen hat er noch vor sich. Er setzte sich frühzeitig zur Ruhe. Ich rate Ihnen, sich mit Ihrem Hausarzt in Verbindung zu setzen. — *Der Austausch von SICH gegen eine Akkusativ- oder Dativergänzung ergibt eine Bedeutungsveränderung:* Beim Addieren verrechnet er sich immer. Den Vorschuß, den Sie letzten Monat bekommen haben, verrechnen wir mit dem nächsten Gehalt. Sie zieht sich leicht eine Erkältung zu. Zieh bitte den Vorhang zu!

7. Verben mit nicht austauschbarem, nicht weglaßbarem ES: Es regnet ins Zimmer. Es hagelte Proteste. Dicke Menschen, so heißt es, sind gemütlich. Sie hat es immer sehr eilig. Er bringt es nie zu etwas.

8. Lexikalisierungen: Er _stellt_ einem gern _ein Bein_. Sie glaubt, er _läßt_ sie _im Stich_. Sie _ist sich_ über ihre Zukunft noch nicht _im klaren_/noch _im unklaren_.

Gefüge mit Modal- und modal gebrauchten Verben sowie alle haben-, sein- und werden-Gefüge sind demgegenüber als erweiterte Prädikatsformen zu behandeln. – In diesem Zusammenhang sei hingewiesen auf:

Götze, Lutz: Funktionsverbgefüge im Deutschunterricht für Ausländer. – In: Zielsprache Deutsch, Heft 2, 1973, S. 54–61. – München: Max Hueber Verlag

Götze, Lutz: Zur Frage des „strukturellen Zentrums" in einer Valenzgrammatik für Lernzwecke. – In: Zielsprache Deutsch, Heft 1, 1974, S. 22–29. – München: Max Hueber Verlag

Kemme, Hans-Martin: Der Gebrauch des „es" im Deutschen. – München: Goethe-Institut, Arbeitsstelle für wissenschaftliche Didaktik, 1979. (Publikationen der Projektgruppe „Lehrschwierigkeiten im Fach ‚DaF' ", Nr. 3)

Hauptsächliche Anwendungsbereiche des Dependenz-Verb-Modells

1. Originäre Texte bzw. ihre schwierigen Passagen werden in eine Textversion gebracht, deren einzelne Sätze nur aus der Grundform des Verbs bzw. seiner jeweiligen Erscheinungsform als Prädikat und aus den (kotextuell) obligatorischen Ergänzungen bestehen:

   a) als Hilfe zur Informationsentnahme aus (originär) geschriebenen Texten;

   b) als Ansatz zur Diskursanalyse geschriebener sowie (transkribierter) gesprochener Texte.

Beispiel (R 7, Teil der HV-Transkription):

(...) _Erkältungen_ mit Schnupfen, Kopf- und Gliederschmerzen sowie Abgeschlagenheit
2 und leichtem Fieber _sind_ typische _Winter- und Frühjahrserkrankungen, denen man_ durch
   morgentliche heißkalte Wechselduschen, durch Bürstungen und kräftige Abreibungen
4 mit dem Frottiertuch, durch kurze Gymnastik und regelmäßige tägliche Spaziergänge in
   wetterfester, aber nicht zu warmer Kleidung gut _vorbeugen kann._ (...)

2. Valenzstrukturen von Verben (R 1, S. 28 ff.) werden in Sätzen notiert – als Lernhilfe:

   a) für ihre syntaktisch richtige Verwendung;

   b) zur Bedeutungsunterscheidung gleichlautender (homonymer) Verben.

Die Verben werden dabei jeweils in der Grundform sowie mit ihren obligatorischen und fakultativen Ergänzungen gebraucht.

16

Beispiel: <u>gehören</u>

2.1 <u>Das Haus</u> auf dieser Seite der Straße <u>gehört</u> <u>einem Arbeiter</u>; <u>die Häuser</u> dort weiter hinten <u>gehören</u> <u>der Zeche</u> oder <u>der Kirche</u>. (Aus R 6, HV 2)

2.2 <u>Papiertaschentücher</u> als gefährliche Keimträger <u>gehören</u> nicht <u>in den Papierkorb</u>, sondern <u>in den Ofen</u> oder <u>in die Toilette</u>. (Aus R 7, HV)

2.3 <u>Das</u> gehört sich nicht. Nach Ansicht ihrer Mutter gehört <u>es</u> <u>sich</u> nicht, daß sie, dazu als ein Mädchen, das jetzt die höhere Schule besucht, <u>noch weiter mit den Kindern der Zechenarbeiter spielt</u>. (Aus R 6, HV 2)

2.4 <u>Bad Godesberg</u> gehört jetzt <u>zu Bonn</u>. Bei Frau Sommerfeld <u>gehören</u> <u>alle Untermieter mit</u> <u>zur Familie</u>.

2.5 <u>Es</u> gehört viel <u>Glück</u> <u>dazu</u>, <u>in München ein preiswertes Untermietzimmer zu finden</u>.

2.6 <u>Dem Kerl</u> <u>gehört</u> jetzt endlich einmal <u>die Wahrheit</u> <u>gesagt</u>.

3. Valenzstrukturen werden in Reihen jeweils zu ergänzender Vorgaben geübt.

Beispiel: <u>leiden</u> (R 7, S. 230–231)

3.1 <u>leiden + N + P/an–Dat.</u>
er Magenbeschwerden ... sein.. Kindheit → Er leidet seit seiner Kindheit an Magenbeschwerden.

3.2 <u>leiden + N + P/unter–Dat.</u>
die ganze Klasse autoritäres Verhalten ihres Lateinlehrers → Die ganze Klasse leidet unter dem autoritären Verhalten ihres Lateinlehrers.

4. Homonyme Verben mit unterschiedlichen Valenzstrukturen werden durch Paraphrasierungen erklärt oder wiedergegeben.

Beispiel: <u>behandeln</u> (R 7, S. 231–233)
Die Fernsehsendung „Panorama" behandelt aktuelle politische Themen. (behandeln + N + A) → Die Fernsehsendung „Panorama" beschäftigt sich mit aktuellen politischen Themen. – Frau Bück behandelt ihren Mann wie einen Pascha. (behandeln + N + A + AR) → Frau Bück bedient ihren Mann wie einen Pascha.

5. Prowörter (z. B. Pronomen, Pronominaladverbien) werden (kotextuell) semantisiert und in ihrer satzübergreifenden (textkonstituierenden) Funktion erkannt.

Beispiel (R 7, Teil der HV-Transkription):
(...) die Erkältungskrankheiten werden (...) wieder verbreitet auftreten, <u>daneben</u> → *neben den Erkältungskrankheiten* (...) auch die echte Grippe.

6. Kasus- und Präpositionalergänzungen werden als Ergänzungssätze (DASS bzw. uneingeleitete Ergänzungssätze; OB bzw. w-Sätze; INF+) wiederge-

geben und umgekehrt. Dabei ist auf den obligatorischen (bzw. fakultativen) Gebrauch der Korrelate „es" bzw. „da(r)+Präposition" im Obersatz zu achten.

Beispiele:

Ich halte sein Kommen für fraglich. ⇄ Ich halte es für fraglich, OB ..... – OB ....., (das) halte ich für fraglich.

Sie zweifelt an der Liebe ihres Jugendfreundes. ⇄ Sie zweifelt (daran), DASS ..... – Sie zweifelt (daran), OB ..... – Sie zweifelt daran, INF+ .....

7. Analytische Verbverbindungen werden mit bedeutungsähnlichen „einfachen" Verben wiedergegeben und umgekehrt.

Beispiele:

Ich habe mit ihm eine längere Unterhaltung geführt. ⇄ Ich habe mich mit ihm eine längere Zeit unterhalten.

Sie zieht den Kauf eines Wohnwagens in Erwägung. ⇄ Sie erwägt den Kauf eines Wohnwagens. – Sie erwägt, einen Wohnwagen zu kaufen.

*

Die Beschäftigung und Auseinandersetzung mit den für die Zielgruppe jeweils ausgewählten Materialeinheiten dieses Programms soll die Lerner über den Erwerb des Verständigungsmittels Deutsch in soziale Interaktionen bringen und ihnen auf diesem Wege zu einer immer differenzierteren Kommunikationsbereitschaft und -fähigkeit verhelfen. Besondere Verfahren, Arbeits- und Vermittlungsformen fördern den Lerner in seinem Bemühen um Informationsentnahme aus Gehörtem und Geschriebenem und veranlassen ihn von den rezeptiven Fertigkeiten her zu textsortenspezifischen mündlichen und/oder schriftlichen Äußerungen. Kommunikatives Verhalten als Sprachverhalten wird also nicht nur in isolierten, sondern in bezug auf Sprachproduktion in integrierten Fertigkeiten gelernt. Das Dependenz-Verb-Modell soll dabei als Anleitung zur Analyse wie auch zur Produktion von Sätzen und Texten dienen. In dieses Modell wird die Erwartung gesetzt, daß der Lerner dieser Kursstufe Valenz- und Satzpläne in dem Maße verinnerlicht, daß er Geschriebenes und Gehörtes ohne das Hilfsmittel strukturierender Analyse ganz unmittelbar versteht. Der Grammatik wird damit eine feste Stelle im Lernprozeß zuerkannt, vor allem deshalb, weil Erwachsene eher zu kognitivem Lernen neigen, streng audiovisuelle/audiolinguale Verfahren für sie nur Zeitverschwendung bedeuten würden. Anteil und Explizitheit der Grammatik sollten sich indessen an der Vorbildung der Lerner (und auch der Lehrer) orientieren.

Reihe 1

Minimalbestand und die Abfolge seiner Teile

1 **Die Bremer Stadtmusikanten** (S. 20, S. 22) – *mit:*
1. (S. 22);
2. (S. 22–23);
Aufgaben zur Textarbeit (S. 23–24): A. (S. 23) – *als Vorbereitung für:*

2 **Zur Wiederholung und Erweiterung des Wortschatzes** (S. 24 ff.) – *mit:*
4.1 (S. 24–25) – *parallel dazu:*

3 **HV** Die Bremer Stadtmusikanten – 2. Teil (TB/AH)

4 **Aufgaben zur Textarbeit** (S. 23–24): B. (S. 23–24) – *als Vorbereitung für:*

5 **Zum Gebrauch des Präteritums und des Plusquamperfekts** (S. 26–27) – *parallel dazu:*

6 **HS** Die Bremer Stadtmusikanten – 2. Teil (TB/AH)

7 **Aufgaben zur freien Äußerung** (S. 27–28):
A. Sprichwörter (S. 27–28) – *und/oder:*
B. Ein Kindheitserlebnis mit Tieren (S. 28) } *parallel dazu:*

8 **Ergänzungen und Angaben** (S. 28 ff.) – *als Schwerpunkte:*
7.1.6 (S. 31–34);
7.1.7 (S. 34);
7.1.8 (S. 34–35);
7.1.9 (S. 35);
7.2 (S. 36–37) – *mit:* 7.2.1 (S. 36), 7.2.2 (S. 36–37);
7.3 (S. 37–38)

Die Bremer Stadtmusikanten

Ein Mann hatte einen Esel, der viele Jahre die Säcke zur Mühle gebracht hatte,
2 jetzt aber alt und schwach geworden war. Da wollte der Mann ihn töten lassen. Der Esel aber merkte das rechtzeitig und lief davon. Er wollte in Bremen
4 Stadtmusikant werden, denn er hatte eine schöne Stimme.

Als er eine Strecke gegangen war, begegnete er einem Jagdhund; der keuchte
6 wie einer, der sich müde gelaufen hat. „Was keuchst du so?" fragte der Esel.
„Weil ich jetzt alt bin und nicht mehr schnell genug, kann ich keine Hasen
8 mehr jagen. Drum wollte mich mein Herr erschlagen. Da bin ich ausgerissen."
„Weißt du was?" sagte der Esel, „du gehst mit mir nach Bremen und wirst
10 auch Stadtmusikant."

So zogen sie zusammen weiter. Nicht lange, da saß eine Katze am Wegrand;
12 die machte ein Gesicht wie sieben Tage Regenwetter. „Was ist denn mit dir
los?" fragte der Esel. „Ach", sagte die Katze, „ich hab mein Leben lang Mäuse
14 gefangen, aber jetzt sind meine Zähne stumpf geworden. Drum wollte mich
mein Herr ertränken. Da hab ich mich weggeschlichen. Aber was nun?" „Sei
16 nicht traurig! Du hast in deinem Leben so viel Nachtmusik gemacht. Komm
mit uns nach Bremen!"

18 So gingen sie nun zu dritt weiter. Da saß ein Hahn auf einem Hoftor und
schrie aus Leibeskräften: „Jeden Tag hab ich das Wetter vorhergesagt. Nun
20 hat die Hausfrau der Köchin befohlen, mich zu schlachten, weil sich für morgen Gäste angesagt haben." „Ach was", sagte der Esel, „komm mit uns nach
22 Bremen! Du hast eine schöne Stimme und kannst mit uns musizieren."

Als es Abend wurde, kamen sie in einen dunklen Wald. Da sahen sie in der
24 Ferne ein Licht. Als sie näher kamen und zum Fenster hineinschauten, sahen
sie zehn Räuber an einem herrlich gedeckten Tisch sitzen. „Ach, wenn wir
26 doch dort säßen!" sagten die Tiere.

Sie berieten, was sie nun tun sollten, und fanden einen Weg: Der Esel stellte
28 sich mit den Vorderfüßen aufs Fensterbrett; der Hund kletterte auf den Rükken des Esels; die Katze sprang auf den Hund; der Hahn flog auf den Kopf
30 der Katze. Auf ein Zeichen hin begannen sie mit ihrer Musik: Der Esel schrie,
der Hund bellte, die Katze miaute, der Hahn krähte. Dann stürzten sie
32 durchs Fenster, so daß die Scheiben zerbrachen. Die Räuber erschraken
entsetzlich und flohen in den Wald. Die vier Musikanten aber setzten sich

34 an den Tisch und fielen über die Speisen her, als wenn sie eine lange Zeit hungern sollten.

36 Als sie fertig waren, ...

1. Erklärungen zum Text

Z. 3:   **Bremen** – älteste Hafenstadt Deutschlands; 70 km landeinwärts an der *Weser*; ca. 573.000 Einw. (1976); nach *Hamburg* zweitgrößter Hafen der Bundesrepublik; seit Okt. 1971 (neu gegründete) Universität; zusammen mit *Bremerhaven* (ca. 144.000 Einw.; wichtiger Übersee- und Fischereihafen) das kleinste Land der Bundesrepublik

Z. 4:   **Stadtmusikant** (m.) – schon im Mittelalter als Spieler (Spielmann) eines Blas- oder Schlaginstruments von der Stadt angestellt; seine Aufgabe: bei besonderen Anlässen – z. B. Hochzeiten, Beerdigungen, Besuchen, Empfängen, Umzügen – Musik zu machen

Z. 35:   **Als sie fertig waren,** ..... – Der hier abgedruckte Text ist sprachlich gegenüber dem Märchen „Die Bremer Stadtmusikanten", wie es die Brüder Grimm aufgeschrieben haben, stark geändert. Außerdem ist das Grimmsche Märchen an dieser Stelle nicht zu Ende.

        Jacob und *Wilhelm Grimm* gaben von 1812 bis 1822 als erste deutsche Märchensammlung die *„Kinder- und Hausmärchen"* heraus.

2. Fragen zum Inhalt des Textes

1. Wer waren die Bremer Stadtmusikanten?
2. Auf welche Weise waren die Tiere den Menschen nützlich gewesen?
3. Warum wollte man die Tiere nicht mehr haben?
4. Wie kam es dazu, daß sich die Tiere trafen?
5. Wie wollte man die Tiere los werden?
6. Weshalb wollten die Tiere gerade Stadtmusikanten werden?
7. Woran erkannte der Esel, daß der Hund schnell gelaufen war?
8. Wie sah die Katze aus, die Hund und Esel trafen?
9. Woran bemerkten die Tiere, daß auch mit dem Hahn etwas nicht stimmte?
10. Wie wurden die Tiere auf das Haus im Wald aufmerksam?
11. Wer hielt sich in dem Haus auf?

12. Weshalb zogen die Tiere nicht weiter?
13. Was taten die Tiere, um in das Haus hineinzukommen?
14. Wie reagierten die Räuber?
15. Was war für die Tiere jetzt das Wichtigste?
16. Wie geht das Märchen wohl weiter?
17. Was ist an den „Bremer Stadtmusikanten" typisch für ein Märchen?
18. Man unterscheidet zwischen einem Volks- und einem Kunstmärchen. – Was von beiden ist nach Ihrer Meinung das Märchen von den „Bremer Stadtmusikanten"?
19. Was für Märchen gibt es bei Ihnen? – Bereiten Sie eins zum Erzählen vor!

3. Aufgaben zur Textarbeit

A. Gehen Sie den Text noch einmal gründlich durch! – Versuchen Sie dabei, möglichst viele Sätze dieses Textes mit bedeutungsähnlichem Wortmaterial wiederzugeben!

Beispiel:
Ein Mann hatte einen Esel, der viele Jahre die Säcke zur Mühle gebracht hatte.
Ein Mann *besaß* einen Esel, der *jahrelang*   die Säcke zur Mühle *getragen* hatte.

B. In den „Bremer Stadtmusikanten" überwiegen die Zeitformen der Vergangenheit (Präteritum, Perfekt, Plusquamperfekt) sehr stark. Woran liegt das (ganz allgemein gefragt) in bezug auf den vorliegenden Text? – Weitere Fragen zum Gebrauch der Zeitformen:

1. In welchen Zeitformen, und zwar außerhalb der direkten Rede, werden hier gebraucht: – „sein", „haben", „werden"; – die Modalverben; – Verben, die eine direkte Rede einleiten? *(Achten Sie darauf, in welcher Zeitform der Vergangenheit diese Verben dann in den von Ihnen behandelten Texten der Reihen 2 bis 7 gebraucht werden!)*
2. Erklären Sie den Gebrauch des Präteritums in den Zeilen 18 bis 34!
3. Erklären Sie den Gebrauch des Plusquamperfekts in den Zeilen 1 und 2 sowie in Zeile 5!

4. Ersetzen Sie *als* in Zeile 5 durch eine andere Konjunktion!

5. Unterstreichen Sie die Sätze, in denen ein Verb im Perfekt gebraucht wird! — Warum wird hier wohl das Perfekt gebraucht (und nicht das Präteritum)?

5.1 Welche dieser Perfektformen könnte/könnten durch das Präteritum ersetzt werden?

5.2 Was drücken die Perfektformen aus, die sich nicht durch das Präteritum ersetzen lassen?

4. Zur Wiederholung und Erweiterung des Wortschatzes

> 4.1 Vervollständigen Sie die folgenden Sätze! Ein * bedeutet: Hier gibt es mehr als eine Ausdrucksmöglichkeit.

Beispiel:

Ein Mann ...* einen Esel, der viele Jahre die Säcke zur Mühle ...* hatte.
Ein Mann *hatte* einen Esel, der viele Jahre die Säcke zur Mühle *gebracht* hatte.
Ein Mann hatte einen Esel, der viele Jahre die Säcke zur Mühle *getragen* hatte.
Ein Mann *besaß* einen Esel, der viele Jahre die Säcke zur Mühle *geschleppt* hatte.

1   Ein Mann ...* einen Esel, der hatte ...* die Säcke zur Mühle ...*.
2   Jetzt* war er alt geworden und ... nicht mehr.
3 a Da wollte* der Mann ihn töten lassen.
3 b ...* hatte der Mann ...*, ihn töten zu lassen.
4   Der Esel aber ...* das und ...* davon.
5   Als er eine Strecke ...* war, ...* er ein.. Jagdhund.
6 a Der ...* wie einer, der sich müde ... hat.
6 b Der ... ganz außer Atem.
7 a Nicht lange, da ... eine Katze am Wegrand.
7 b Nicht lange, da ... die beiden eine Katze am Wegrand sitzen.
8 a „Was ist denn mit dir ...*?" fragte der Esel.
8 b „Was ist denn dir ...*?" ... der Esel ... .
9   „Ach", ...* die Katze, „meine Zähne sind ... geworden, und ich kann keine Mäuse mehr ... .
10 Deshalb sollte ich .....*.
11 Da bin ich ...*."
12 Nun ...* sie also zu ... weiter.

13   Da ... ein Hahn auf einem Hoftor.
14a Der ...* aus Leibeskräften.
14b Der ...*, so ...* er nur ... .
15a „Tag für Tag hab ich das Wetter ...*.
15b „...* hab ich das Wetter ...*.
16   Nun hat die Hausfrau d.. Köchin ...*, mich ..... .
17   Denn für morgen haben sich Gäste ...*.“
18a Als es ...* wurde, ...* sie in ein.. Wald.
18b ... Abend ... sie ein.. Wald.
19a Da ...* sie in der ... ein Licht.
19b Da ...* sie, daß in der ... ein Licht ... .
20a Der Esel ... ein Zeichen, und die Tiere ... mit der Musik.
20b ... ein Zeichen des Esels hin ... die Tiere mit der Musik.
21a Die Räuber ... entsetzlich und ...* in den Wald.
21b Die Räuber bekamen .....* und ...* in den Wald.

4.2 Drücken Sie jeweils das Gegenteil der eingeklammerten Adjektive
    aus!

1. ein (alter) ... Mann
2. (schwacher) ... Kaffee
3. ein (schönes) ... Gesicht
4. (müde) ... Schüler
5. eine (stumpfe) ... Rasierklinge
6. eine (traurige) ... Geschichte
7. ein (dunkler) ... Anzug
8. ein (altes) ... Gebäude
9. eine (schwache) ... Stimme
10. (schönes) ... Wetter
11. ein (müdes) ... Fußballspiel
12. ein (stumpfer) ... Winkel
13. eine (traurige) ... Stimmung
14. ein (dunkler) ... Tag

4.3 Ergänzen Sie die fehlenden Prädikatsteile! Für einige Sätze steht Ihnen
    mehr als ein Ausdruck zur Verfügung.

1. Die Schulkinder klingelten an jeder Haustür;
   dann ... sie aus.
   dann ... sie ... .

2. Als die Feinde näher ..., ... die Dorfbewohner in die Berge.
3. Die Meteorologen haben einen schönen Sommer ... .
4. Bis zum Essen ... es noch ein wenig;
   der Tisch muß noch ... .
   der Tisch ... noch nicht ... .
5. Die Hausbewohner beschweren sich darüber, daß er gerade in der Mittags-
   zeit ..., Musik ... .
6. Wir ..., daß er ein sehr unzufriedenes Gesicht ..., doch niemand wußte,
   was mit ihm ... .
   was ihm ... .
7. Er glaubte, auf dem Weg nach Bremen zu sein; nachdem er fast 30 km
   ... ..., ... er, daß er sich auf dem Weg nach Hamburg befand.
8. In der nächsten Woche tritt das Kabinett zusammen, um darüber ... ...,
   ob noch ein Weg ....., die Regierungskrise zu beenden.
9. Als man die Gläser auspackte, stellte man fest, daß einige schon ... .
10. Das Haus hat keinen Fahrstuhl; so bleibt ihm nichts anderes übrig, als
    die Kohlen in den vierten Stock ... .

5. Zum Gebrauch des Präteritums und des Plusquamperfekts

Ergänzen Sie die fehlenden Prädikatsteile! Achten Sie dabei auf die richtigen Zeitformen! Die ... geben in vielen Fällen weder die Zahl noch die
endgültige Stellung der Prädikatsteile an.

1. Ein Mann hatte einen Esel, der viele Jahre lang die Säcke zur Mühle ...*.
2. Nun ... er nicht mehr,
3. denn er ... alt und schwach.
4. Deshalb ...* sein Besitzer, ihn töten zu lassen.
5. Der Esel aber ...* das und ...*.
6. Nachdem er eine Strecke ...*, ...* er ein.. Jagdhund.
7. Den ... er, weshalb er so keuche.
8. Der Jagdhund ...* ebenfalls von zu Haus, weil man ihn hatte töten wollen.
9. Dann ... eine Katze am Wegrand, die ein Gesicht ..., als ob ihr wer weiß
   was ...*.
10. Sie ... ihr Leben lang Mäuse.
11. Mit den Jahren ... ihre Zähne stumpf.
12. Deswegen ...* ihr Herr, sie zu ertränken.

13. Zuletzt ...* die Tiere ein.. Hahn, der auf ein Hoftor ... und ...*, so laut er nur ... .
14. Obgleich er tagtäglich das Wetter ...*, sollte er geschlachtet werden, weil sich Gäste ... .
15. Da er eine schöne Stimme ..., ... der Esel auch ihn, mit nach Bremen zu ziehen.
16. Gegen Abend ...* die vier in einen dunklen Wald.
17. Plötzlich ...* sie in der Ferne ein Licht.
18. Als sie so nahe an das Haus ..., daß sie zum Fenster ..., ... sie zehn Räuber um einen herrlich gedeckten Tisch.
19. Da die Tiere den ganzen Tag ...*, aber nichts ... und ..., ... sie sehr hungrig und durstig.
20. Wie gern sie doch dort ..., wo jetzt die Räuber ...!
21. Die Tiere ..., was sie ...*, und ... einen Weg:
22. Der Esel ... sich mit den Vorderfüßen aufs Fensterbrett.
23. Der Hund ... auf den Rücken des Esels.
24. Die Katze ... auf den Hund.
25. Der Hahn ... auf den Kopf der Katze.
26. Nun ... der Esel ein Zeichen,
27. und die Tiere ...* mit der Musik.
28. Dann ... sie durchs Fenster, so daß die Scheiben ...*.
29. Die Räuber ... so sehr, daß sie von ihren Stühlen ... und in den Wald ...*, so schnell sie nur ... .

6. Aufgaben zur freien Äußerung (Mündlicher Ausdruck)

A. Sprichwörter

1. Besser einen Sperling in der Hand als eine Taube auf dem Dach.
2. Vögel, die früh am Morgen singen, frißt abends die Katz.
3. Wenn die Katz aus dem Haus ist, tanzen die Mäuse auf dem Tisch.
4. Mit Speck fängt man Mäuse.
5. Bellende Hunde beißen nicht.
6. Wenn dem Esel zu wohl wird, geht er aufs Eis.
7. Einem geschenkten Gaul sieht man nicht ins Maul.

(Fragen siehe S. 28)

- *Was besagen diese Sprichwörter?*
- *Was bedeuten diese Sprichwörter, wenn man sie auf das Verhalten des Menschen überträgt?*
- *Gibt es diese oder ähnliche Sprichwörter in Ihrer Sprache?*
- *Welches Sprichwort spricht gegen Ihre Ansicht – und warum?*
- *Welches/Welche dieser Sprichwörter kann man auch politisch verstehen?*

B. Stefan Andres · Ein Kindheitserlebnis mit Tieren

Die Stallaterne steckten wir nur an, wenn es nicht anders ging. Ich stellte
2 mich zwischen die Kühe und hörte ihnen zu, wie sie fraßen. Manchmal klirr-
te leise eine Kette durch das eintönige, breite Kauen. Meine Hände streichel-
4 ten über ihre großen, mütterlichen Leiber hin, die für mich wie Berge waren.
Sie blickten, wenn sie gefressen hatten, zu mir her und gaben einen ganz lei-
6 sen Ton der Zufriedenheit durch die Nase. Die Kälbchen packte ich am Halse
und küßte sie auf das weiche Maul, und wenn es ein kleiner Stier war, weinte
8 ich oft an seiner Backe. Ich erklärte ihm dann, daß, wie ich es von allen Seiten hörte, unser aller Leben sehr kurz sei und wie ein Traum dahingehe, und
10 daß wir selig würden – wie durch das Feuer. Trotzdem wagte ich nie, mir
genauer vorzustellen, was mit dem kleinen Stier in der allernächsten Zeit ge-
12 schah. Sie würden so ähnlich mit ihm verfahren wie mit dem Schwein. Wenn
das Kalb ein Stier war, gab ich ihm nie einen Namen, denn es wäre mir zu
14 schrecklich vorgekommen, daß ein Tier, das einen Namen hatte, geschlachtet
würde. Auch die Schweine hatten keine Namen, wohl aber die Kühe und
16 jene Kälber, die einmal Kühe werden sollten.

- *Berichten Sie über eigene Kindheitserlebnisse mit Tieren!*
- *Welche Rolle spielen Tiere, insbesondere Haustiere – für Kinder, – für Alte, – für die Landbevölkerung, also für Bauern, Kleinbauern usw.?*
- *Wer ist gern bereit, Tiere, wie in diesem Text, zu personifizieren, d. h. einem Menschen gleichzusetzen?*

7. Ergänzungen und Angaben

7.1 Ergänzungen

Vom Verb her ist es möglich, Aussagen darüber zu machen, wie viele und
was für Satzglieder in seiner Begleitung auftreten müssen oder auftreten können. Satzglieder, die in dieser Weise vom Verb abhängen, sind Ergänzungen.

7.1.1 In dem Text „Die Bremer Stadtmusikanten" (S. 20, S. 22) kommen folgende Verben vor:

- (1) *keuchen* (Z. 5–6), (2) *weitergehen* (Z. 18), (3) *schreien* (Z. 18–19), (4) *erschrecken* (Z. 32), (5) *fliehen* (Z. 32–33);
- (6) *haben* (Z. 1), (7) *wollen* (Z. 3–4), (8) *begegnen* (Z. 5), (9) *sein* (Z. 7), (10) *werden* (Z. 9–10), (11) *sitzen* (Z. 11), (12) *sehen* (Z. 24–25), (13) *stürzen* (Z. 31–32), (14) *herfallen* (Z. 33–34);
- (15) *stellen* (Z. 27–28).

7.1.2 Diese Verben werden im Text wie folgt gebraucht:

(1)	keuchte
(2)	gingen ... weiter
(3)	schrie
(4)	erschraken
(5)	flohen

(6)	hatte
(7)	wollte
(8)	begegnete
(9)	bin
(10)	wirst
(11)	saß
(12)	sahen
(13)	stürzten
(14)	fielen ... her

(15)	stellte

7.1.3 Zunächst soll jeweils der Nominativ ergänzt werden, mit dem diese Verben im Text verbunden sind:

(1) Der Jagdhund — keuchte.

(2) Sie ——————— gingen weiter.

(3) Der Hahn ——— schrie.

(4) Die Räuber —— erschraken.

(5) Die Räuber —— flohen.

(6)	ein Mann ——— hatte
(7)	er ————— wollte
(8)	er ————— begegnete
(9)	ich ———— bin
(10)	du ———— wirst
(11)	eine Katze ——— saß
(12)	sie ————— sahen
(13)	sie ————— stürzten
(14)	die Musikanten —— fielen ... her

| (15) | der Esel ———— stellte |

7.1.4 (1) *keuchen*, (2) *weitergehen*, (3) *schreien*, (4) *erschrecken*, (5) *fliehen* sind Verben, die mindestens eine Ergänzung, und zwar eine Nominativergänzung benötigen, damit sinnvolle deutsche Sätze entstehen.

7.1.5 Anders verhält es sich mit den Verben (6) bis (15): Eine Nominativergänzung genügt nicht. Es sollen deshalb die Ergänzungen hinzugefügt werden, die auch im Text in der Umgebung dieser Verben zu finden sind:

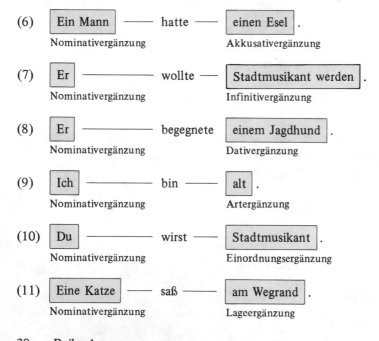

(6) Ein Mann ——— hatte ——— einen Esel .
Nominativergänzung   Akkusativergänzung

(7) Er ————— wollte — Stadtmusikant werden .
Nominativergänzung   Infinitivergänzung

(8) Er ————— begegnete einem Jagdhund .
Nominativergänzung   Dativergänzung

(9) Ich ———— bin ——— alt .
Nominativergänzung   Artergänzung

(10) Du ———— wirst ——— Stadtmusikant .
Nominativergänzung   Einordnungsergänzung

(11) Eine Katze — saß ——— am Wegrand .
Nominativergänzung   Lageergänzung

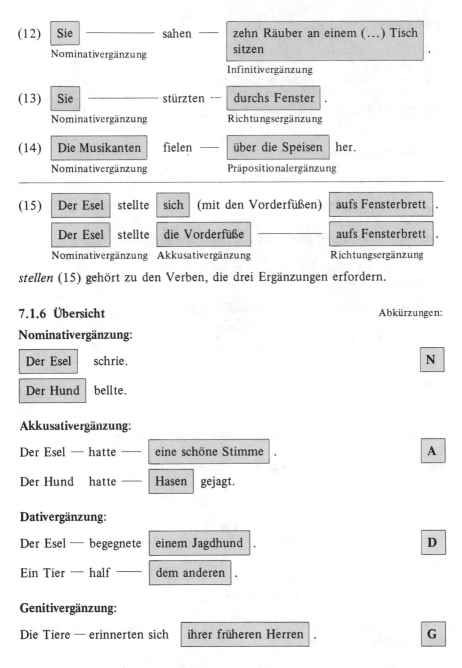

(12) Sie ——— sahen ——— zehn Räuber an einem (...) Tisch sitzen .

Nominativergänzung

Infinitivergänzung

(13) Sie ——— stürzten -- durchs Fenster .

Nominativergänzung   Richtungsergänzung

(14) Die Musikanten fielen ——— über die Speisen her.

Nominativergänzung   Präpositionalergänzung

(15) Der Esel stellte sich (mit den Vorderfüßen) aufs Fensterbrett .

Der Esel stellte die Vorderfüße ——— aufs Fensterbrett .

Nominativergänzung Akkusativergänzung   Richtungsergänzung

stellen (15) gehört zu den Verben, die drei Ergänzungen erfordern.

7.1.6 Übersicht

Abkürzungen:

Nominativergänzung:

Der Esel schrie.   **N**

Der Hund bellte.

Akkusativergänzung:

Der Esel — hatte — eine schöne Stimme .   **A**

Der Hund hatte — Hasen gejagt.

Dativergänzung:

Der Esel — begegnete einem Jagdhund .   **D**

Ein Tier — half — dem anderen .

Genitivergänzung:

Die Tiere — erinnerten sich ihrer früheren Herren .   **G**

Präpositionalergänzung:

Die Tiere — begannen | mit ihrer Musik | .   **P/mit-Dat.**

Sie ——— fielen — | über die Speisen | her.   **P/über-Akk.**

Was ——— war — | mit der Katze | los?   **P/mit-Dat.**

Einordnungsergänzung:

Die Männer waren ——————————— | Räuber | .   **EO**

Sie ——— nannten — ihn ————— | einen Esel | .

Man ——— bezeichnet einen solchen Text | als Volksmärchen | .

Temporalergänzung:

Die Wanderung dauerte | von morgens bis abends | .   **T**

Die Tiere ——— hatten | den ganzen Tag | gebraucht.

Lageergänzung (wo?):

Er ——— wohnte | in Bremen | .   **L**

Die Räuber — saßen | an einem herrlich gedeckten Tisch | .

Der Hahn — stand | auf dem Rücken der Katze | .

Richtungsergänzung (wohin? woher?):

Die Tiere ——— zogen | nach Bremen | .   **R**

Die Katze — sprang | auf den Rücken des Hundes | .

Sie ——— kamen | durchs Fenster | .

Temporal-, Lage- und Richtungsergänzungen (T; L; R) lassen sich als Adverbialergänzungen zusammenfassen.

Artergänzung:

Es ———— stand — | schlecht | um die alten Tiere. | **AR** |

Dem Patienten geht es | den Umständen entsprechend | .

Satzergänzung: | **SE** |

Die Tiere — sollten ———— | dafür | bestraft werden, ———

| daß sie alt geworden waren | . | **SE/DASS** |

Sie ———— tranken ———— | darauf | , ————————————

| daß alles ein so gutes Ende genommen hatte | .

dafür und *darauf*: obligatorisch

Schiefnase sollte ———— feststellen, ————————

| ob noch jemand im Hause war | . | **SE/OB** |

Der Esel — fragte die Katze, | was mit ihr los sei | . | **SE/w-Wort** |

Die Tiere — konnten nicht verstehen, ————————————

| warum die Räuber davongelaufen waren | .

Sie ———— wunderten sich (darüber), ————————

| wie überstürzt die Räuber das Haus verlassen hatten | .

darüber: fakultativ

Sie ———— hatten nicht — | daran | gedacht, ———————— | **SE/INF+** |

| die Räuber aus dem Haus zu vertreiben | .

Die Räuber rechneten nicht | damit | , ————————————

| je wieder in ihr Haus zurückzukehren | .

Maßergänzung (Quantitativergänzung):

Dieser Sack Kartoffeln wiegt ┃ einen Zentner ┃ .   ┃ M ┃

Die Sichtweite   beträgt ┃ 20 Meter ┃ .

7.1.7 Zur Unterscheidung:

Präpositionalergänzung — Adverbialergänzung

(1)	Die Tiere	fielen	*über* die Speisen	her.
(2)	Die Kinder	fielen	*über* den Lehrer	her.
(3)	Die Kinder	fielen	*über* den Kuchen	her.
(4)	Die Kinder	fielen	*über* den Esel	her.
(5)	Die Wölfe	fielen	*über* die Schafe	her.
(6)	Die Leute	fielen	*über* den Räuber	her.

---

(7)	Die Katze	saß	*am* Wegrand.
(8)	Der Hahn	saß	*auf* einem Hoftor.
(9)	Die Räuber	saßen	*an* einem herrlich gedeckten Tisch.
(10)	Sie	saßen	*beim* Essen.
(11)	Einauge	saß	*neben* dem Räuberhauptmann.
(12)	Die Bande	sitzt	*hinter* Schloß und Riegel.

Die Präposition *über* gehört fest zu dem Verb *herfallen*: Der präpositionale Ausdruck ist daher eine Präpositionalergänzung (P).

Im Gegensatz dazu hat das Verb *sitzen* keine feste Präposition, diese wechselt je nach der Lage, die die Ergänzung beschreibt: Der präpositionale Ausdruck ist eine Adverbialergänzung (hier: L).

7.1.8 Obligatorische und fakultative Ergänzungen

(1) ┃ Die Hausfrau ┃ hat ──────── befohlen, ┃ den Hahn zu schlachten ┃ .

Ohne die Satzergänzung (INF+) hätte der Satz keinen Sinn. Die Satzergänzung ist also erforderlich: Sie ist obligatorisch.

Die Dativergänzung in Satz (2) kann dagegen weggelassen werden, der Satz ist trotzdem sinnvoll:

(2) ┃ Die Hausfrau ┃ hat ┃ der Köchin ┃ befohlen, ┃ den Hahn zu schlachten ┃ .

Die Dativergänzung ist hier fakultativ.

In Satz (3) ist die Präpositionalergänzung obligatorisch:

(3) | Die Kinder | fielen | über den Geburtstagskuchen | her.

Demgegenüber sind die Präpositionalergänzungen der nachfolgenden Sätze fakultativ:

(4) | Das Konzert | hat — | mit einem Volkslied | begonnen.

(5) | Der Esel | — sollte | an einen Schlächter | verkauft werden.

7.1.9 Übung

Ergänzen Sie Präpositionen, Artikel, Endungen! — Handelt es sich bei den präpositionalen Ausdrücken jeweils um eine Präpositional- oder eine Adverbialergänzung?

1. Die erste Unterrichtsstunde beginnt regelmäßig ... ... Wiederholung.
2. Auf unserer Fahrt nach Bremen kamen wir ... ... schwer.. Gewitter.
3. Was ist nur wieder ... ... Auto los? Es war doch erst ... ... Werkstatt.
4. Sie sind hier ... ... Leopoldstraße. Immer geradeaus gelangen Sie direkt ... Stadtzentrum. Unterwegs kommen Sie ... ... Universität und ... ... Ludwigskirche vorbei.
5. Er gehört zu denen, die schreckliche Angst ... ... Zahnarzt haben.
6. Was versteht man ... ... Volksmärchen?
7. Er hat wieder ... ... Rauchen angefangen.
8. Abends ist sie immer todmüde ... ... Arbeit.
9. In einem Jahr will er schon ... ... Doktorarbeit fertig sein.
10. Sie können abends oft nicht weg, weil sie niemanden haben, der ... ... Kinder aufpaßt.
11. Sehr viele Leute, In- und Ausländer, halten München ... ... schönst.. Stadt der Bundesrepublik.
12. Immer wieder ist ... Ausländer.. zu hören, die Deutschen dächten vor allem ... Geldverdienen.
13. ... sein.. Gesicht war zu erkennen, daß er nicht ... best.. Laune war.
14. Zwischen Hausbesitzern und Hausbesetzern ist es ... Einigung gekommen.
15. Ob wir einen Ausflug ins Gebirge machen oder ... Haus bleiben, hängt ... Wetter ab.

7.1.10 Übung

Vervollständigen Sie die nachfolgenden Sätze und Satzgefüge!

1. Er hat so viel zu tun, daß er gar nicht weiß, ... er anfangen soll.
2. Du wirst nicht ... vorbeikommen, die ganze Wahrheit zu sagen.
3. Wir haben uns ... ... Ergänzungen des Verbs beschäftigt. Nun wissen Sie, was ... zu verstehen ist.
4. Rauch und trink nur so weiter, du wirst schon sehen, ... du ... kommst.
5. Sie weiß oft nicht, ... sie mehr aufpassen soll, ... Kinder oder ... ... Mann.
6. Gestern war ihr 30. Geburtstag. Er hatte nicht ... gedacht, ihr zu gratulieren.
7. Er macht ... uns, was er will. ... hält er uns eigentlich?

7.2 Angaben

7.2.1 Die folgenden Sätze bestehen nur aus obligatorischen Satzgliedern:

(1) Die Räuber erschraken.
(2) Der Hahn — schrie.
(3) Der Hund — keuchte.
(4) Sie ——— war ——— alt.
(5) Die Katze — fing ——— Mäuse.
(6) Er ——— begegnete einem Hund.
(7) Sie ——— befahl, — den Hahn zu schlachten.
(8) Die Räuber flohen.
(9) Sie ——— sahen —— ein Licht.

7.2.2 Im Text aber heißen diese Sätze wie folgt:

(1)   Die Räuber erschraken *entsetzlich.*

(2)   Der Hahn — schrie —— *aus Leibeskräften.*

(3)   Der Hund — keuchte — *wie einer, der sich müde gelaufen hat.*

(5)   Die Katze — fing ——— *ihr Leben lang* Mäuse .

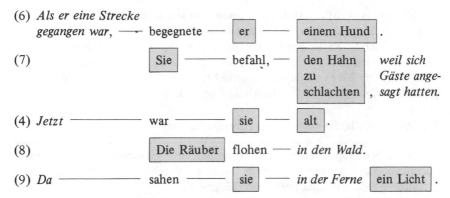

(6) *Als er eine Strecke gegangen war,* — begegnete — er — einem Hund .

(7) Sie — befahl, — den Hahn zu schlachten , *weil sich Gäste angesagt hatten.*

(4) *Jetzt* — war — sie — alt .

(8) Die Räuber flohen — *in den Wald.*

(9) *Da* — sahen — sie — *in der Ferne* ein Licht .

In diesen Sätzen erscheinen Satzglieder, die jeweils keine Ergänzungen sind, weil sie nicht direkt vom Verb abhängen. Sie beschreiben, geben zusätzliche Informationen darüber, wie, wann, warum, wo usw. sich etwas abspielt. Bei Satzgliedern dieser Art handelt es sich um (freie) Adverbialangaben.

7.3 Übung

> Ergänzen Sie Präpositionen, Artikel, Endungen!

(1) Gerade als die Räuber ... ... Tisch saßen und sich so richtig ... ... Essen freuten, waren die Stadtmusikanten ... ... Haus angelangt. (2) Sie wollten nun gern ... ... Fenster sehen. (3) Drum stellte der Esel seine Vorderfüße ... ... Fensterbrett, und die anderen sprangen ... ihn hinauf. (4) So stand schließlich ein Tier ... ... ander.. (5) ... ihr.. Gesang machten sie sich keine großen Gedanken: (6) ... ... Zeichen des Esels ... begannen sie einfach ... ihr.. Musik, das heißt ... ..., was sie ... Musik verstanden. (7) Da stürzten die Räuber ... Angst und Schreck ... ... Haus. (8) ... ... Lichtung fanden sie sich wieder zusammen und warteten ... ... Nacht. (9) ... hier ... sahen sie, daß ... Haus die Lichter ausgingen. (10) ... leis.. Stimme befahl der Räuberhauptmann, Schiefnase solle ... größt.. Vorsicht zurückschleichen und nachsehen, ob wenigstens etwas ... ... Speisen übrig geblieben sei. (11) Der schlich wie befohlen, doch ... Protest ... ... Haus heran, horchte ... ... Tür, kletterte dann ... ... Fenster und trat genau ... ... Hund. (12) Der biß ihn prompt ... Bein. (13) Da fielen auch die anderen Tiere ... Schiefnase her und richteten den Armen übel zu. (14) ... Schluß gab ihm der Esel noch einen kräftigen Tritt ... ... Hintern. (15) ... wild.. Angst rannte Schiefnase

... Tür hinaus. (16) ... sein.. Genossen angekommen, erzählte er, noch
ganz ... Atem, was er ... ... Haus hatte erleiden müssen. (17) Noch
... ... gleich.. Nacht zogen die Räuber tief ... ... Wald hinein. (18) Die
vier Musikanten aber lebten ... ... ihr Lebensende ... ... alt.. Räuber-
haus. (19) Oft haben sie noch ... gedacht, wie sie die Räuber ... ihr..
gräßlich.. Geschrei ... ... Haus vertrieben hatten.

7.4 Müllpferde bleiben am Leben (Ergänzungstest)

> Ergänzen Sie Präpositionen, Artikel, Endungen! – Handelt es sich bei den
> präpositionalen Ausdrücken jeweils um eine Adverbial- bzw. Präpositional-
> ergänzung oder um eine freie Adverbialangabe?

BERLIN, 7. Mai – (1) Die 71 Pferde der Westberliner Müllabfuhr, deren
Schicksal ... ... letzt.. Wochen die Gemüter der tierliebenden Berliner er-
regt hatte, sind jetzt endgültig ... ... Messer des Roßschlächters bewahrt
worden. (2) Die Müllabfuhr hatte sich ... einig.. Zeit ... Hafer ... Ben-
zinmotor umgestellt und deshalb keine Verwendung mehr ... ihr.. vierbei-
nig.. Arbeitskräfte. (3) So bestand die Gefahr, daß die Tiere, die der Technik weichen mußten, keine anderen Käufer als die Roßschlächter finden würden. (4) ... ... 71 Pferd.. sind nun 50 ... ein.. Berliner Pferdehändler
verkauft worden. (5) Der Händler mußte sich schriftlich da.. verpflichten,
daß er die Tiere nicht ... ein.. Pferdeschlächter weiterveräußert. (6) ... ...
Zwischenzeit sind 12 Pferde ... Lübeck und 24 ... Göttingen verkauft worden. (7) Sie werden dort ... Arbeitspferde eingesetzt. (8) Die 21 übriggeblie-
benen Pferde haben einen neuen Stall ... Westberliner „Rollkutschern" gefunden.

8. Franz Kafka · Kleine Fabel (Lese- und Interpretationstext)

„Ach", sagte die Maus, „die Welt wird enger mit jedem Tag. Zuerst war sie
2 so breit, daß ich Angst hatte, ich lief weiter und war glücklich, daß ich
rechts und links in der Ferne Mauern sah, aber diese langen Mauern eilen so
4 schnell aufeinander zu, daß ich schon im letzten Zimmer bin, und dort im
Winkel steht die Falle, in die ich laufe." – „Du mußt nur die Laufrichtung
6 ändern", sagte die Katze und fraß sie.

> – Ist alle Sehnsucht nach Sicherheit, Glück und Freiheit eine Täuschung?
> Ist der Mensch ohne Chance? Ist letztlich „alles für die Katz"? – Wie ver-
> stehen Sie diese Fabel?

Reihe 2

Minimalbestand und die Abfolge seiner Teile

1　**LV 1** Zimmeranzeigen (S. 59–61)

2　**HV 1** Telefongespräch mit einer Zimmervermieterin (TB/AH)

3　**In Untermiete bei Frau Sommerfeld** (S. 40–41) – *mit:*
　1. (S. 41–42); 2. (S. 42–43); 3. (S. 43)

4　**HV 2** Zimmerbesichtigung (TB/AH)

5　**Aufgaben zur Fragebildung** (S. 44) und
　Dialogische Wiedergabe des Textinhalts (S. 45–46/TB) – *parallel dazu:*

6　**HS** Aus dem Prospekt einer Wohnheimgesellschaft (TB/AH)

7　**LV 2** Zimmermisere in den Universitätsstädten der Bundesrepublik
　(S. 62–66) – *mit:*
　Orientierungsfragen (S. 62); Aufgaben zur Technik des Erschließens
　(S. 66–67; S. 67–69); Zusatzaufgaben 1 und 2 (S. 70)

8　**Aufgaben zur freien Äußerung** (S. 46 ff.):
　A. und B. (S. 46); C. und D. (S. 47–48) – *parallel dazu:*

9　**Übung zur indirekten Rede** (S. 49)

10　**Zum Gebrauch deutscher Verben** (S. 51–55) – *parallel dazu:*

11　**LV 3** Meuterei im Mädchenwohnheim (S. 71–73) – *mit:*
　Orientierungsfragen (S. 71); Aufgaben (S. 73–74); Von Verben abge-
　leitete Substantive (S. 74–75); Aufgaben (S. 76): 1. (S. 76);
　Umformungen – Zum Gebrauch von „es" vor/hinter den Satzergän-
　zungen DASS und INF+ (S. 76–77)

12　**Übungen zum Gebrauch von „es":** 1. bis 4. (S. 55–56)

In Untermiete bei Frau Sommerfeld

„Bei mir wohnen vier Studenten, Jungen oder Mädchen, mal so, mal so. Und
2 mir ist es sogar recht, wenn ein Student oder eine Studentin ein Verhältnis
hat und ein Herr oder eine Dame zu Besuch kommt. Das ist normal. Dagegen
4 habe ich nichts. Bis zehn Uhr dürfen sie bleiben. Es ist auch schon mal vorgekommen, daß sie bis zwölf geblieben sind. Dagegen bin ich dann ein bißchen
6 angegangen und habe gebeten, das möge man in Zukunft sein lassen. Das taten sie dann auch. Also, was die Freundschaften angeht, das ist nicht so
8 schlimm mit den Studenten. Wenn sie nur ihre Füße abputzen würden und
die Türen leiser zumachten. Aber immer tragen sie mir Dreck herein und
10 schlagen die Türen so wild. Es sind eben junge Leute, nicht wahr. Zu meiner
Zeit war das noch anders. Aber was soll man machen?

12 Und dann sind sie auch anspruchsvoller geworden. Sie haben sich verändert.
Sie sind eben bequemer. Kurz und gut, sie wollen alles beisammen haben:
14 immer fließendes Wasser, Gasheizung, viele elektrische Steckdosen. Sehen Sie
mal, in diesem Zimmer sind acht Steckdosen. Man kann sich rasieren, wo im-
16 mer man ein und aus geht. Also, sie haben es hier schon sehr bequem.

Natürlich sind sie sehr verschieden, die jungen Leute. Der eine ist sehr fleißig,
18 der andere weniger. Der eine ist ein Gemütlicher, der andere ein Streber.
Aber trinken tun sie alle, die Kerle — es kann einem manchmal schon leid
20 tun. Man muß halt manches einstecken.

Immerhin bekomme ich für das schöne große Zimmer, das beinahe dreiund-
22 zwanzig Quadratmeter hat, mit warmem Wasser, Gasheizung, eigenem Zähler,
Toilette dabei, parterre ganz für sich und so weiter — für das bekomme ich
24 hundertzwanzig Mark im Monat. Für alle vier Zimmer — die anderen drei
sind ja kleiner — kann ich im Monat bis jetzt rund vierhundert Mark zusam-
26 menkriegen.“

*

„Hundertzwanzig Mark für das Zimmer, ja, das stimmt. Im Studentenheim
28 käme es mir auch nicht billiger, im Gegenteil: Dort müßte ich das Zimmer
vielleicht mit einem Kommilitonen teilen, und dann gäbe es die üblichen

30 Reibereien: Ich müßte das Licht ausmachen, wenn er schlafen will, oder ich
   würde wieder aufwachen, wenn er später nach Hause kommt. Da finde ich
32 das hier doch viel besser. Natürlich gibt's auch mit Frau Sommerfeld ab und
   zu so kleine Schwierigkeiten; zum Beispiel, wenn meine Freundin nicht um
34 zehn aus dem Haus ist, dann klopft sie an und sagt: „Ich würde jetzt gern
   die Haustür zuschließen!" Oder kaum haben wir eine Platte aufgelegt, fragt
36 sie schon: „Ginge es nicht ein bißchen leiser?" Naja — das Übliche. Aber das
   wäre im Wohnheim nicht anders. Und wenn es anders wäre, wenn jeder Mu-
38 sik machen könnte, so laut er will, oder niemand mehr Rücksicht nehmen
   würde, dann — ich weiß nicht, ob ich dann wirklich zu meinen Arbeiten kä-
40 me. Aber — um ehrlich zu sein: So viel arbeite ich nun auch wieder nicht.

   Ich bin natürlich viel mit anderen Studenten zusammen, auch mit Ausländern,
42 die hier studieren. Zuerst hatte ich das Gefühl, daß wir Deutschen zu den anderen ein unvoreingenommenes Verhältnis haben. Aber dann erzählten mir
44 einige Ausländer das Gegenteil. Sie sagen, daß bei den Deutschen viele Vorurteile da sind — weniger von seiten der Studenten als von seiten der Bevöl-
46 kerung. Wenn zum Beispiel Farbige auf Wohnungssuche gehen, haben sie
   große Schwierigkeiten. Sie müssen erstens viel länger suchen, bis sie etwas
48 finden, und zweitens mehr Miete zahlen.

   Da ist unsere Frau Sommerfeld Gott sei Dank anders. Jeder kann bei ihr mie-
50 ten, er muß nur eine Empfehlung haben, von der Uni, vom Pfarrer, oder von
   einem, den sie kennt. Dann nimmt sie ihn — wenn was frei ist."

1. Erklärungen zum Text

Z. 6:   **sein lassen** — nicht tun; unterlassen

Z. 9:   **Dreck** (m.) — Schmutz (m.)

Z. 12: **anspruchsvoll** — Jemand, der viel verlangt, viel erwartet, große Wün-
        sche hat, ist *anspruchsvoll*. Gegenteil: *bescheiden*

Z. 18: **Streber** (m.), Streberin (f.) — jemand, der durch großen Fleiß schnell
        vorwärts kommen will

Z. 19: **Kerl** (m.) — Mensch; Mann; Junge; ein schrecklicher —; ein dum-
        mer —; ein anständiger —; ein lieber —; ein kräftiger —

Z. 20: Man muß **halt** manches einstecken — eben; nun einmal

Z. 21: **Immerhin** bekomme ich .... — wenigstens; jedenfalls

(Fortsetzung S. 42)

Z. 22:   **Zähler** (m.) – ein Apparat, der anzeigt, wieviel Elektrizität (Strom), Gas oder Wasser man verbraucht hat

Z. 23:   **parterre** – im Erdgeschoß

Z. 29:   **Kommilitone** (m.), Kommilitonin (f.) – jemand, der auch studiert; Mitstudent, Mitstudentin

Z. 30:   **Reiberei** (f.) – Meinungsverschiedenheit (f.); (kleine) Streiterei (f.); Streitigkeit (f.)

Z. 43:   **unvoreingenommen** – objektiv, sachlich; ohne Vorurteil (siehe unten); vorurteilslos; vorurteilsfrei

Z. 44:   **Vorurteil** (n.) – eine Meinung, die jmd. hat, ohne die Realität zu kennen oder zu prüfen

2. Fragen zum Inhalt des Textes

1. Worum geht es in diesem Text?
2. Dieser Text besteht aus zwei Teilen:
   a) Wer sind die Sprecher?
   b) Welche Beziehung haben die beiden Teile zueinander?
3. Über welche Punkte spricht Frau Sommerfeld?
4. Was sagt Frau Sommerfeld über die Zimmer, die sie vermietet?
5. Was denkt Frau Sommerfeld über Damen- bzw. Herrenbesuch bei ihren Untermietern?
6. Nach Meinung von Frau Sommerfeld haben sich die jungen Leute im Lauf der Zeit geändert.
   a) Welche Eigenschaften haben sie heute – im Gegensatz zu früher, als Frau Sommerfeld noch jung war?
   b) Über welche Eigenschaften ihrer Untermieter ärgert sich Frau Sommerfeld?
   c) Welche Eigenschaften stellt Frau Sommerfeld an ihren Untermietern sonst noch fest?
7. Warum vermietet Frau Sommerfeld überhaupt?
8. Was erfahren wir im zweiten Teil des Textes über die Person des Sprechers?
9. Über welche Punkte spricht er?
10. Was sagt der Sprecher über Frau Sommerfeld?
    a) Wann kommt es zwischen ihnen zu Reibereien?

b) Was verlangt Frau Sommerfeld, wenn jemand bei ihr wohnen möchte?

c) Was unterscheidet Frau Sommerfeld von vielen anderen Zimmervermietern?

11. Wie ist — nach Meinung des Sprechers — oft das Verhältnis der Deutschen zu Ausländern?

12. Welche Schwierigkeiten haben besonders Farbige bei der Zimmersuche?

13. Warum wohnt der Sprecher privat und nicht im Studentenheim?

14. Würden Sie bei Frau Sommerfeld ein Zimmer mieten? — Begründen Sie Ihre Entscheidung!

15. Sind Sie der Meinung (oder haben Sie die Erfahrung gemacht), daß Vorurteile gegenüber Ausländern eine für Deutsche typische Eigenschaft ist?

3. Aufgaben zur Ausdrucksfähigkeit

Sagen Sie mit Ihren Worten, was die unterstrichenen Teile bedeuten!

1. „Bei mir wohnen vier Studenten, Jungen oder Mädchen, mal so, mal so." (Z. 1)

2. „Mir ist es sogar recht, wenn ein Student oder eine Studentin ein Verhältnis hat." (Z. 2–3)

3. „Es ist vorgekommen, daß sie bis zwölf geblieben sind. Dagegen bin ich angegangen." (Z. 4–6)

4. „(Und dann sind sie . . . . . Sie haben . . . . . Sie sind eben . . . . .) Kurz und gut, sie wollen alles beisammen haben." (Z. 12–13)

5. „(In diesem Zimmer sind acht Steckdosen.) Man kann sich rasieren, wo immer man ein und aus geht." (Z. 15–16)

6. „(Hundertzwanzig Mark für das Zimmer, ja, das stimmt.) Im Studentenheim käme es mir auch nicht billiger." (Z. 27–28)

7. „Dort (im Studentenheim) müßte ich das Zimmer sicher mit einem Kommilitonen teilen." (Z. 28–29)

8. (Kaum haben wir eine Platte aufgelegt, fragt sie schon:) „Ginge es nicht ein bißchen leiser?" (Z. 35–36)

9. „Ausländer sagen, daß bei den Deutschen viele Vorurteile da sind — weniger von seiten der Studenten als von seiten der Bevölkerung." (Z. 44–46)

4. Aufgaben zur Fragebildung

Stellen Sie zu jedem Stichwort so viele Fragen wie möglich!

Beispiel:

Erfragen Sie:

das Thema des Textes

— Worum geht es in diesem Text?
— Was steht in diesem Text?
— Welchen Inhalt hat dieser Text?
  usw.

Erfragen Sie:

1. das Thema des Textes;
2. den Mietpreis pro Monat;
3. den Mietpreis: kalt/warm — mit/ohne Strom;
4. die Einrichtung;
5. die Zimmergröße;
6. die soziale Stellung der Untermieter bei Frau S.;
7. die Zahl der Mieter bei Frau S.;
8. die Möglichkeiten, die Mieter zu besuchen;
9. die Besuchszeit für Nichtmieter;
10. die Anlässe für Reibereien mit Frau S.;
11. das Urteil von Frau S. über ihre Untermieter;
12. die Einnahmen von Frau S. durch Monatsmieten;
13. die Wohnprobleme für Ausländer.

5. Dialogische Wiedergabe des Textinhalts

Versuchen Sie, den Inhalt mit verteilten Rollen wiederzugeben! Die Stichwörter sollen Ihnen dabei helfen. Eingeklammerte Stichwörter geben nur Hinweise auf den Inhalt, sie brauchen nicht verwendet zu werden.

Zum Vergleich steht Ihnen ein Dialog zur Verfügung, der von Deutschen gesprochen wurde.

Beispiel:

A ? (*Mieter*)?
  – Und wer sind *die Mieter*?   → *Stichwort verwendet*
  – Und *wer wohnt bei* Frau Sommerfeld?   → *Stichwort inhaltlich wiedergegeben*

A ? Frau Sommerfeld ?
B : (Zimmerwirtin)

A ? (Mieter) ?
B : Studenten/Studentinnen

A ? (Zahl der Zimmer) ?
B : (Zahl und Größe)

A ? (Zimmerqualität) ?
B : (Einrichtung: genaue Beschreibung)
   : (Besonderheiten des großen Zimmers)

A ? (Preise) ?
B : (Preise)

A ? (Warmmiete; Strom) ?
B : Zähler

A ? (Besucher) ?
B : (Erlaubnis)

A ? (Besuchszeit) ?
B : (Besuchszeit. Aber: Schwierigkeiten!)

A ? Musik ?
B : (Art der Musik. Lautstärke)

(Fortsetzung S. 46)

A ? (Mieter: Deutsche/Ausländer)?
B : Deutsche und Ausländer

A : Frau S.: Ausnahme!
B ? (Begründung)?

A : (bestehende) Vorurteile
  : (Probleme: Suchzeit, Preis)
B : (Frau S.: Ausnahme. Aber:) Empfehlung

6. Aufgaben zur freien Äußerung

A. Berichten Sie:

— über die Art, wie Sie einmal ein Zimmer gefunden haben;
— über Größe, Preis und Ausstattung des Zimmers;
— über die Zimmerwirtin/die Familie, bei der Sie wohnen/gewohnt haben;
— über besondere Erfahrungen/Schwierigkeiten/„Reibereien" mit den Vermietern;
— über die eventuellen Gründe für eine Kündigung.

B. Weitere Themen für Berichte und Diskussionen:

1. Wo würden Sie lieber wohnen: privat oder in einem Wohnheim? — Warum?
2. Was hat Sie an der Situation auf dem Wohnungsmarkt, wie sie in Reihe 2 beschrieben wird, besonders überrascht? — Warum?
3. Was ist gleich, was ist bemerkenswert oder anders an der Situation eines Untermieters/einer Untermieterin, wenn Sie sie mit der Situation in Ihrem Land vergleichen?

C. Schreiben Sie einen Antwortbrief!

Wohnheimgesellschaft
für ausländische Arbeitnehmer
Friedrichstraße 222

1000 Berlin 61

Sehr geehrter Herr/Frau/Fräulein

Wie Sie uns mitgeteilt haben, haben Sie bisher noch keine ausreichende Wohn-
2 möglichkeit gefunden. Unsere Wohnheimgesellschaft wird in Kürze eine Reihe
gut ausgestatteter Wohnungen zur Verfügung stellen. Haben Sie bitte die Freund-
4 lichkeit, uns ausführlich Ihre Wünsche, z.B. in bezug auf Lage, Anzahl der Räume,
Ausstattung usw. mitzuteilen, damit wir Ihnen zu gegebener Zeit eine entspre-
6 chende Wohnung zuteilen können. Geben Sie bitte genau an, ob Sie die Wohnung möbliert übernehmen wollen, oder ob Sie das Mobiliar selbst beibringen.

8 Wir hoffen, von Ihnen zu hören.

Mit hochachtungsvollem Gruß,

Stieglitz

10 (Geschäftsführer)

D. Aufgabe zur schriftlichen Äußerung

*In einer Großstadt der Bundesrepublik wurden junge Ausländer befragt, mit wel-
chen Schwierigkeiten sie in der Bundesrepublik Deutschland fertig werden müssen. Zwei der zahlreichen Antworten seien hier einander gegenübergestellt.*

A:

Das Leben in der Bundesrepublik ist für mich vor allem deshalb ein Problem,
2 weil ich zum ersten Mal ganz allein bin, ohne die Familie. Niemand wartet
hier auf mich, ich hab keinen, mit dem ich über meine Erlebnisse und Erfah-
4 rungen sprechen kann. Tagsüber bin ich in der Stadt beschäftigt, ich arbeite
im Hotel Bayerischer Hof, aber wenn ich dann abends in mein kleines Zim-
6 mer zurückkomme, ist das für mich jedesmal wie eine Strafe, eine Strafe dafür, daß ich von zu Haus weggegangen bin. Das Auslandspraktikum in einem
8 renommierten Hotel ist aber für mein Weiterkommen notwendig. Doch wußte
ich ja vorher nicht, wie schwer es für ein Mädchen sein würde, hier in der
10 Bundesrepublik allein zu leben.

(Fortsetzung S. 48)

B:

Schon mit vierzehn oder fünfzehn hab ich mir gewünscht, in der Welt herum-
2 zureisen. Jetzt bin ich zwar nur 2000 Kilometer von meiner Heimat weg, aber
hier in der Bundesrepublik zu sein, so ohne Eltern, ohne Geschwister und die
4 vielen Verwandten, ohne Anhang also, das gefällt mir von Tag zu Tag besser.
Warum? Ich kann einfach so leben, wie ich es brauche, wie's mir gefällt, und
6 auch mit anderen zusammen. Ich wohne in einem Wohnheim mit Deutschen
und Ausländern. Wir reden viel und lange über uns selber und natürlich über
8 politische und soziale Fragen. Ich hab in den paar Monaten hier mehr über mich
selbst erfahren als in all den Jahren vorher zu Haus. Natürlich ist es nicht so,
10 daß wir nur in dem Heim 'rumhocken. Wir fahren auch zu anderen Leuten oder
einfach mal ins Grüne. Auf die Art lerne ich nicht nur besser Deutsch, sondern
12 ich erfahre auch von vielen gesellschaftlichen Problemen, über die wir bei uns
nie gesprochen haben. Ich studiere Volkswirtschaft.

Nehmen Sie zu den Antworten von A und B Stellung! — Die folgenden Fragen sollen Ihnen helfen, eigene Gedanken zu den Antworten von A und B zu
entwickeln. Sie brauchen diese Fragen nicht einzeln zu beantworten, es genügt, wenn Sie die Antworten in Ihre Stellungnahme mit einarbeiten.

Zu A:

— *Wo liegt der Grund für die Schwierigkeiten, von denen das Mädchen berichtet? An den Menschen, mit denen sie zu tun hat?*
— *Wäre es für das Mädchen vielleicht ebenso schwer, in ihrer Heimat allein
zu leben?*
— *Welche Möglichkeit(en) sehen Sie, um dem Mädchen zu helfen? Was würden Sie ihr antworten?*

Zu B:

— *Worin unterscheiden sich die Lebensbedingungen dieses Studenten von der
Situation der Hotelpraktikantin?*
— *Warum berichtet er nicht von Schwierigkeiten, sondern nur von Vorteilen?*
— *Wie würde er wohl antworten, wenn auch er in einem Einzelzimmer woh-
nen müßte?*

Zu A und B:

— *Wie wichtig oder wie unwichtig ist das Wohnproblem im Ausland? Welche
Hinweise geben die beiden Antworten auf diese Frage?*

7. Übung zur indirekten Rede (Minimalbestand R 2: HV 1, HV 2)

> Geben Sie die präpositionalen Ausdrücke in Nebensätzen wieder! — Drük- ken Sie sich verbal aus und verwenden Sie die indirekte Rede!

Beispiel:

Sie fragte ihn *nach seinem Namen.* → Sie fragte ihn, *wie er heiße.*

Frau Berger fragte Herrn Aschenbach nach:
- *Herkunft;*
- *Geburtsdatum und -ort;*
- *Beruf;*
- *derzeitige Anstellung;*
- *eventuelle Empfehlungen;*
- *Arbeitszeit;*
- *voraussichtlicher Einzugstermin;*
- *persönliche Wünsche*

Frau Berger gibt Herrn Aschenbach Auskunft über:
- *Art des Zimmers;*
- *Lage des Zimmers;*
- *Größe des Zimmers;*
- *Mobiliar;*
- *Beheizung;*
- *Küchenbenutzung;*
- *Badegelegenheit;*
- *Mietpreis;*
- *Wäsche und damit verbundene Extrakosten;*
- *anfallende Nebenkosten;*
- *mögliche Besichtigungszeiten;*
- *Empfang von Besuchen*

8. Verlobter als Mitbewohner (Text zur indirekten Rede)

Mehrfach haben Amtsgerichte entschieden, daß es keinen Grund zur fristlosen
2 Kündigung gibt, wenn ein Untermieter über Nacht eine Person bei sich beherbergt, insbesondere wenn ein Untermieter seine Freundin oder eine Unter-
4 mieterin ihren Freund bei sich schlafen läßt. Das ist von den einen begrüßt

worden, weil es die Verwirklichung der freien Selbstbestimmung des Unter-
6 mieters darstellt, von den anderen beanstandet, weil die Rechte des Vermieters dabei zu wenig berücksichtigt wurden.

8 Das Landgericht Köln hatte sich in einem Beschluß vom 29. 11. 1973
(1 S 202/73) mit der Frage zu befassen, ob der Mieterin einer Wohnung frist-
10 los gekündigt werden darf, wenn diese ihren Verlobten auf Dauer in ihrer
Wohnung aufnimmt. Es hat dies grundsätzlich bejaht. Zwar besteht ein Recht
12 des Mieters, seine Familienangehörigen in die Mieträume aufzunehmen und
Gäste zu empfangen. Der Mietvertrag mit einem Ehepaar umfaßt normaler-
14 weise das Recht, nächste Familienangehörige mitzubringen oder aufzunehmen
oder Gäste zu vorübergehendem Besuch zu empfangen. In all diesen Fällen
16 ist die Stellung des Mieters stärker als die des Vermieters.

Nimmt aber ein Mieter seine Verlobte oder eine Mieterin ihren Verlobten
18 dauernd in der Mietwohnung auf, dann überschreitet er die Grenze seiner be-
rechtigten Interessen und beeinträchtigt erheblich die Belange des Vermieters.
20 Zwar darf der Mieter sein Leben auch innerhalb der Mieträume nach eigenem
Gutdünken gestalten. Auf der anderen Seite hat aber der Vermieter ein be-
22 rechtigtes Interesse daran, daß die Mieträume nur vom Mieter sowie von dessen Angehörigen und Gästen benutzt werden. Andernfalls wird das Mietob-
24 jekt einer erhöhten Abnutzung ausgesetzt, was sich wiederum auf die Höhe
des Mietpreises auswirken kann.

26 Wenn das Gericht im konkreten Fall den Vermieter trotzdem nicht für berechtigt gehalten hat, das Mietverhältnis fristlos zu kündigen, so lediglich des-
28 halb, weil der Vermieter den Zustand kannte und bereits geraume Zeit ge-
duldet hatte, ehe er sich zur fristlosen Kündigung entschloß. Wer aber einen
30 vertragswidrigen Zustand über längere Zeit hinweg zuläßt, kann sich nicht
plötzlich auf ihn berufen.

Aufgaben

1. Worauf beziehen sich die folgenden Wörter: *das* (Z. 4); *es* (Z. 5); *dabei*
   (Z. 7); *diese* (Z. 10); *es* und *dies* (Z. 11); *die* (Z. 16); *daran* (Z. 22);
   dessen (Z. 22–23); *was* (Z. 24); *er* (Z. 29); *ihn* (Z. 31)? Unterstreichen
   Sie die betreffenden Stellen im Text!
2. Markieren Sie durch → ← die Stellen im Text, die ihrem Inhalt nach Zi-
   tate wiedergeben oder zusammenfassen!
3. Geben Sie die von Ihnen markierten Textstellen in der indirekten Rede
   wieder!

9. Zum Gebrauch deutscher Verben

Die folgenden Sätze bestehen jeweils aus Nominativ, Verb und präpositionalem Ausdruck:

Nr.	Nominativ	Verb	präpositionaler Ausdruck
1	Barbara	wartet	vor dem Schlüter-Kino.
2	Herr A.	wartet	im Café Bleibtreu.
3	Wir	warten	an der Ecke Kant-, Bleibtreustraße.
4	Er	wartet	auf dem Bahnsteig 3.
5	Ich	warte	zu Hause.

Aufgaben

1. Welchen Inhalt haben die präpositionalen Ausdrücke der Sätze 1 bis 5?
2. Was läßt sich zum Gebrauch der Präpositionen sagen?
3. Sind diese präpositionalen Ausdrücke Ergänzungen oder Angaben?

Auch die Sätze 6 bis 10 bestehen aus Nominativ, Verb und präpositionalem Ausdruck:

Nr.	Nominativ	Verb	präpositionaler Ausdruck
6	Barbara	wartet	auf Hans.
7	Herr A.	wartet	auf seinen Kollegen.
8	Wir	warten	auf den Bus.
9	Er	wartet	auf den Zug.
10	Ich	warte	darauf, daß man mich abholt.

Aufgaben

4. Erfragen Sie die präpositionalen Ausdrücke der Sätze 1 bis 5 und der Sätze 6 bis 10!
5. Stellen Sie zu den Sätzen 1 bis 10 jeweils die Entscheidungsfrage und antworten Sie darauf mit einem ganzen Satz!
6. Stellen Sie die Unterschiede zwischen den präpositionalen Ausdrücken der Sätze 1 bis 5 und der Sätze 6 bis 10 fest!
7. Bestimmen Sie anhand der Sätze 6 bis 10 die Zahl und die Art der Satzglieder, die das Verb „warten" begleiten!

(Fortsetzung S. 52)

8. Notieren Sie den Gebrauch des Verbs „warten"! Bedienen Sie sich dazu der „Übersicht" auf den Seiten 31 und 32!

warten + [ ] + [/]

*

In der Umgebung des Verbs „öffnen" treten folgende Ergänzungen auf:

(Sie klingelte und wartete. Dann klingelte sie noch einmal – und erschrak.)

11.1 [Ein fremder Mann] öffnete. [ ]

11.2 [Ein fremder Mann] öffnete [ihr] . [ ] [ ]

11.3 [Ein fremder Mann] öffnete [die Tür] . [ ] [ ]

11.4 [Ein fremder Mann] öffnete [ihr] [die Tür] . [ ] [ ] [ ]

Aufgaben

9. Tragen Sie in die freien Kästchen jeweils die Art der Ergänzungen ein! Bedienen Sie sich dazu der „Übersicht" auf Seite 31!
10. Notieren Sie den Gebrauch des Verbs „öffnen"!

öffnen + [ ] + [ ] + [ ]

11. Versuchen Sie zu erklären, weshalb das Verb „öffnen" in Satz 11.1 von nur einer Ergänzung, in den Sätzen 11.2 und 11.3 jeweils von zwei Ergänzungen begleitet wird!
12. Gebrauchen Sie das Verb „öffnen" in Sätzen, in denen Sie für die Stelle A folgende Substantive verwenden: Fenster / Flasche / Fleischkonserve / Päckchen / Koffer / Mantel / Augen! – Prüfen Sie, ob das Verb „öffnen" dabei seine Bedeutung ändert!

*

Im Deutschen gibt es eine große Zahl gleichlautender Verben, die jeweils verschiedene Bedeutungen haben. Sehr oft unterscheiden sich diese Verben aber durch die Zahl und/oder die Art ihrer Ergänzungen.

Beispiel: <u>gehören</u>

12 Das Haus gehört einem Arbeiter.

13 Benutzte Papiertaschentücher gehören in
    den Ofen oder in die Toilette.

14.1 Bad Godesberg gehört zu Bonn.

14.2 Viel Glück gehört dazu, in München ein
      preisgünstiges Privatzimmer zu finden.

15.1 *Er redet immer mit vollem Mund.*
      Das/So etwas gehört sich nicht.

15.2 Es gehört sich nicht, mit vollem Mund
      zu sprechen.

15.3 Mit vollem Mund zu sprechen, (das/so et-
      was) gehört sich nicht.

Aufgaben

13. Tragen Sie in die freien Kästchen jeweils die Art der Ergänzungen ein!
    Bedienen Sie sich dazu der „Übersicht" auf den Seiten 32, 33 und 34!
14. Beschreiben Sie jeweils den Zusammenhang zwischen Bedeutung sowie
    Zahl und/oder Art der Ergänzungen!
15. Verdeutlichen Sie den Gebrauch der Präposition in Satz 13 und Satz
    14.1 durch eigene Beispiele! Bedienen Sie sich dazu der auf Seite 34
    getroffenen „Unterscheidung"!
16. Besprechen (und notieren) Sie den Gebrauch des Verbs „gehören" in
    Satz 14.2 und in den Sätzen 15.1 bis 15.3!
17. Versuchen Sie, das Verb „gehören" jeweils durch bedeutungsähnliche
    Ausdrücke wiederzugeben!

*

Bei der weiteren Arbeit mit Texten sollten Sie dem Gebrauch der Verben
Ihre besondere Aufmerksamkeit schenken. Dabei sollten Sie ähnlich wie mit
den Verben „warten" (1 bis 10), „öffnen" (11.1 bis 11.4) und „gehören"
(12 bis 15.3) verfahren und anhand dieser Beispiele Glossare anlegen wie das
folgende zu einigen Verben des Textes „In Untermiete bei Frau Sommerfeld".
(Fortsetzung S. 54)

Glossar (Minimalbestand R 2)

ein Verhältnis haben + N + P/mit Dat. (Z. 2–3)
Sie hatte lange Zeit ein Verhältnis mit einem Schauspieler.

ein Verhältnis haben + N + P/zu-Dat. (Z. 42–43)
Frau Sommerfeld hat ein ganz unvoreingenommenes Verhältnis zu Ausländern.
Sie hat leider überhaupt kein Verhältnis zum Jazz.

haben + N + etwas/nichts + P/gegen-Akk. (Z. 3–4)
Frau Sommerfeld hat nichts gegen Farbige.
Hat sie etwas gegen Besuch? – Nein, dagegen hat sie überhaupt nichts.

haben + N + etwas/nichts + SE/DASS
Frau Sommerfeld hat nichts dagegen, daß Ihre Untermieter Besuch bekommen.
dagegen: obligatorisch

angehen + N + P/gegen-Akk. (Z. 5–6)
Er wird gerichtlich gegen die fristlose Kündigung der Heimleitung angehen.

angehen + N + SE/DASS
Er wird gerichtlich dagegen angehen, daß ihm die Heimleitung fristlos gekündigt hat.   *dagegen*: obligatorisch

angehen + N + A + A (Z. 7)
Sein Privatleben geht niemanden etwas an.
Was sein Privatleben angeht, so .....

kommen + N + D + AR (Z. 27–28)
Ein Zimmer im Studentenheim kommt ihm auch nicht viel billiger als ein Privatzimmer.
Er hat die Wohnung nun doch nicht genommen. Die Ausbesserungsarbeiten wären ihm zu teuer gekommen.

kommen + N + R (Z. 31)
Er kommt heute später nach Haus.
Er kommt nicht zum Essen.

kommen + N + P/zu-Dat. (Z. 39–40)
Er kommt einfach nicht zum Arbeiten.

kommen + N + SE/INF+
Er kommt einfach nicht dazu, in Ruhe zu arbeiten.
dazu: obligatorisch

finden + N + A + AR (Z. 31–32)

Er findet ein Privatzimmer vorteilhafter als ein Zimmer im Studentenheim.
Frau Sommerfeld findet die jungen Leute bequemer, lauter, anspruchsvoller
als zu ihrer Zeit.

finden + N + A (Z. 47–48)

Farbige müssen länger suchen, bis sie ein Zimmer finden.

*

Zusatzaufgaben

1. Stellen Sie fest, ob in Ihrem/in einem einsprachigen Wörterbuch weitere
   Bedeutungen für das Verb „angehen" zu finden sind – und wenn ja, notieren Sie den jeweiligen Gebrauch!
2. Was bedeuten im Text die Verben „einstecken" (Z. 20), „stimmen" (Z. 27)
   und „ausmachen" (Z. 30) – und wie ist ihr Gebrauch? – Stellen Sie fest,
   ob in Ihrem/in einem einsprachigen Wörterbuch weitere Bedeutungen für
   diese Verben angegeben sind – und wenn ja, notieren Sie den jeweiligen
   Gebrauch!

10. Übungen zum Gebrauch von „es"

„es" ist Nominativ und bildet mit dem Verb eine feste Verbindung.

1. Übung (Minimalbestand R 1 und R 2)

Ergänzen Sie die Vorgaben zu ganzen Sätzen! Achten Sie dabei auf den
Gebrauch, vor allem auf die jeweilige Stellung des Wortes „es"!

1. Es gibt kein.. Grund zur fristlosen Kündigung, wenn ein Untermieter eine
Person bei sich beherbergt. 1.1 Wenn ein Untermieter ....., (so) ..... .
1.2 Mehrfach haben Amtsgerichte entschieden, daß ....., wenn ein Untermieter eine Person bei sich beherbergt. 2. Es ist in Frankfurt wieder einmal
... ... Straßenschlacht zwischen Polizei und demonstrierenden Studenten
gekommen. 2.1 Wieder einmal ..... . 2.2 In den Tageszeitungen war zu
lesen, daß ..... . 3. Es geht ihm nicht ... ... paar Mark mehr oder weniger, wenn er täglich duschen kann. 3.1 Ihm ....., wenn er täglich duschen

kann. 3.2 Wenn er täglich duschen kann, ... 4. Es kommt ... dies..
Übung ... ... obligatorisch.. Gebrauch des Wortes „es" an. 4.1 ... dies..
Übung ..... . 4.2 Er fragte, wor... ..... . 5. Es handelt sich ... dies..
Preis ... ... günstig.. Angebot. 5.1 ... dies.. Preis ..... . 5.2 Es steht
außer Frage, daß ..... . 6. Es verhält sich schlecht ... sein.. Leistungen
in der Schule. 6.1 ... sein.. Leistungen in der Schule ..... . 6.2 Wie
.....? 6.3 Seine Eltern wollten wissen, wie ..... . 7. Es heißt, daß dicke
Menschen gemütlich sind. 7.1 Dicke Menschen, so ... ..., sind gemütlich.

2. Zusatzaufgaben zu Übung 1 (Glossar)

Notieren Sie den Gebrauch der es-Verben! Beispiel: 1. *geben + es + A*

„es" ist Akkusativ und bildet mit dem Verb eine feste Verbindung.

---

3. Übung (Minimalbestand R 2)

Ergänzen Sie die Vorgaben zu ganzen Sätzen! Achten Sie dabei vor allem
auf die jeweilige Stellung des Wortes „es"!

1. Die Studenten haben es bei Frau Sommerfeld sehr bequem. 1.1 Bei Frau
Sommerfeld ..... . 1.2 „Wie wohnen die Studenten bei Frau Sommerfeld?"
– „Eines muß man sagen, sehr bequem haben ... ... dort." 1.3 Die Studenten sagen, daß ..... . 1.4 *haben + N + es + AR / bequem/gut/schwer/*
leicht/schön/eilig – Bilden Sie Sätze! Versuchen Sie, diese Sätze – ähnlich
wie die Beispiele 1.1 bis 1.3 – umzustellen!

4. Aufgaben zum Gebrauch einiger Verben mit obligatorischem „es"

Notieren Sie den Gebrauch der in den folgenden Sätzen verwendeten
Verben!

1. Dieser Student hat es auf mehr als zwanzig Semester gebracht. 2. Aus
seiner Selbstbiografie hoffte man zu erfahren, wie er es zu so großem Reichtum gebracht hatte. 3. Vor dem Fliegen bekommt er es immer mit der Angst
zu tun. 4. Dieser Schüler hat es in den Fremdsprachen nicht so weit gebracht wie in den naturwissenschaftlichen Fächern.

11. Häuser (Ergänzungs- und Umformungstext)

Ergänzen Sie zunächst in der Spalte 1 die Vorgaben zu vollständigen Sätzen! – Lösen Sie dann die Aufgaben in der Spalte 2 und notieren Sie, wie der Text im Zusammenhang lautet!

1 Ergänzungen	2 Umformungen
(1) Häuser bieten Schutz ... Regen, ... Witterung im allgemeinen,	einfaches Verb
(2) bieten einen gewissen Schutz ... Dieb.., ... Mörder..,	Verwenden Sie: ..... *Grad*
(3) sind abschließ..,	verschiedene Umformungen
(4) aber sie sind ... nichts gefeit.	bedeutungsähnliche Ausdrücke
(5) Die Polizei empfiehlt,	bedeutungsähnliches Verb
(5.1) ... länger.. Abwesenheit nicht sämtliche Fensterläden zu ...,	→ Nebensatz bedeutungsähnlicher Ausdruck
(5.2) irgendwo, wenn möglich, ein Licht ... zu lassen,	präpositionale Ausdrücke
(5.3) und überhaupt alles zu vermeiden,	bedeutungsähnliche Ausdrücke
(5.4) was ... ... Abwesenheit der Bewohner schließen lassen könnte.	Umformungen: a) *woraus ... ... Abwesenheit der Bewohner ... ... könnte.* b) *woraus sich ... ..., daß die Bewohner ... .* c) *was dar.. ... ..., daß die Bewohner nicht ..... .*
(6) Wertgegenstände nehmen die Banken in Depot.	bedeutungsähnlicher Ausdruck

(Fortsetzung S. 58)

(7) ... besonders <u>wirksam</u> hat <u>sich</u> auch <u>erwiesen</u>,	bedeutungsähnlicher Ausdruck bedeutungsähnliche Verben
(7.1) jemanden zu <u>beauftragen</u>,	Verbindung aus Akkusativ + Verb
(7.2) <u>während der Abwesenheit</u> ... Zeit .. Zeit ... ... Wohnung zu gehen	→ Nebensatz
(7.4) und ... ... Recht.. zu sehen, die Wohnung ... Schein zu bewohnen,	Verwenden Sie: *nachsehen, ob* .....
(7.5) den einen Fensterladen zu <u>schließen</u> und den ... ... <u>...</u>,	bedeutungsähnliche Verben
(7.6) das eine Licht zu <u>löschen</u> und das ... <u>.....</u> .	bedeutungsähnliche Verben bedeutungsähnliche Verben

Texte zum Leseverständnis

LV 1 Zimmeranzeigen

Zimmeranzeigen wie die folgenden aus einer Westberliner Tageszeitung kön-
nen Sie auch in vielen anderen deutschen Zeitungen lesen.

Zimmer/Vermietungen	Zimmer/Vermietungen
1 **Junge Dame**, auch Ausländerin, 80,– DM monatlich. Schlafstelle mit allem Komfort, 4 15 83 65	Licht, Warmwasser und Heizung zu vermieten. Tel. 8 83 26 73
2 **Westend**, Komfortzimmer, Berufstätige, sofort. 3 04 30 73	**Möbliertzimmer**, Schöneberg, Bayerischer Platz-Nähe. Vollkomfort, gut ausgestattet. Küchen-, Bad-Benutzung, Anfragen Hausverwaltung, 2 11 54 75. 160,– bis 180,– DM. Hauswirtsvertrag. 24 64 80, wochentags 14
3 **2 Zimmer** mit Zentralheizung, Küchen- und Badbenutzung, in solidem Hause zu vermieten, 190,–/140,– DM. Telefon 84 43 27	
4 **Möbliertes** Balkonzimmer, berufstätige, solide Dame. 120,– DM, Eichkamp. 3 02 15 46	**Speziell Spandau/Charlottenburg**, Krajewsky-Immobilien, 3 31 37 64 (werktags) 15
5 **Möbliertes** Kellerzimmer, Selbstversorger, Rentner, Zentralheizung, Brause, Hilfsleistung für Kleingarten. XQ 655 Der Tagesspiegel, 1 Berlin 30, Postfach	**Komfortzimmer**, Breitenbachplatz, ab Montag 8 21 25 60 16
	Dame, Möbliertzimmer, 8 22 14 15 17
	Frohnau, sep. Möbliertzimmer, sehr ruhig, verkehrsgünstig, seriöser Mieter. 4 01 21 61 18
6 **Möbliertes** Schlafzimmer, Wohnzimmer, Küche, Bad 295,–, Berufstätige, 7 81 14 91	**Berlingäste**, 73 21 88 19
	Schöneberg, 2 möblierte Zimmer, Bad, 7 84 22 31 20
7 **Komfortzimmer** Nähe Rüdesheimer Platz, 8 21 25 60	**Komfortzimmer**, 165,– DM, 7 75 72 94 21
8 **Möbliertes** Zimmer mit kleinem Kochraum zum 1. September, 8 87 19 98	**Möbliertes** Zimmer, Zehlendorf, Vollkomfort, Küchen- und Badbenutzung, zum 1. 9., 175,– DM. 8 13 39 18 22
9 **Komfortzimmer**, Dame, Nähe Bayerischer Platz, 24 92 54	**1 1/2** möblierte, Kaution, 180,– monatlich, ohne Wirtin, Zweijahresbindung. 7 92 41 14 23
10 **2 Komfortzimmer** Nähe Kurfürstendamm an berufstätige Dame(n), 8 83 86 57, ab Montag 87 63 53	**Leerzimmer** in Gemeinschaftswohnung direkt vom Hauswirt, Kurfürstendammnähe, Zentralheizung, Warmmiete 110,–, nur berufstätige Dame. 8 83 69 46 24
11 **Kurfürstendamm**, Komfortzimmer, Telefon 8 81 39 52	
12 **Möbliertes** Zimmer für berufstätigen Herrn. Anruf ab 8 Uhr, 8 26 95 35	
13 **Großes** möbliertes Zimmer mit Balkon, Blick Kurfürstendamm, ca. 50 qm, mit Küchen- und Badbenutzung ab sofort für monatlich 380,– DM incl.	**Möblierte** 2-Bett-Komfortzimmer (30 Quadratmeter), inkl. Heizung, Küche-/Badbenutzung, Nähe Wittenbergplatz oder Rathaus Friedenau, 250,– DM. An angehendes Ehepaar 25

(Fortsetzung S. 60)

oder alleinstehende berufstätige Damen! JJ 960	Villenetage Lichterfelde gegen Gartenarbeit und Zuzahlung. 73 85 90
26 **2 separate Leerzimmer**, Opernviertel, gute Verkehrslage, Zentralheizung, Warmwasser, eigene Toilette, 1. Etage, Telefon 31 69 24 Montag bis Freitag ab 20.00 Uhr	**Komfortzimmer** Nähe Olivaer Platz, an älteren, seriösen, berufstätigen Herrn ab 1. 9. 71. Telefon 8 81 90 14, Sonntag 10–13 Uhr 28
27 **2 möblierte Zimmer**, Küche, Bad, in	**Kurfürstendamm**, Komfortzimmer, Tel.: 29 8 81 39 52

Bearbeiten Sie nun zu diesen Zimmeranzeigen die folgenden Aufgaben!
Bei den Aufgaben 7 bis 10 gibt es jeweils eine richtige Lösung!

1. Ein *Student* kommt für *zwei* Semester (ungefähr 12 Monate) nach Berlin. Er sucht ein *möbliertes* (Komfort-)Zimmer. Welche Angebote kommen für ihn in Frage?

   Anzeige-Nr. .....

2. Auch für den, der – als Besucher – nur *kurze* Zeit nach Berlin kommt, gibt es einen Hinweis, wo er wohnen kann.

   Anzeige-Nr. .....

3. Eine *Dame* und ein *Herr* besitzen selbst die wichtigsten Möbel (z. B. Schlafcouch, Tisch, Schrank, Lampe, Bücherregal). Geeignete Angebote findet

   a) die *Dame* unter Anzeige-Nr. .....

   b) der *Herr* unter Anzeige-Nr. .....

4. Wer möbliert wohnen möchte, aber *keinen persönlichen Kontakt* mit einer Zimmerwirtin wünscht, der versucht es am besten gleich mit

   Anzeige-Nr. .....

5. Die meisten Vermieter geben – nach diesen Anzeigen – zu erkennen, *wer* bei ihnen wohnen kann. Außer *Geschlecht* (Dame, Herr) und *Alter* (jung, älter) finden sich *weitere Angaben*. So werden Mieter oder Mieterinnen gewünscht,

   a) die nicht *arbeitslos* sind, sondern „........................“.

   b) die nicht *verheiratet* sind, sondern „........................“.

   Außerdem sollen die Mieter oder Mieterinnen

   c) „........................“ oder „........................“ sein.

6. Ein junger Mann will mit seiner Verlobten zusammenziehen. Welches Angebot kommt vor allem in Frage?

Anzeige-Nr. .....

7. Die *Anzeige Nr. 1* ist für eine Ausländerin interessant,

   a) die tagsüber beschäftigt ist und deshalb schon früh das Zimmer verläßt und erst abends zurückkehrt. ☐

   b) die studiert. ☐

   c) die ein preiswertes eigenes Zimmer mit Komfort sucht. ☐

   d) die nur für wenige Tage ein eigenes Zimmer braucht. ☐

8. Besonders aufpassen muß der Zimmersuchende bei dem *Angebot Nr. 23*, denn hier wird von ihm ein besonderer *Geldbetrag* verlangt, und zwar

   a) eine monatliche Gebühr für Strom und Wasser, die nicht im Mietpreis enthalten ist. ☐

   b) ein Betrag, den der Mieter zu leisten hat und den er zurückbekommt, wenn er auszieht. Er bekommt ihn aber nicht zurück, wenn er z. B. Monatsmieten oder Rechnungen für Strom, Wasser, Telefon u. a. nicht vollständig bezahlt hat. ☐

   c) eine Anzahlung auf die erste Monatsmiete als Sicherheit für die Vermieterin, daß der Mieter auch wirklich einzieht. ☐

   d) eine Vorauszahlung von einer oder mehreren Monatsmieten, die der Mieter dann abwohnt; das heißt: Zahlt er z. B. DM 540,– im voraus, braucht er drei Monate keine Miete zu zahlen. ☐

9. Wer ein Leerzimmer der *Anzeige Nr. 26* mietet,

   a) der braucht unbedingt einen eigenen Wagen. ☐

   b) der möchte in einer ruhigen Gegend wohnen. ☐

   c) der hat Park- und Tankgelegenheit in der Tiefgarage des Hauses. ☐

   d) der hat öffentliche Verkehrsmittel in der Nähe. ☐

10. Das Immobilien-Geschäft der *Anzeige Nr. 15* ist telefonisch zu erreichen:

    a) immer von Montag bis Freitag ☐

    b) an allen Wochentagen ☐

    c) an allen Arbeitstagen ☐

    d) immer von Montag bis Samstag ☐

LV 2 Zimmermisere in den Universitätsstädten der Bundesrepublik

Lesen Sie den folgenden Text still durch! Benutzen Sie kein Wörterbuch!
Berücksichtigen Sie nur, was in den Anmerkungen (S. 66) steht!

Orientierungsfragen

1. Wird das, was der Untertitel aussagt, durch genaue Informationen belegt?
2. Werden Gründe angegeben, weshalb es immer weniger Privatzimmer gibt?
3. Wird gesagt, welche Folgen das kleiner werdende Angebot an Privatzimmern für die zimmersuchenden Studenten hat?
4. Ist das Wohnproblem in Städten mit neu gegründeten Universitäten besser gelöst als in den alten Universitätsstädten?
5. Kann der Bau von Studentenheimen die Situation auf dem Zimmermarkt in der nächsten Zeit entscheidend verbessern?
6. Wird von offizieller Seite etwas getan, um den Zimmersuchenden kurzfristig zu helfen?
7. Versuchen die Studenten, selbst mit der Zimmermisere fertig zu werden?

Notieren Sie jeweils die Textstellen, die auf diese Fragen Antwort geben!

Zimmermisere in den Universitätsstädten der Bundesrepublik

**Tausende von Studenten stehen jedes Semester auf der Straße.
Frau Wirtin stirbt, die Mieten blühen.**

Wieder einmal kam es in Frankfurt
2 zu einer blutigen Straßenschlacht[K]
zwischen Polizei und Studenten. Die
4 Demonstranten bewarfen ihre uniformierten Gegner mit Blumentöpfen[B],
6 Flaschen und Rauchbomben[B], die
Polizei verprügelte ziemlich wahllos,
8 was ihr an Beteiligten und Unbeteiligten über den Weg lief. Der Grund:
Die studentische Wohnungsnot[B]. 10
Frankfurter Studierende, die kein
Zimmer gefunden hatten, besetzten 12
ein seit Monaten leerstehendes Haus
— und wurden von der Polizei wieder 14
der hinausgeworfen.

16 Frankfurt ist aber längst nicht mehr
die einzige Universitätsstadt[B], in der
18 die Studenten Häuser besetzen. Die
Aktion hat Schule gemacht[K]. Die
20 studentische Wohnungsnot ist nämlich inzwischen so groß wie nie zu-
22 vor. Zu Beginn des Wintersemesters[B]
1971/72 standen einige tausend jun-
24 ge Männer und Frauen, die von den
Universitäten bereits zugelassen wa-
26 ren und sich zum Teil schon einge-
schrieben hatten, buchstäblich auf
28 der Straße[K]. In Bonn waren es 600,
in Kiel und Tübingen ebenso viele,
30 in Marburg und Heidelberg schätzungsweise 1000, in Frankfurt –
32 von insgesamt 18 000 – 2000, in
Münster sogar 3000 Studenten, die
34 kein Dach über dem Kopf hatten[K].

Immer weniger Privatzimmer

36 Zwei Gründe sind vor allem für die
katastrophale Situation auf dem stu-
38 dentischen Wohnungsmarkt[B] verantwortlich. Lebten z. B. in München
40 1963 noch 44 Prozent aller Studenten bei einer Zimmerwirtin zur Un-
42 termiete[B], waren es nach einer Zäh-
lung im Jahre 1971 nur noch 18,6
44 Prozent. Das Berliner Studentenwerk, das noch 1969 täglich 15 Pri-
46 vatzimmer[B] vermitteln konnte, bietet heute im Durchschnitt ein bis
48 zwei Zimmer pro Tag an.

Die Ursachen für diese Entwicklung:
50 Die Struktur der Großstädte[K] ändert sich, die Citys[K] werden – wie
52 in München und Frankfurt – immer

mehr zu Geschäfts- und Bankzen-
tren[B], die geräumigen Altbauten[B], 54
in denen immer noch ein Zimmer
für einen Untermieter übrig war, 56
werden nach und nach abgerissen.
Wer statt dessen in eine kleine Drei- 58
zimmerwohnung[B] zieht, wer sich ein
kleines Reihenhaus[B] am Stadtrand 60
kauft, hat keinen Platz für Untermieter[B]. Das Münchner Studentenwerk 62
vermutet: „In einigen Jahren wird
der möbliert wohnende Student eine 64
Seltenheit".

Fast schlimmer noch als in den tra- 66
ditionellen[K] Universitätsstädten
scheint die Lage dort zu sein, wo 68
neue Hochschulen[B] errichtet werden:
In Bochum, einer Arbeiterstadt[B] mit 70
ungefähr 360.000 Einwohnern[B], gibt
es nur 1.200 Zimmer zu vermieten; 72
in Regensburg ist die Lage kaum
besser; in Bremen gibt es so gut wie 74
keinen Wohnraum[B] in Universitätsnähe[B]. Um die wenigen Gelegenhei- 76
ten müssen die Studenten dann auch
noch mit besser verdienenden Kon- 78
kurrenten[K] kämpfen. In Hamburg
etwa nehmen viele Vermieter noch 80
lieber ausländische Arbeitnehmer
als Studenten; von denen läßt sich 82
eine höhere Miete herausschlagen[K].

Welche katastrophalen Folgen das 84
knappe[K] Angebot an Privatzimmern
hat, läßt sich denken. Die Vermieter 86
können von ihren Untermietern so
ziemlich alles verlangen. So müssen 88
sich die Studenten nicht selten verpflichten, dreimal in der Woche auf 90

das Kind der Familie aufzupassen,
92 nicht zu rauchen oder keine Besu-
che zu empfangen. In Bochum z. B.
94 braucht sich ein Student wenig Hoffnung auf ein Zimmer zu machen, der
96 einen Bart trägt oder der nicht bereit ist, jedes Wochenende[B] nach
98 Hause zu fahren.

Im übrigen stehen die Mietpreise[B]
in schönster Blüte[K]. Ein einigerma- 100
ßen ordentliches Zimmer läßt sich
in der ganzen Bundesrepublik unter 102
150 Mark kaum mehr bekommen;
Mieten bis zu 200 Mark sind keine 104
Seltenheit. Bedenkt man die meist
sehr schlechte finanzielle Lage der 106

Studenten, so sind die Preise in
108 vielen Fällen einfach unerschwing-
lich^K. Daß wenigstens die Hälfte
110 des Monatsgeldes für die Miete statt
etwa für dringend benötigte Bücher
112 verwendet werden muß, daran haben sich die meisten inzwischen
114 schon gewöhnt.

Noch lange viel zu wenige Studen-
116 tenwohnheime

Der einzige Ausweg^B aus dieser Si-
118 tuation wäre das Studentenwohn-
heim^B. Daß er nur in der Theorie
120 besteht, ist der zweite Grund für die
miserable Situation der studenti-
122 schen Wohnungssuchenden. Die
Plätze in den deutschen Studenten-
124 wohnheimen stehen nämlich noch
immer in keinem Verhältnis zum
126 wirklichen Bedarf. In der ganzen
Bundesrepublik wohnen nach einer
128 Statistik des deutschen Studentenwerks nur 12,7 Prozent aller Stu-
130 denten in Wohnheimen^B, können
also nur 12,7 Prozent von den billi-
132 gen Mieten (im Durchschnitt 100 bis
130 DM) und den guten Studienbe-
134 dingungen^B profitieren. Der Andrang
zu den Wohnheimen ist deshalb groß,
136 die Liste der Wartenden beträgt oft
das Mehrfache der zur Verfügung ste-
138 henden Plätze. In Berlin muß ein
Student durchschnittlich zwei Jah-
140 re warten, bis er sein Zimmer bekommt.

142 Wie ausweglos die Lage zu sein
scheint, zeigen die Versuche, darüber

Herr zu werden^K: In Aachen wurde 144
eine belgische Bungalowsiedlung für
die Studenten angemietet, in Bonn 146
und in Hamburg wurden alte, zum
Abriß bestimmte Häuser für Studen- 148
ten freigegeben; in Marburg hatte
man sogar die Idee, ein leerstehen- 150
des Gefängnis mit Studenten zu be-
legen^K. Als man in Bochum die 152
Bundesbahn um einige ausgediente^K
Personenwagen^B bat, stellten die 154
Eisenbahner alte, nicht mehr brauch-
bare Güterwaggons^K zur Verfügung. 156
Die mochte das Studentenwerk
schließlich nicht einmal den Studen- 158
ten anbieten.

Die meisten Studiker^K verlassen sich 160
deshalb lieber auf sich selbst. Die
Zahl der Fahrstudenten^B, die täglich 162
bis zu 100 Kilometer zum Studien-
ort zurücklegen, war nie so groß. In 164
Tübingen wohnten die Studenten zu
Semesterbeginn^B einige Wochen lang 166
in Hotels, die ärmeren zogen in Gar-
tenhäuschen^B ein oder übernachteten 168
in Autos. In Darmstadt besetzten
Studenten schließlich die leerstehen- 170
den Räume eines stadteigenen Hotels. Daß derartige Aktionen Ent- 172
scheidendes ändern, ist trotzdem
nicht zu erwarten. Und auch in Sa- 174
chen Wohnheim wird sich in absehbarer Zeit^K nichts gebessert haben. 176
Dafür einige Zahlen als Beleg^K: In
Saarbrücken etwa lebten 1975 von 178
etwa 1.000 Studenten 1.100 in
einem Wohnheim, in Kiel waren es 180
1.840 von 10.600 und in Tübingen
2.900 von 16.400. 182

ANMERKUNGEN:

Z. 27:   *buchstäblich* – wirklich, tatsächlich, im wahrsten Sinne des Wortes *auf der Straße stehen*
Z. 30–31:   *schätzungsweise* – ungefähr (1.000), etwa, rund, zirka, (abgekürzt:) ca.
Z. 44–45:   *Studentenwerk* (n.) – An jeder Universität, Technischen Universität bzw. Hochschule in der BRD gibt es ein Studentenwerk. Seine wichtigsten Aufgaben sind: Förderung der Studenten durch Stipendien, Verwaltung der Studentenheime und der Mensen, Arbeits- und Zimmervermittlung, Beratung in Rechtsfragen, Theater- und Konzertkasse u. a.
Z. 54:   *geräumig* – viel Raum bietend
Z. 89–90:   *sich* (Akk.) *verpflichten* – sich vertraglich binden, eine bindende/verbindliche Zusage geben (nämlich eine bestimmte Leistung zu erbringen)
Z. 99:   *im übrigen* – (und) was (schließlich) noch gesagt werden muß, (das) ist, daß ...; (und) was nicht vergessen werden darf, (das) ist, daß ...
Z. 100–101: *einigermaßen ordentliches Zimmer* – (kein Zimmer mit Vollkomfort, sondern) ein Zimmer, das mit dem Notwendigsten ausgestattet ist und in dem man ganz gut wohnen und arbeiten kann
Z. 126:   *wirklicher Bedarf* (m.) – (wirklich) erforderliche Menge (an Plätzen in Wohnheimen)
Z. 134:   *Andrang* (m.) – Zustrom (m.): eine wirklich große Zahl von Studenten, die darauf warten, einen Platz in einem Wohnheim zu bekommen
Z. 145:   *Bungalowsiedlung* (f.) – eine Ansammlung von frei stehenden, einstöckigen Wohnhäusern mit Garten

Zur Technik des Erschließens

Häufig stößt man beim Lesen auf Wörter, Ausdrücke, Sätze, die man zunächst nicht ganz oder gar nicht versteht. Trotzdem sollte man nicht gleich zum Wörterbuch greifen. Ein Wort im Wörterbuch nachzuschlagen – das kostet Zeit und macht wenig Spaß, besonders dann, wenn die unbekannten Wörter sehr zahlreich sind. In vielen Fällen ist es aber gar nicht nötig, ein Wörterbuch zu benutzen. Denn oft genug bietet der Text selbst die Möglichkeit, einen zunächst unbekannten Ausdruck *aus dem Zusammenhang zu verstehen*. Das heißt: Die Bedeutung, den Inhalt einer solchen Stelle kann man dem jeweiligen Kontext (K) entnehmen, man kann sie *erschließen*.

19 Textstellen haben das Kennzeichen „K": Sie sollen aus dem jeweiligen Kontext erschlossen werden.

Es bieten sich folgende Techniken an:

1. *Der Ausdruck mit „K" wird im Text erklärt, oder für diesen Ausdruck wird im Text ein Ausdruck mit gleicher oder ähnlicher Bedeutung gebraucht.*

Beispiel: Z. 160, Studiker[K]

Z. 157–162 ... Die mochte das Studentenwerk schließlich nicht einmal den

Studenten anbieten. Die meisten Studiker verlassen sich deshalb lieber auf sich selbst. Die Zahl der Fahrstudenten, die .....

Der Kontext zeigt: Studiker steht hier für Studenten.

2. *Der Ausdruck mit „*^{K}*" läßt sich mit Hilfe eines im Kontext gegebenen Gegensatzes erschließen.*

Beispiel: Z. 66–67, in den traditionellen^K Universitätsstädten

Z. 66–76 ... als in den traditionellen Universitätsstädten scheint die Lage dort zu sein, wo neue Hochschulen errichtet werden: In Bochum ...; in Bremen ...

3. *Der Ausdruck mit „*^{K}*" läßt sich aus einem mehr oder weniger umfangreichen Kontext erschließen. Dieser Kontext enthält Informationsteile, die eine Erschließung des unbekannten Ausdrucks möglich machen.*

Beispiel: Z. 2, Straßenschlacht^K

Z. 1–8 Wieder einmal kam es in Frankfurt zu einer blutigen Straßenschlacht zwischen Polizei und Studenten. Die Demonstranten bewarfen ihre uniformierten Gegner mit Blumentöpfen, Flaschen und Rauchbomben, die Polizei verprügelte ziemlich wahllos, was .....

Erschließung des Inhalts: Eine Schlacht ist eine Aktion, die zwischen Gegnern stattfindet und blutig verläuft. Es handelt sich also um einen heftigen Kampf, in dem sich Gegner z. B. bewerfen, verprügeln und dadurch verletzen.

Aufgaben

1. Erklären Sie mit Hilfe der 1. Erschließungsmöglichkeit: Z. 23 und Z. 27–28; Z. 34; Z. 51; Z. 151–152; Z. 154 ff.!
2. Erklären Sie mit Hilfe der 2. Erschließungsmöglichkeit: Z. 153!
3. Erklären Sie mit Hilfe der 3. Erschließungsmöglichkeit: Z. 18–19; Z. 50; Z. 78–79; Z. 83; Z. 85; Z. 99–100; Z. 108–109; Z. 143–144; Z. 175–176; Z. 177!

*

Die Bedeutung eines Wortes läßt sich nicht nur aus dem Kontext, sondern auch aufgrund seiner Bildung^B erschließen.

Außer *einfachen Substantiven* (z. B. Dreck, Kerl, Durst u. a.) oder *Namen* (z. B. Berger, Siegen u. a.) gibt es eine unbegrenzte Zahl von Substantiven, die durch *Zusammensetzung* oder *Ableitung* neu gebildet werden.

(Fortsetzung S. 68)

Möglichkeiten der Zusammensetzung

Nr.	Zusammensetzung	Bildung
1	Stadtrand Bettwäsche	Substantiv + Substantiv
2	Leerzimmer Großstadt	Adjektiv + Substantiv
3	Badewanne Bratkartoffeln Stehlampe Kochmöglichkeit Lernergebnisse	Verb + Substantiv
4	Ausgang Mitbenutzung	Präfix + Substantiv

Zur Erklärung

1.1 Er wohnt am Rand der Stadt.
  Er wohnt am Stadtrand.
1.2 Er braucht Wäsche für das Bett.
  Er braucht Bettwäsche.
2.1 Er sucht ein Zimmer, das leer ist / ein leeres Zimmer.
  Er sucht ein Leerzimmer.
2.2 Die Stadt Frankfurt/M. ist groß.
  Frankfurt/M. ist eine Stadt, die groß ist.
  Frankfurt/M. ist eine große Stadt.
  Frankfurt/M. ist eine Großstadt.
3.1 Er sucht eine Wanne, in der man badet.
  Er sucht eine Wanne, in der gebadet wird.
  Er sucht eine Wanne zum Baden.
  Er sucht eine Badewanne.
3.2 Er ißt gern Kartoffeln, die man gebraten hat.
  Er ißt gern Kartoffeln, die gebraten worden sind.
  Er ißt gern gebratene Kartoffeln.
  Er ißt gern Bratkartoffeln.
3.3 Er besitzt eine alte Lampe, die (auf dem Fußboden) steht.
  Er besitzt eine alte Stehlampe.

3.4 Er hat keine Möglichkeit zu kochen.
Er hat keine Kochmöglichkeit.
3.5 Die Ergebnisse seines Lernens sind zufriedenstellend.
Seine Lernergebnisse sind zufriedenstellend.
4. Zusammensetzungen aus *Substantiv* und *Präfix* sind:
Mißerfolg, Unsinn, Erzfeind, Urgroßvater, Hauptstadt, Fehlurteil, Aufpreis, Ausland, Mitglied, Nachtisch, Nebenstraße, Umweg, Zwischenzeit, Beiwagen, Gegenlicht, Übergewicht, Vorzimmer u. a.

Aufgaben

28 zusammengesetzte Substantive des Textes sollen aufgrund ihrer Bildung (Kennzeichen „B") erklärt werden.

1. Ordnen Sie diese Substantive aufgrund ihrer jeweiligen Zusammensetzung! (Muster S. 68, Möglichkeiten 1 bis 4)
2. Erklären Sie diese Substantive aufgrund ihrer jeweiligen Zusammensetzung! (Erklärung S. 68–69, 1.1 bis 3.5)

*

Kontext, Wortbildung, Wörterbuch

Nicht immer gelingt es, ein unbekanntes Wort aus dem Kontext oder aufgrund seiner Bildung zu verstehen. Für ein Wort, das sich mit keiner dieser Möglichkeiten erschließen läßt, ist dann das Wörterbuch da.

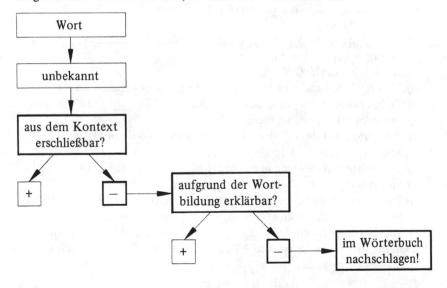

Zusatzaufgaben

1. *Erklären Sie die folgenden Substantive aufgrund ihrer Zusammensetzung!*
   Kellerzimmer, Dachzimmer, Balkonzimmer, Villenetage, Opernviertel, Einbettzimmer, Zweijahresvertrag, Fünfzimmerwohnung, Mehrzweckraum, Wohnungsbau- und Vermietungsgesellschaft

2. *Erklären Sie die folgenden Substantive aufgrund ihrer Zusammensetzung!*
   Trinkbecher, Lesebuch, Steckdose, Hängelampe, Schlagsahne, Füllfederhalter, Baukunst, Überholverbot, Merkblatt, Tanzparty, Bratwurststand, Autobahnraststätte

3.1 *Erklären Sie die folgenden Substantive aufgrund ihrer Zusammensetzung!*
   Fettkäse, Magermilch, Kleingärtner, Branntwein, Gebrauchtwagen, Heißwasserspeicher, Telefonkurzpredigt

3.2 *Erklären Sie bei den folgenden Wörtern jeweils die Bedeutung von Groß-!*
   Großaufnahme, Großfeuer, Großeltern, Großfamilie, Großhandel, Großmaul, Großwetterlage

4. *Das, was in den folgenden Sätzen in Klammern steht, läßt sich durch zusammengesetzte Substantive kürzer sagen.*

   a) In der Bundesrepublik gibt es noch immer viel zu wenige (Heime, in denen Studenten wohnen →) ...

   b) Am liebsten wäre ihm ein preiswertes Zimmer in (der Nähe der Universität →) ...

   c) Der (Preis für die Miete →) ... für eine (Wohnung mit zwei Zimmern in einem neuen Bau →) ... beträgt im (Zentrum der Stadt →) ... zwischen 400 und 500 Mark.

   d) Sie ißt täglich mehrere Portionen (Sahne, die geschlagen ist →) ...

   e) Er hat seine ganze Dissertation im (Saal der Universität, in dem gelesen wird →) ... geschrieben.

   f) Alle saßen auf dem Boden, denn eine andere (Gelegenheit zum Sitzen →) ... gab es nicht.

   g) Der dritte (Spaziergang auf dem Mond →) ... führte die (Astronauten von Apollo →) ... durch ein (Meer aus Felsen →) ... .

   h) Ihr (Auto für den Mond →) ... stellte mit siebzehn (Kilometern/Stunde →) ... einen neuen (Weltrekord in Geschwindigkeit →) ... auf.

   i) Die bisherige (beste Leistung →) ... war während des (Unternehmens, bei dem Apollo 15 landete →) ... mit dreizehn (Kilometern/Stunde →) ... erzielt worden.

k) In einer (<u>direkten Übertragung</u> im <u>Fernsehen</u> →) ... war auch der
(<u>Start</u> einer <u>Rakete</u> →) ... vom Mond zu sehen.

LV 3 Meuterei im Mädchenwohnheim

Lesen Sie den folgenden Text still durch! Benutzen Sie kein Wörterbuch!
Berücksichtigen Sie nur, was in den Anmerkungen (S. 73) steht!
Die Orientierungsfragen sollen Ihnen helfen, das Wichtigste des Textinhalts
schon beim *ersten* Lesen zu verstehen.

Orientierungsfragen

1. Aus welchen Gründen sind die Heimbewohnerinnen unzufrieden?
2. Welches Ereignis kann man als *Meuterei* bezeichnen? Wie also würden Sie
   dieses Wort erklären?
3. Welche Textstellen machen deutlich, was man unter einer *sturmfreien Bude* versteht?
4. Welche Aussagen zeigen deutlich, wie die Bewohnerinnen über ihre Lage
   denken?
5. Weshalb suchen sich die Bewohnerinnen kein Privatzimmer?
6. Mit welcher Aktion hatten die Bewohnerinnen schon früher auf ihre Lage
   aufmerksam gemacht?
7. Was haben die Bewohnerinnen mit ihren Aktionen erreicht?

Meuterei im Mädchenwohnheim
Bewohnerinnen kämpfen um sturmfreie Buden

Im Gemeinschaftsraum[B] eines Hamburger Mädchenwohnheims[B] protestierten die Bewohnerinnen gegen „mittelalterliche Zustände". Sie forderten[K]: „Herrenbesuch auf unseren Zimmern muß erlaubt sein!".
Die 96 Damen im Alter von 18 bis 32 Jahren — Schülerinnen und Studentinnen höherer Fachschulen[B] — müssen eine Hausordnung[K] anerkennen[K], die fast täglich zu Reibereien führt. In dem vor vier Jahren gebauten Haus, das einer privaten Gesellschaft gehört, bekommen die Mädchen zwar für rund 100 Mark ein modernes Zimmer, müssen aber Bestimmungen[K] akzeptieren[K], die „aus Großmutters Zeiten" stammen. Vor

allem sind es die Paragraphen 7 und
20 13, die das unvoreingenommene
Verhältnis zwischen Bewohnern und
22 Heimleitung von Anfang[B] an stören.
Da heißt es:

24 7. **Betreten der Zimmer** Mitarbeiter[B] der Wohnheimgesellschaft[B]
26 haben das Recht, zu zweit oder
in Begleitung[K] eines Dritten
28 auch in Abwesenheit des Heim-
bewohners[B] das Zimmer zu be-
30 treten.

13. **Besuch**[B] Das Beherbergen[K/B]
32 anderer Personen ist nicht gestattet. Besucher und Gäste haben
34 das Wohnheim nicht vor 8 Uhr
zu betreten und spätestens um
36 22 Uhr zu verlassen. Männlichen
Personen ist der Zutritt[B] zu den
38 Zimmern untersagt[K].

Dazu die 21jährige Berta Fingerlein:
40 „Wenn meine Schwester mich mit
ihrem Verlobten besuchen kommt,
42 muß der Verlobte brav im Gemeinschaftsraum warten. Das ist doch lä-
44 cherlich! Ich muß doch selbst wissen, was ich tun kann und was nicht.
46 Es ist doch nicht so, daß das große
Liebesfest steigen würde, wenn Her-
48 renbesuch auf den Zimmern gestattet wäre!" — „Wenn mein Freund
50 mich besuchen kommt", sagt die
Fremdsprachenschülerin[B] Rosemarie
52 Winter, „müssen wir eben in Lokalen rumsitzen oder ins Hotel gehen.
54 Wer hier mit einem Mann auf den
Zimmern gesehen wird, <u>fliegt raus</u>[K]".
56 Dazu die Hausordnung:

33. **Beendigung des Mietverhältnisses**
Die Wohnheimgesellschaft kann 58
das Mietverhältnis ohne Einhal-
tung[B] einer Frist lösen, wenn 60
der Mieter ... die Räume des
Wohnheims für vertragswidrige 62
Zwecke gebraucht, eine Person
beherbergt ... oder männlichen 64
Personen den Zutritt zu seinem
Zimmer gestattet. 66

In einem Flugblatt appellierten die
jungen Damen schließlich an die 68
Heimleitung und an die Öffentlichkeit[K], „daran zu denken, daß hier 70
keine Kinder, sondern Studentinnen
mit einem Durchschnittsalter[B] von 72
23 Jahren wohnen." Der Appell[K]
<u>stieß</u> beim Vorstand[K/B] des Heimes 74
<u>auf taube Ohren</u>[K]. Susi Hauck erin-
nert sich: „Als wir verlangten[K], die-76
se Bestimmungen aus der Heimordnung zu entfernen, erklärten uns die 78
Herren: ‚Wir haben dann die Verantwortung, wenn Sie ein Kind bekom-80
men'."

Die Heimbewohnerin Annegrete 82
Fuchs findet solche Antworten[B]
„zum Lachen[B]". Die 23jährige So-84
zialpädagogin, die bereits ein Kin-
dertagesheim[B] leitete: „In den Schu-86
len werden heute Jungen und Mädchen gemeinsam erzogen — und hier 88
so etwas, das sind doch <u>Omas Vor-
stellungen</u>[K]." 90

Warum die Mädchen sich nicht eine
private „sturmfreie Bude" nehmen, 92
beantwortet die Sprecherin Susi
Hauck so: „Die meisten haben nicht 94

das Geld dazu. So ziehen sie hier ein
96 und schimpfen eben nur."

Kürzlich gingen nun die Mädchen ge-
98 gegen ihre „Gefängnisordnung" (so
Rosemarie Winter) an[K]. Sie luden
100 ihre Freunde und Bekannten ein
und diskutierten mit ihnen zunächst
102 im Gemeinschaftsraum über die
strengen Regeln. Um Mitternacht zo-
104 gen sie dann gemeinsam in den sech-
sten Stock — „denn die Hausordnung
106 muß man einfach brechen", wie
einer der Besucher verkündete[K]. Die
108 Heimleiterin alarmierte[K] vor Schreck[B]
die Polizei. Die Kriminalbeamten

fanden allerdings keine Orgie[K] vor, 110
sondern sie wurden von der Protest-
gruppe mit einem fröhlichen Weih- 112
nachtslied empfangen. Nachdem es
den Ordnungshütern[K] gelungen war, 114
die jungen Leute wieder in den Gemeinschaftsraum zu bitten, ging dort 116
die Diskussion bis in die frühen Mor-
genstunden weiter. 118

Zwar blieb auch weiterhin offen[K],
wie man die Schwierigkeiten mit 120
der Heimordnung lösen könnte,
doch die jungen Herren versprachen 122
beim Abschied: „Wir kommen wieder!" 124

ANMERKUNGEN:

Z. 20:   *unvoreingenommen* — (nicht voreingenommen =) sachlich, objektiv, vorur-
          teilslos (= ohne Vorurteil, d. h. sich erst dann eine Meinung oder ein Urteil
          bilden, wenn man geprüft hat, wie etwas oder wie jemand wirklich ist)
Z. 28:   *Abwesenheit* (f.) — (gebildet von dem Adjektiv:) *abwesend* = nicht da; (Ge-
          genteil: *anwesend*)
Z. 42:   *brav* — gehorsam, artig (= sich so verhalten, wie es von einem verlangt wird)
Z. 47:   *steigen* — (hier:) stattfinden
Z. 52:   *eben* — (hier:) (betonend:) etwas ist so und läßt sich nicht einfach ändern;
          man muß etwas so akzeptieren, wie es ist
Z. 62:   *vertragswidrig* — gegen (= wider) den Vertrag, dem Vertrag nicht entspre-
          chend, nicht vertragsgemäß, den Vertrag verletzend
Z. 67:   *Flugblatt* (n.) — gedruckte Mitteilung oder Information, die — auch auf der
          Straße — an viele Leute verteilt wird
Z. 106:   *brechen* — (hier:) nicht tun, was in der Hausordnung steht; sich nicht an die
          Hausordnung halten; die Hausordnung übertreten, sie verletzen; die Heimbe-
          wohnerinnen besuchen, obwohl die Hausordnung Herrenbesuch verbietet

Nun soll der Text noch einmal genauer durchgearbeitet werden. Dabei kommt
es vor allem darauf an, die Techniken des Erschließens und Erklärens anzuwenden, die Sie schon in **LV 2** (1 bis 3, S. 66—67 sowie 1.1 bis 4., S. 68—69)
kennengelernt und geübt haben. Hauptsächlich geht es um die Erschließungs-
möglichkeiten 1 und 3. 1: Für den Ausdruck mit „K" wird im Text ein Ausdruck mit gleicher bzw. ähnlicher Bedeutung gebraucht. 3: Der Ausdruck mit
„K" läßt sich aufgrund von Informationsteilen erschließen, die jeweils in einem

kürzeren oder längeren Kontext vorkommen. Bei 1 besteht natürlich die Möglichkeit, daß der erklärende Ausdruck in einem anderen Satz zu finden ist als in dem, der den Ausdruck mit „K" enthält.

Aufgaben

1. Erschließen Sie die Ausdrücke mit dem Kennzeichen „K"!
2. Erklären Sie die zusammengesetzten Substantive mit dem Kennzeichen „B" aufgrund ihrer Bildung!
3. Notieren Sie die Substantive mit dem Kennzeichen „B", die keine Zusammensetzungen sind!

*

Von Verben abgeleitete Substantive

Nicht nur durch *Zusammensetzung* (**LV 2**, S. 68–69), sondern auch durch *Ableitung* können Substantive neu gebildet werden. „Ableitung" in der folgenden Übersicht bedeutet: *Das Substantiv ist jeweils von einem Verb abgeleitet.*

Nr.	Substantivierung	Merkmal der Substantivierung
1	Dieses Zimmer darf man nicht *betreten*. Das ist verboten. → Das *Betreten* dieses Zimmers ist verboten.	*-en* (Infinitiv; – n.)
2	Wir *begleiteten* sie; aus diesem Grunde hatte sie keine Angst, durch die dunklen Straßen zu gehen. → In unserer *Begleitung* hatte sie keine Angst, durch die dunklen Straßen zu gehen.	*-ung* (– f.)
3	Man *verabschiedete* sich; dabei waren alle in guter Stimmung. → Beim *Abschied* waren alle in guter Stimmung.	

Nr.	Substantivierung	Merkmal der Substantivierung
4	Wir *flogen* von Berlin nach München. Das dauerte eine Stunde.	
	→ Unser *Flug* von Berlin nach München dauerte eine Stunde.	*Ablaut* (– m.)
5	Die Heimbewohnerinnen *meuterten*. Das führte dazu, daß die Heimleitung die Polizei alarmierte.	
	→ Die *Meuterei* der Heimbewohnerinnen führte dazu, daß die Heimleitung die Polizei alarmierte.	*-ei/-erei* (– f.)
6	Er *sucht* ein Zimmer. Das kostet ihn viel Zeit.	
	→ Die Zimmer*suche* kostet ihn viel Zeit.	*-e* (– f.)
7	Das Haus *liegt* schön. Er hat das Haus vor allem deswegen gekauft.	
	→ Er hat das Haus vor allem wegen seiner schönen *Lage* gekauft.	*-e + Ablaut* (– f.)
8	Man kann sowohl mit der U-Bahn als auch mit dem Bus in die Stadtmitte *fahren*. Mit dem Bus *fährt* man länger.	
	→ Die *Fahrt* mit dem Bus dauert länger.	*-t* (– f.)
9	Ihren Herrenbesuch empfangen die Bewohnerinnen im Gemeinschaftsraum. Das hat ihnen die Heimleitung *erlaubt*.	
	→ Mit *Erlaubnis* der Heimleitung empfangen die Bewohnerinnen ihren Herrenbesuch im Gemeinschaftsraum.	*-nis* (als Femininum [– f.] und Neutrum [– n.] möglich)
10	Über ihn *redet* man. Das ist ihm gleichgültig.	
	→ Das *Gerede* über ihn ist ihm gleichgültig.	*Ge- + -e* (– n.)

Aufgaben

1. 12 Substantive mit dem Kennzeichen „B" sind Ableitungen. (Aufgabe 3, S. 74). In welche der Gruppen 1 bis 10 gehören diese Ableitungen?
2. In welche dieser Gruppen gehören die folgenden Substantive: *Zustand* (Z. 4); *Verhältnis* (Z. 21); *Durchschnitt* (Z. 72); *Appell* (Z. 73); *Verantwortung* (Z. 79–80); *Vorstellung* (Z. 89–90); *Protest* (Z. 111)?
3. Prüfen Sie anhand des jeweiligen Satzes, welche dieser Substantive aufgrund ihrer Ableitung zu erklären sind und welche nicht!

*

Der *nominale Stil*, wie er in den Paragraphen 7, 13 und 33 der „Hausordnung" (S. 72, Z. 24–30, Z. 31–38 und Z. 57–66) verwendet wird, ist typisch für das *geschriebene* Deutsch, z. B. in Zeitungen, Geschäftsbriefen, Prospekten, Verordnungen, Merkblättern usw. Textstellen dieser Art werden oft dadurch verständlicher, daß man sie in eine *verbale* Ausdrucksweise überträgt.

Umformungen (Minimalbestand R 2)

Geben Sie die *kursiv* gesetzten Satzglieder in Nebensätzen wieder! Achten Sie dabei besonders auf den Gebrauch des Wortes „es" vor und hinter den Satzergänzungen (DASS; INF+)!

Beispiel:
Eine Fortsetzung des Gesprächs war bisher leider nicht möglich.

Umformungen:
Es war bisher leider nicht möglich, *das* Gespräch *fortzusetzen.*
es: obligatorisch
Bisher war *es* leider nicht möglich, *das Gespräch fortzusetzen.*
—— —— *es*: obligatorisch
Das Gespräch fortzusetzen, (das) war bisher leider nicht möglich.
es: muß weggelassen werden; *das*: fakultativ

1. Den Heimbewohnern ist *das Beherbergen anderer Personen* nicht gestattet.
2. Den Mitarbeitern der Wohnheimgesellschaft ist *das Betreten der Zimmer auch in Abwesenheit der Heimbewohner* erlaubt.
3. Männlichen Personen ist *der Zutritt zu den Zimmern der Heimbewohnerinnen* untersagt.

4. *Bei vertragswidrigem Verhalten des Mieters* ist der Wohnheimgesellschaft *die Beendigung des Mietverhältnisses* auch *ohne Einhaltung einer Kündigungsfrist* möglich.
5. *Die Entfernung solcher Bestimmungen aus der Heimordnung* erscheint unbedingt notwendig.
6. Nur *das Schimpfen über „mittelalterliche Zustände"* nützt den Bewohnern wenig.
7. *Der* offene *Protest der Heimbewohner gegen eine veraltete Hausordnung* könnte die Zustände ändern.
8. *Das Mieten einer sturmfreien Bude* ist den meisten Studenten zu teuer.
9. *Die gemeinsame Erziehung von Jungen und Mädchen* ist heutzutage in den meisten Schulen der Bundesrepublik selbstverständlich.
10. *Die Leitung einer Kindertagesstätte* ist eine interessante Aufgabe für eine Sozialpädagogin.

*

Eine Leseverständnis-Hilfe besteht auch darin, daß man einen schwierigen Satz zunächst auf seine obligatorischen Glieder verkürzt. Dabei geht man vom Verb als dem Zentrum eines Satzes aus (Reihe 1, S. 28 ff.).

Aufgabe

Stellen Sie fest, in welchen Sätzen des Textes **LV 3**, S. 71−73 Präpositional- und/oder Adverbialergänzungen vorkommen!

A. Unterstreichen Sie jeweils die (obligatorischen und fakultativen) Ergänzungen!
B. Notieren Sie die Sätze jeweils in der Form eines Hauptsatzes!

Beispiel:

A. Sie unterstreichen die (obligatorischen und fakultativen) Ergänzungen:

„In Bremen gibt es so gut wie keinen Wohnraum in Universitätsnähe. Um die wenigen Gelegenheiten müssen die Studenten dann auch noch mit besser verdienenden Konkurrenten kämpfen. (...) So müssen die Studenten nicht selten versprechen, dreimal in der Woche auf das Kind der Familie aufzupassen (...)"

B. Sie notieren die Sätze jeweils in der Form eines Hauptsatzes:

„(...) Die Studenten kämpfen mit den (besser verdienenden) Konkurrenten um die (wenigen) Gelegenheiten. (...) Die Studenten müssen versprechen, auf das Kind (der Familie) aufzupassen (...)"

LV 4 Jürgen Becker · Raum-Fragen

Der folgende Text ist ein Text aus lauter Fragen – Fragen zu Landschafts-
planung und Städtebau, zu Häusern, Wohnungen und Straßen.

Dies ist der neue Bauabschnitt; wo hat sich der Bauherr mit seinen Architek-
2 ten versteckt? Welche der unbeweglichen Wolken sind heute giftige Wolken?
Warum hört man in seinem Zimmer, was im ganzen Haus gesprochen wird?
4 Das schöne und leere, tischflache Land; dürfen wir ein bißchen Parkplatz haben oder ein Stück Zubringer oder Umgehung? Wohnen dort Maulwürfe oder
6 die sieben Zwerge oder gibt es Untermenschen in der Tat? Sind in diesem
Ballungsraum schnelle Bewegungen, taktische Rückzüge und Flankenangriffe
8 noch möglich? Der Baum da, was steht er noch da? Wird sich diese histori-
sche Kuppel eines Tages in den Geist auflösen, aus dem sie entstanden ist?
10 Kann ich das Loch in der See besichtigen? Dies ist die Tür; ist dies auch der
Ausgang? Ist hier einer in Unruhe, weil der Aufzug stehen geblieben ist?
12 Kann ich mein Haus nicht woandershin haben? Kann man den Vorort nicht
wegmachen wegen der Störung der Aussicht? Wohin ist das Dorf verschwun-
14 den? Kann man die Städte nicht aufbewahren für die Zeit, in der es keine
Autos mehr geben wird? Ist ein Fenster da, um Etliches auf die Straße zu
16 schmeißen? Da kommt unsere Landebahn hin; wenn uns diese Häuser nicht
stören, was wollen die Bewohner dann noch? Wo kann man hier das Weite
18 suchen? Soll ich auf diesem Gegenstand sitzen oder darf ich ihn nicht anfas-
sen? Können wir in diesen Zimmern ungestört sprechen oder wird hier
20 gleich eine Verkehrsstauung stattfinden? Willst du lieber eine Schnecke oder
eine Schildkröte sein? Wo soll die Sonne hin, Regen und Schnee?

Becker, Jürgen (* Köln 10. 7. 1932) Verschiedene Berufe, Verlagslektor.
Lebt in Köln und Frankfurt. – Verfasser von Texten; Aufnahme der Kölner
Szene, rheinischer Landschaften – nicht als Wiedergabe einer Region, sondern als Beispiel heutiger Realität; besonders in seinem dritten Prosa-Buch
„Umgebungen" im Sinne dieses Titels Auseinandersetzung mit dem, was uns
umgibt: Wohnungen und Großraumbüros, Dorfreste und städtische Ballungs-
gebiete, ruinierte Natur. Darstellung der Menschen als Figuren, die zu Objek-
ten, Produkten ihrer Umgebung geworden sind. Lyriker. Verfasser von Hörspielen und Fernsehfilmen.

WERKE (Auswahl): *Felder*, Prosa, 1964. – *Happenings, Eine Dokumentation*, 1965
(zusammen mit Wolf Vostell). – *Ränder*, Prosa, 1968. – *Bilder/Häuser/Hausfreunde*,
Hörspiele, 1969. – *Umgebungen*, Prosa, 1970. – *Eine Zeit ohne Wörter*, Fotos, 1971.
– *Das Ende der Landschaftsmalerei*, Gedichte, 1974. (Stand: 1976)

Die von Jürgen Becker gestellten Fragen haben Sie vielleicht an Straßen, Häuser, Wohnungen, Stadtteile oder Landschaften erinnert, deren Gestaltung Sie als ähnlich problematisch empfunden haben — oder empfinden — wie der Verfasser. Stellen Sie sich jeweils die Umgebung vor, die ihn vielleicht zu seinen Fragen veranlaßt hat, und beschreiben Sie sie! Verdeutlichen Sie diese Fragen auch dadurch, daß Sie dazu eigene Erfahrungen, Beobachtungen, Überlegungen oder Stellungnahmen beitragen!

Beispiel (Mitschrift von Schülerbeiträgen, hier etwas gekürzt und sprachlich verbessert):

Zeile 1—2: „Dies ist der neue Bauabschnitt; wo hat sich der Bauherr mit seinen Architekten versteckt?"

Schüler 1: Ich stelle mir vor, wir befinden uns in einer dieser neuen Stadtrandsiedlungen oder in einer sogenannten Trabantenstadt.

Schüler 2: Vielleicht auch in einem früheren Altstadtviertel, das man abgerissen hat und wo man nun einen neuen Stadtteil aufbauen will.

Schüler 3: Ich habe in einer Neubausiedlung gewohnt. Ihr könnt mir glauben, ich hatte das Gefühl, in einem Getto zu leben.

Schüler 4: Und wie monoton diese Architektur ist! Eine Hausform bestimmt oft einen ganzen Straßenzug, oft sogar die ganze Siedlung. Da helfen auch bunt bemalte Wände, wie ich das in West-Berlin im Märkischen Viertel gesehen habe, nicht mehr viel.

Schüler 5: Ich meine dazu, die Architekten denken bei ihren Entwürfen zu wenig an die Menschen, die dann in solchen Vierteln leben müssen. Für sie ist es anscheinend wichtiger, mit Bleistift und Reißbrett so viele Menschen wie möglich unterzubringen.

Schüler 6: Man muß ja nur mal abends durch diese Neubauviertel gehen. Da gibt es kein Leben, die Fenster sind schon sehr früh dunkel. Hier lebt man, um zu essen und zu schlafen.

Schüler 7: Ich möchte mal folgendes sagen: Für uns sind diese Satellitenstädte ein großer Fortschritt. Wo die Armen und Ärmsten früher in Hütten lebten, entstehen für diese Menschen neue Stadtteile, moderne Hochhäuser. Die Leute haben jetzt wenigstens ein festes Dach über dem Kopf.

Schüler 8: Bei uns zeigt sich aber, daß solche Viertel die Slums von morgen sind.

Schüler 9: Ich möchte mal fragen, wer baut diese Siedlungen? Bei uns sind die Bauherrn, wie es ja im Text heißt, die Wohnungsbaugesellschaften, und die sind bei uns auch die größten und reichsten Haus- und Grundbesitzer. Die Architekten, die jungen besonders, haben da nicht viel zu sagen, deshalb ist von ihnen später auch nicht viel zu sehen.

Schüler 10: Es kommt Folgendes hinzu: Wohnungen in solchen Vierteln sind sehr viel billiger als die in guten oder besseren Gegenden. Nur – die können nur wenige bezahlen. Also, die Wohnungsbaugesellschaften brauchen keine Angst zu haben, daß sie ihre Wohnungen nicht los werden. Das wirkt sich natürlich auf die Qualität der Wohnungen aus.

Reihe 3

Minimalbestand und die Abfolge seiner Teile

1. **HV 1** Bestellungen im Restaurant (TB/AH)

2. **Im Schnell-Restaurant** (S. 82–83) – *mit:*
   1. (S. 84–85); 2. (S. 85–86); 3. (S. 86–87)

3. **Aufgaben zur freien Äußerung** (S. 87 ff.):
   A. (S. 87–88);
   B. (S. 88–89)

4. **HV 2** Die Deutschen sind zu dick (TB/AH)

5. **Aufgaben und Übungen zum Gebrauch deutscher Verben** (S. 90, S. 93 ff.) – *mit:*
   1. bis 5. (S. 90, S. 93); 6. und 7. (S. 94);
   9. und 10. (S. 95); 12. (S. 95–96);   *parallel dazu:*
   14. und 15. (S. 96–97)

6. **Aufgaben zur freien Äußerung** (S. 87 ff.): C. (S. 90–91)

7. **LV 1** „Bitte einen Ruppertsberger Reiterpfad!" (S. 103–110) – *mit:*
   Aufgaben zum Wortschatz (S. 103; S. 105–106; S. 108; S. 109–110).
   Zur weiteren Durcharbeit des Textes (S. 110) – *mit:* 1. bis 11.
   (S. 110).
   Zusatzaufgaben zur Erschließung von Substantiven und Adjektiven
   (S. 111–112) – *mit:* 1. bis 6. (S. 111–112)

8. **Feste Verbindungen der Typen „Platz nehmen" und „die Ansicht haben"** (S. 98 ff.) – *mit:*
   1. (S. 98); 2. und 3. (S. 98–99); 6. und 7. (S. 99–100)

9. **Reibekuchen braten. Pfannkuchen backen.** – Aktions- und Umformungstexte (S. 100–101) – *mit:* A. bis H. (S. 101–102)

Im Schnell-Restaurant

> Geöffnet:
> Montag bis Freitag 11 bis 24 Uhr
> Samstag 11 bis 15 Uhr
> An Sonn- und Feiertagen
> bleibt das Lokal geschlossen!

2

4

6 „Aha!" sagt Ralph, und wir betreten durch eine große Glastür das Erdgeschoß des neu eröffneten Lokals. Schon nach wenigen Schritten befinden wir
8 uns am Ausschank und könnten hier unseren ersten Durst löschen. Die Auswahl auf den Regalen an der Wand ist groß und reicht vom einfachen Klaren
10 bis zum russischen Wodka. Auch Cocktails und alkoholfreie Getränke sind zu
haben – und für den großen Durst ein Bier vom Faß. Die Tische ringsum
12 sind besetzt. Auf dem wuchtigen Stammtisch steht das Schild *Reserviert*.
Also gehen wir nach oben.

14 Kaum haben wir Platz genommen, werden uns schon die Speisekarten gereicht. Hier wird anscheinend noch Rücksicht genommen auf die immer zu
16 kurze Mittagspause der Berufstätigen. „Haben Sie's eilig?" fragt der Kellner,
„dann nehmen Sie doch einen Brotzeitteller oder einen Käseimbiß." Aber
18 wir haben es nicht eilig und blättern in der mehrteiligen Speisekarte. Joseph
– er kommt aus Marseille – fragt: „Jedes Gericht, das man aus dieser Spei-
20 sekarte bestellt, ist doch eine ganze Mahlzeit, nicht wahr?" „Natürlich", sagt
der Kellner, „aber Sie können es mit dem, was Sie unter den ‚Beilagen' fin-
22 den, nach eigener Wahl ergänzen."

Ralph hat inzwischen ein Foto entdeckt, das ihn mächtig amüsiert: Es ist
24 ein Bild aus der Deutschland-Nummer einer amerikanischen Zeitschrift, das
Bild eines korpulenten Münchner Tischlers mit Namen Georg Böhler. Ralph
26 übersetzt uns, was darunter steht: „Georg ist nicht typisch für die Bayern.
Die meisten essen nur drei, manche auch fünf Mahlzeiten am Tag – er ißt
28 sechs: das übliche Frühstück, ein herzhaftes Mittagessen, ein ausgiebiges
Abendbrot, am Vormittag zum Frühschoppen Wurst und Brezeln, am Nach-

30 mittag einen Teller mit verschiedenen Sorten Wurst, am späten Abend noch
eine Käse-Platte und danach einige Würstchen. Georg wiegt 277 Pfund und
32 trinkt zu seinen diversen Imbissen im Laufe des Tages mehr als ein Dutzend
Maß Bier ...“ „Na, na“, sage ich, „das ist ja gewaltig übertrieben! Die we-
34 nigsten kennen ein zweites Frühstück oder einen täglichen Nachmittags-
kaffee.“

36 Trotzdem — die Deutschen haben in vielen Ländern anscheinend den Ruf, so
richtige Freßsäcke zu sein. Denn kaum steht die Portion Spaghetti mit Schin-
38 ken und Ei vor mir (wohlgemerkt als Hauptgericht und nicht, wie auf der
Speisekarte, als Vorspeise), da spottet Yvonne: „Für einen Deutschen essen
40 Sie eigentlich viel zu wenig!“ „Er muß auf seine Figur achten“, erklärt Ralph,
„die meisten Deutschen müssen auf ihre Figur achten.“ „Vor allem essen sie
42 so schnell“, sagt Hisako und lächelt zu mir herüber, „ich bestelle nie Suppe,
damit ich eher mit dem Hauptgericht anfangen kann. Und auch auf den
44 Nachtisch verzichte ich meistens, denn kaum hab ich den Teller leer, da rufen meine deutschen Freunde schon: ‚Herr Ober, bitte zahlen!‘ “

46 Damit hat sie mir ihre Nürnberger Bratwürstchen zugeschoben: „Bitte, schneiden Sie mir das! Der Kampf mit Messer und Gabel ist für mich eine große
48 Arbeit. In Japan wird uns alles mundgerecht serviert, wissen Sie, das finde
ich sehr entgegenkommend. Wenn ich aber jetzt anfange zu schneiden, spritzt
50 es Yvonne aufs Kleid — ganz bestimmt!“

Übrigens — meine ausländischen Gäste haben es an diesem Tag doch recht
52 schwer, ihr Vorurteil vom gefräßigen Deutschen bestätigt zu bekommen,
denn während wir essen, hören wir rechts und links von den Nachbartischen:

54 „Bitte keine Soße für mich!“ „Nein danke, nichts zu trinken!“ „Bitte ohne
Suppe!“ „Menü II, aber ohne den Nachtisch!“ „Schonkost bitte!“ „Gibt es
56 Diät?“ „Für die Kleine nur eine halbe Portion!“

Und sicher ist es nicht immer nur die Eile, die die Gäste zu sparsamem Essen
58 veranlaßt.

1. Erklärungen zum Text

Z. 4:   **Feiertag** (m.) — ein Tag, der vom Staat als arbeitsfreier Tag anerkannt ist = gesetzlicher Feiertag; die gesetzlichen Feiertage in der
BRD einschließlich Berlin (West): Neujahr, Karfreitag, Ostermontag,

1. Mai, Christi Himmelfahrt, Pfingstmontag, 17. Juni, Buß- und Bet-
tag (in Bayern dagegen nur in Gemeinden mit überwiegend evangeli-
scher Bevölkerung), erster und zweiter Weihnachtsfeiertag; (ferner:)
Fronleichnam und Allerheiligen (in Baden-Württemberg, Bayern −
in Gemeinden mit überwiegend katholischer Bevölkerung −, Hes-
sen, Nordrhein-Westfalen, Rheinland-Pfalz und im Saarland) sowie
Mariä Himmelfahrt (in Bayern − in Gemeinden mit überwiegend
katholischer Bevölkerung − und im Saarland)

Z. 9: **ein Klarer** − (gebildet von:) *klar* (hier:) = *hell, durchsichtig*; (also:)
ein klares, stark alkoholisches Getränk: Schnaps (m.); Branntwein (m.)

Z. 9: **einfach** − (hier:) im Geschmack nicht so fein und deshalb auch nicht
teuer

Z. 10: **Cocktail** (m.) − alkoholisches Mischgetränk, z. B. Orangensaft mit
Wodka

Z. 11: **ringsum** − um (den Ausschank) herum; im Kreis (um den Ausschank); auf allen Seiten

Z. 12: **Stammtisch** (m.) − (hier:) immer gleicher Tisch in einem Lokal, an
dem sich eine Gruppe von Gästen regelmäßig trifft

Z. 12: **wuchtig** − schwer; massig; umfangreich

Z. 17: **Brotzeit** (f.) − eine im süddeutschen Raum übliche Mahlzeit, die im
allgemeinen aus verschiedenen Wurst- und/oder Bratensorten und
Bier besteht; im bayerischen Sprachraum: Brotzeit; im schwäbisch-
allemannischen Sprachraum: Vesper (f.)

Z. 19: **Marseille** − französische Hafenstadt am Mittelmeer

Z. 23: **mächtig** − (hier:) sehr

Z. 25: **korpulent** − dick

Z. 29: **Frühschoppen** (m.) − Genuß von Bier oder Wein am Vormittag im
Gasthaus; (zusammengesetzt aus:) *früh* + *Schoppen* (m.): 1/2 Liter
Bier oder 1/4 Lt. Wein, nicht aus der Flasche, sondern vom Faß

Z. 29: **Brezel** (f.) − Gebäck, das etwa diese Form hat:

Z. 32: **diverse** − (hier:) verschiedene = mehrere

Z. 33: **Maß** (f.) − 1 Liter Bier

Z. 33: **übertrieben** − (Partizip II von:) *übertreiben* + *N*; nicht so darstel-
len, wie es wirklich ist, sondern besser oder schlechter

Z. 33: **gewaltig** − (hier:) sehr

Z. 38: **wohlgemerkt** − (zusammengesetzt aus:) *wohl* (= gut) + *gemerkt* (Partizip II von:) *sich (Dat.) merken + N + A:* das merke man sich gut; das sei betont; das sei ausdrücklich gesagt

Z. 39: **spotten** − (hier:) *sagen* (im Sinne von:) *sich* (Akk.) *lustig machen + N + P/über-Akk.*

Z. 46: **zugeschoben** − (Partizip II von:) *zuschieben + N + D + A*; (hier:) H. bewegt ihren Teller so, daß sie ihn mit der Hand über den Tisch bis vor den Erzähler drückt/schiebt.

Z. 49: **entgegenkommend** − freundlich; hilfsbereit

Z. 52: **Vorurteil** (n.) − (zusammengesetzt aus:) *vor* + *Urteil*; ein Urteil, das jemand hat, *bevor* er die Realität kennt oder geprüft hat

Z. 52: **gefräßig** − unmäßig im Essen; unnormal in seiner Eßlust

Z. 52: **bestätigt bekommen** − (hier:) feststellen, daß eine Vermutung richtig war; *sich bestätigen + N*: Mein Verdacht bestätigte sich. Mein Verdacht stimmte / war richtig.

Z. 55: **Schonkost** (f.) − (zusammengesetzt aus:) *schonen* (hier:) aufpassen auf das, was man ißt; darauf achten, wieviel man ißt + *Kost* (f.) (hier:) Essen; Ernährung; also: eine Ernährungsweise, die Rücksicht nimmt auf Gesundheit und Gewicht

Z. 56: **Diät** (f.) − (siehe:) Schonkost

2. Fragen zum Inhalt des Textes

1. Was besagt die Bezeichnung *Schnell-Restaurant*?
2. Warum ist ein *Brotzeitteller* (Z. 17) oder ein *Käseimbiß* (Z. 17) ein geeignetes Essen für eilige Gäste?
3. Zu welcher Zeit befindet sich die Gruppe in diesem Lokal? Welche Textstelle gibt Antwort auf diese Frage? Sagen Sie mit eigenen Worten, was sie bedeutet!
4. Wer gehört zu der Gruppe?
5. „*Aha!*" − so heißt es am Anfang des Textes (Z. 6). Was wird damit ausgedrückt?
6. Angenommen, Sie verstehen die Wörter *Ausschank* (Z. 8) und *Auswahl* (Z. 8−9) nicht. Welche Textstellen machen diese Wörter verständlich?

(Fortsetzung S. 86)

7. Was wird über die Räume dieses Lokals gesagt?
8. Was macht den Ausschank so einladend?
9. Auf welche Art wird hier am Ausschank das Bier serviert? Welche Art, Bier zu servieren, gibt es noch?
10. Ein Tisch im Erdgeschoß ist reserviert (Z. 12). Für wen?
11. Auch Hisako stellt einen Unterschied fest in der Art, wie die Speisen in deutschen und in japanischen Restaurants serviert werden.
   Sagen Sie mit eigenen Worten, was die betreffende Textstelle bedeutet!
12. Was behaupten anscheinend viele Ausländer von den Eßgewohnheiten der Deutschen?
13. Welche täglichen Mahlzeiten werden hier genannt?
14. Inwiefern entspricht Georg Böhler (Z. 24–25) dem Bild der Ausländer vom *gefräßigen Deutschen* (Z. 52)?
15. Was übersetzt Ralph?
16. Was stellen Sie sich unter einem *üblichen* Frühstück (Z. 28), einem *herzhaften* Mittagessen (Z. 28), einem *ausgiebigen* Abendbrot (Z. 28) vor?
   Bei Ihrer Antwort kommt es vor allem auf eine Erklärung der *kursiv* gedruckten Adjektive an.
17. Weshalb hängt ein Foto wie das mit Georg Böhler in einem Eßlokal?
18. Wie denkt der Erzähler über dieses Foto?
19. Wie reagiert die Gruppe auf die Bestellung des Erzählers?
20. Welche Eßgewohnheit hat Hisako bei deutschen Freunden festgestellt?
21. Nicht nur die Eile veranlaßt die Gäste zu sparsamem Essen, sondern auch andere Gründe. Welche?

3. Übung zur indirekten Rede (Minimalbestand R 3)

Geben Sie die direkte in der indirekten Rede wieder! Benutzen Sie äquivalente Ausdrucksmittel, wenn der Text dies erfordert!

Wir hatten Hunger und gingen in das neu eröffnete Schnell-Restaurant an der
2 Ecke. Wir nahmen Platz und bekamen auch schon die Speisekarten. Wir blätterten darin und bestellten. Kaum stand die Portion Spaghetti vor mir, da
4 spottete Yvonne: „Für einen Deutschen essen Sie eigentlich viel zu wenig."
„Er muß auf seine Figur achten", erklärte Ralph, „sehr viele Deutsche müs-
6 sen auf ihre Figur achten." „Vor allem essen sie so schnell", fügte Hisako
hinzu; „ich bestelle nie Suppe, damit ich eher mit dem Hauptgericht anfan-

8 gen kann. Auch auf den Nachtisch verzichte ich meistens. Denn kaum hab
ich meinen Teller leer, da rufen meine deutschen Freunde auch schon: ‚Herr
10 Ober, bitte zahlen!' " Hisako schob mir ihre Bratwürstchen herüber. „Bitte,
schneiden Sie mir das! Der Kampf mit Messer und Gabel ist für mich eine
12 große Arbeit. In Japan wird uns alles mundgerecht serviert, wissen Sie, das
finde ich sehr entgegenkommend. Wenn ich aber jetzt anfange zu schneiden,
14 spritzt es Yvonne aufs Kleid, ganz bestimmt."

Übrigens, meine ausländischen Freunde hatten es an diesem Tag recht schwer,
16 ihr Vorurteil vom gefräßigen Deutschen bestätigt zu bekommen. „Bitte, keine Soße für mich!" „Nein danke, nichts zu trinken!" „Menü II, aber ohne
18 den Nachtisch!" „Schonkost, bitte!" So oder ähnlich lauteten die Bestellungen ringsum an den Nachbartischen.

4. Aufgaben zur freien Äußerung

A. Die Kneipe – Erfrischungsbad oder Armutszeugnis? (Schriftlicher Ausdruck)
Ob Kneipen wichtig sind und vor allem, wozu man sie aufsucht – darüber
gibt es anscheinend sehr gegensätzliche Meinungen.

> Lesen und vergleichen Sie zunächst die Meinungen von A und B! – Neh-
> men Sie dann Stellung dazu! – Sagen Sie auch, ob Sie selbst gern eine
> Kneipe besuchen oder nicht. Wenn ja, warum? Wenn nein, warum nicht?

A:
Einmal in der Woche, freitagabends, muß ich in meine Kneipe. Nicht um zu
2 saufen. Natürlich trinke ich meine vier Körnchen und die Biere dazu. Aber
viel wichtiger ist das Drum und Dran, das Rumquatschen. Bei der Arbeit
4 muß ich mich benehmen, wie's der Chef und die Kollegen von mir erwarten.
Zu Haus bin ich Vater, halb Respektperson, halb Aggressionsobjekt. In mei-
6 ner Kneipe bin ich Mann unter Männern. Meine Kneipe ist der Filter zwischen einer Woche Arbeit und dem Familienwochenende. Meine Stammtisch-
8 brüder interessieren sich weder für meinen Job noch für das Zipperlein meiner Schwiegermutter. Mein Gegenüber heißt Hans, ist Lokomotivführer und
10 trinkt gern Malteser. Mehr will ich gar nicht wissen. Und ein anderer ist
Chefarzt einer Klinik, tagsüber bestimmt ein unnahbar hohes Tier. Hier heißt
12 er Fritz. Für uns alle sind diese zwei Stunden ein Erfrischungsbad.

(Fortsetzung S. 88)

B:

So in der verräucherten Kneipe rumstehen, ein Bier und noch ein Bier und
2 noch eins trinken, dann diese typischen Männergespräche, diese Männerwitze
– du lieber Himmel, ist das im Grunde nicht ein Armutszeugnis sonderglei-
4 chen? Ich kapiere diesen Hang nicht, die Abende in Bistros, Beiseln, Pubs,
Bars – oder wie diese Lokale sonst noch heißen – so 'rumzuhängen. In
6 einer bescheidenen Bude, selbst in der simpelsten Wohnküche ist doch ein
Gespräch zu zweit oder in der Gruppe erholsamer als in so einer Umgebung
8 mit dem Gequatsche, Geblödel und Gelache, mit diesem Männergesang und
womöglich einem Musikautomaten im Hintergrund. Oder auch, wenn das
10 Wetter nichts dagegen hat, mal eine Nacht draußen, mit guten Leuten zusammen, auf der Wiese oder am Wasser. Aber doch nicht in der Kneipe!

B. Bewusster essen (Mündlicher Ausdruck)

*Trotz der Warnungen von Wissenschaftlern und Verbraucherorganisationen
essen viele Deutsche zu viel und zu schwer. Wer gesund bleiben will, muß
lernen, sich auch über das Essen Gedanken zu machen. Ein westdeutsches
Lebensmittelwerk veranstaltete zu dem Thema „bewusster essen" einen Pla-
katwettbewerb. Das auf S. 89 abgebildete Plakat ist von Roland Kabik (Berlin West) und erhielt den dritten Preis.*

– Was sehen Sie auf dem Plakat?
*– Warum befindet sich das Brett gerade an dieser Stelle des Gesichts – und
nicht etwa vor dem Mund?*
*– Gibt es die Redewendung „ein Brett vor dem Kopf haben" auch in Ihrer
Sprache? Was bedeutet diese Redewendung? Welchen Zusammenhang sehen Sie zwischen dem Plakat, der Redewendung und der Aktion „bewusster essen"?*

(Vorlagen C und D zur freien Äußerung S. 90–91 und S. 92)

Brett vorm Kopf

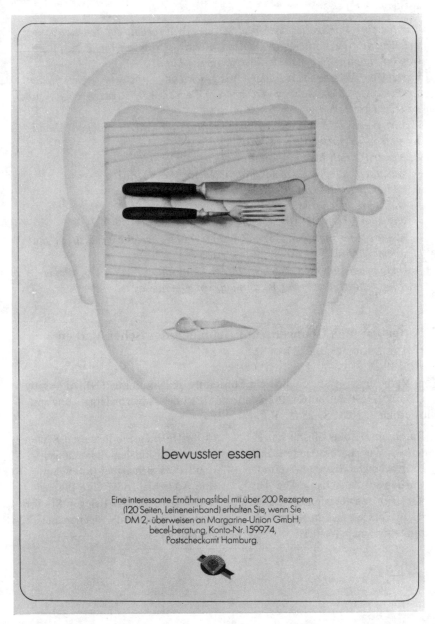

bewusster essen

C. Deutsche Geselligkeit (Mündlicher Ausdruck — Siehe dazu die Abbildung auf Seite 91!)

- *Was für eine Vorlage ist das? Was will sie? Wie spricht sie den Betrachter an? Welche Gewohnheit der Deutschen wird hier anscheinend bestätigt? Welche Meinung hat man darüber in Ihrem Land?*
- *Was zeigen die einzelnen Bilder? Was geschieht — und wie verhalten sich die Personen? Von welcher Art sind die Texte? Was ist gesprochen — und was für Textstellen gibt es sonst noch?*
- *Was ist nach dieser Vorlage offenbar typisch für einen geselligen Abend bei und mit Deutschen? — Dazu:*
  - *Wer trifft sich hier? Wann? Zu welcher Gelegenheit?*
  - *Was überreichen die Gäste? Wann? In welcher Form?*
  - *Wie groß ist die Gesellschaft?*
  - *Was wird angeboten?*
  - *Wer serviert? Was? Auf welche Art?*
  - *Wie eröffnet man den Abend? Welche Tisch-, welche Trinksitten sind zu beobachten?*
  - *Was ist bei Ihnen zu Haus, in Ihrem Land üblich, wenn ein solcher Abend stattfindet? Was ist ähnlich, vor allem, was ist anders?*

5. Aufgaben und Übungen zum Gebrauch deutscher Verben
(Minimalbestand R 3)

Vom Verb hängt es ab, ob sich ein Substantiv als Nominativ (N), Akkusativ (A), Dativ (D), Genitiv (G), Präpositional- (P) oder Adverbialergänzung mit ihm verbindet (R 1, S. 28 ff.; R 2, S. 51 ff.).

1. Durch eine große Glastür betreten wir das neu eröffnete Lokal. Nach wenigen Schritten befinden wir uns am Ausschank. Die Auswahl auf den Regalen an der Wand reicht vom einfachen Klaren bis zum russischen Wodka.

Unterstreichen Sie in diesen Sätzen die präpositionalen Ergänzungen! — Handelt es sich dabei jeweils um eine Adverbial- oder eine Präpositionalergänzung? — Belegen Sie Ihre Antwort jeweils mit eigenen Beispielen!

(Fortsetzung S. 93 ff.)

DEUTSCHLAND – DEINE GESELLIGKEIT

An einem Freitag Abend kurz vor acht. Nett, daß ihr gekommen seid.
Heute machen wir uns einen gemütlichen Abend. Das Bier steht schon kalt.

Prost zusammen — Jetzt reden wir mal nicht von der Arbeit und nicht mehr
vom Geschäft. Besser kann das Wochenende gar nicht anfangen.

Man kommt sich gerne näher bei einem
gepflegten Bier. Deutsches Bier — das so gut
bekommt und so herzhaft schmeckt.
Weil's rein gebraut wird — seit 460 Jahren.

D. Tischgespräch (Schriftlicher Ausdruck)

*Geben Sie das „Tischgespräch" in erzählender (und/oder kommentierender)
Form wieder! – Benutzen Sie für die Sprechblasen-Texte die indirekte Rede!
Verwenden Sie äquivalente Ausdrucksmittel, wenn die Bildgeschichte dies er-
fordert!*

(Aufgaben und Übungen zum Gebrauch deutscher Verben —
Fortsetzung von Seite 90)

2. Wir haben kaum Platz genommen, Geben Sie die Passivsätze im Aktiv
da werden uns schon die Speise- wieder! —
karten gereicht. Hier wird anschei- reichen + ... + ... + ...
nend noch Rücksicht genommen Rücksicht nehmen + ... + ...
auf die viel zu kurze Mittagspause
der Berufstätigen. Aber wir haben haben + ... + ... + ...
es nicht eilig und blättern in der blättern + ... + ...
mehrteiligen Speisekarte.

3. Vergleichen Sie jeweils die Bedeutung sowie die Zahl und die Art der Er-
gänzungen des Verbs „reichen"!
— Er kann hundert Mark für ein
Zimmer ausgeben. Reicht das? reichen + ...
— Er braucht keine Zentralheizung.
Ofenheizung reicht ihm. reichen + ... + ...
— Er reicht ihr das Brot. reichen + ... + ... + ...
— Er reicht ihr bis zur Schulter. reichen + ... + ... + ...

4. „Für einen Deutschen ißt er eigentlich viel zu wenig." — „... muß ...
sein.. Figur achten. ... meisten Deutsch.. müssen ... ihr.. Figur achten." — „Vor allem essen sie so schnell. Ich bestelle nie Suppe, damit
... eher ... ... Hauptgericht anfangen kann. Und auch ... ... Nachtisch verzichte ... meistens; denn kaum habe ich meinen Teller leer, da
wollen meine deutschen Freunde schon zahlen."

— Notieren Sie den Gebrauch der Verben „achten", „anfangen", „verzich-
ten" und „haben"!

5. Es ist nicht nur die Eile, ... Nicht nur ... Eile veranlaßt
... Gäst.. ... sparsam.. Essen ... Gäste (da...), ...
veranlaßt. ....

— Notieren Sie jeweils den Gebrauch des Verbs „veranlassen"!
— Formulieren Sie eigene Beispiele und formen Sie diese entsprechend um!

(Fortsetzung S. 94)

6. Übung (Minimalbestand R 1 bis R 3)

Ergänzen Sie fehlende Präpositionen, Artikel und Endungen!

1. Die Vermieterin ärgert sich vor allem ... ... unabgeputzt.. Schuh.. ihrer Studenten. 2. Viele Studenten schimpfen ... ... ungünstig.. Wohnbedingung.. in Städten mit neu errichteten Hochschulen. 3. Ein Sprecher des Studentenwerks berichtete ... Journalisten ... ... vergeblich.. Versuch.. einiger Universitäten, ... Lage auf dem studentischen Wohnungsmarkt Herr zu werden. 4. Eine farbige Studentin erzählte ihr.. Kommilitonin.. ... ihr.. Erfahrung.. mit deutschen Zimmerwirtinnen. 5. Die Hausbewohner haben sich ... Frau Sommerfeld erneut ... ... Krach der bei ihr wohnenden Studentinnen beschwert. 6. Studierende ohne Unterkunft hatten ein Haus besetzt. Nun diskutierten sie ... ... Bevölkerung ... ... Zulässigkeit einer solchen Aktion. 7. Die Bürger protestierten ... Stadtbauamt ... ... Abriß weiterer Altbauten in der Innenstadt. 8. Vertreter des Stadtbauamtes unterhielten sich ... ... Demonstrant.. ... ... Notwendigkeit dieser Maßnahmen. 9. Die ausländische Studentin erkundigte sich ... Münchener Studentenwerk ... ... Wohnmöglichkeit in einem Studentenheim. 10. Ralph und seine Bekannten bedankten sich ... ... Kellnerin ... ... schnell.. und freundlich.. Bedienung.

7. Zusatzaufgaben zu Übung 6 (Glossar)

Notieren Sie die Ergänzungen und versuchen Sie jeweils, deren Inhalte in einer verallgemeinernden Form zu beschreiben!

(1.)	sich ärgern	+ ...	+ ....
(2.)	schimpfen	+ ...	+ ....
(3.)	berichten	+ ... + ...	+ ....
(4.)	erzählen	+ ... + ...	+ ....
(6.)	diskutieren	+ ... + ...	+ ....
(8.)	sich unterhalten	+ ... + ...	+ ....
(10.)	sich bedanken	+ ... + ...	+ ....
(5.)	sich beschweren	+ ... + ...	+ ....
(9.)	sich erkundigen	+ ... + ...	+ ....
(7.)	protestieren	+ ... + ...	+ ....

8. Umformungen zu Übung 6

Geben Sie die Präpositionalergänzungen in Nebensätzen wieder! Achten Sie dabei auf den obligatorischen oder fakultativen Gebrauch der Wörter aus *da(r) + Präposition*.

9. Übung (Minimalbestand R 1 bis R 3)

Ergänzen Sie fehlende Präpositionen, Artikel und Endungen!

1. Er dachte in seiner ganzen Studentenzeit nie ... ... Wechsel der Universität. 2. Viele Leute glauben, einen sogenannten linken Studenten schon ... sein.. Haarschnitt oder ... sein.. Kleidung erkennen zu können. 3. Viele Vermieter meinen, daß sie auch ... ... Lebensweise ihrer Untermieter aufpassen müssen. 4. Wenn er in Schwierigkeiten kam, konnte er sich immer ... ... Unterstützung seiner Eltern, seiner Freunde und Bekannten verlassen. 5. Die Studentinnen luden Freund.. und Bekannt.. ... ein.. Diskussion ... ... Hausordnung ihres Wohnheims ein. 6. Ralph und Georg halfen ihr.. französisch.. Bekannt.. ... ... Zimmersuche. 7. Es ist schon vorgekommen, daß sich ein Student ... Mithilfe ... ... Haus- oder Gartenarbeit verpflichten mußte, wenn er ein Zimmer haben wollte.

10. Zusatzaufgaben zu Übung 9 (Glossar)

Notieren Sie die Ergänzungen!

1. denken   + ... + ...
2. erkennen   + ... + ...
3. aufpassen   + ... + ...
4. sich verlassen + ... + ...
5. einladen   + ... + ... + ...
6. helfen   + ... + ... + ...
7. verpflichten + ... + ... + ...

11. Umformungen zu Übung 9

Geben Sie die Präpositionalergänzungen in Neben- oder in Infinitivsätzen wieder! Achten Sie dabei auf den obligatorischen oder fakultativen Gebrauch der Wörter aus *da(r)+Präposition*!

12. Übung (Minimalbestand R 2)

1. Durchgang: Ergänzen Sie fehlende Fürwörter *(Pronomen; da(r)+Präposition; wo(r)+Präposition)*, Präpositionen, Artikel und Endungen!

2. Durchgang: Erklären Sie, was das jeweilige Fürwort im Zusammenhang des Textes bedeutet!

(1) Herr Aschenbach, der ... Frau Berger ein Zimmer mieten wollte, kam ... zu sprechen, ob Küchenbenutzung ... Mietpreis inbegriffen sei. (2) Ob er denn beabsichtige, ... sich zu kochen. (3) ... Herr Aschenbach erklärte, es gehe ihm ... vor allem ... Frühstück. (4) ... habe sie selbstverständlich

nichts. (5.1) Daß sich Herr Aschenbach ... Bremen habe versetzen lassen, habe hauptsächlich ... gelegen, daß ... ... Bremerin verlobt sei. (5.2) Natürlich würde ... seine Verlobte, auch abends, besuchen. (5.3) Was Frau Berger ... meine. (6) Sie sei ... einverstanden, wenn es nicht später als zehn oder elf würde. (7.1) Der nächste Punkt betraf Bettwäsche und Handtücher. (7.2) Genauer gesagt, es ging ..., wer die Kosten ... ... Waschen zu übernehmen habe. (8) ... Ansicht ... Frau Berger ... jed.. Fall der Mieter, also Herr Aschenbach. (9) Der aber war zunächst strikt ... . (10) ...hin erklärte ... Frau Berger, ... besitze keine Waschmaschine und müsse deshalb die Wäsche ... Haus geben. (11.1) Herr Aschenbach lenkte ein. (11.2) ... solle es nun wirklich nicht scheitern, vor allem, weil ... das Zimmer sonst doch sehr gefalle. (11.3) Ihr Gespräch habe ja den Sinn, gleich ... Anfang ... all.. zu sprechen, was später ... ihm und ... möglicherweise ... Meinungsverschiedenheit.. und Reiberei.. führen könnte. (12) Frau Berger erinnerte sodann ... ... Empfehlung, die Herr Aschenbach ... sein.. Zimmerbesichtigung habe mitbringen wollen. (13.1) Er habe zwar ... gedacht, (13.2) er bedauerte aber, daß er ... Zeitgründen nicht mehr ... gekommen sei. (14) Frau Berger hielt ... jedoch ... nicht weiter schlimm. (15) Herr Aschenbach bedankte sich ... ... von ... gezeigt.. Verständnis und verabschiedete sich. (16) Frau Berger äußerte die Hoffnung, daß man gut ... auskommen werde.

13. Umformungen zu Übung 12
Machen Sie aus dem Text einen Dialog! Geben Sie auch die Redeeinleitungen — bei (1), (3), (10), (13.2), (16) — sowie die Sätze, die nicht in der indirekten Rede stehen — bei (7.1), (7.2), (8), (9), (11.1), (12), (14), (15) — als direkte Rede wieder!

14. Übung (Minimalbestand R 1 bis R 3)
Vervollständigen Sie die Sätze durch die in Klammern angegebenen Wörter! Ergänzen Sie dabei fehlende Artikel und Endungen!

1. *(„schöne Räuber")* Der Räuberhauptmann bezeichnete sich und sein.. zehn Kumpan.. *(...)*: Man sei einfach weggerannt, ohne zu wissen, vor wem. 2. *(feige; eines Räubers nicht würdig)* Er nannte ein solch.. Verhalten *(...)* und *(...)*. 3. *(der Schiefnasige)* Ein.. der Räuber nannte man *(...)*, *(der Einäugige)* ein.. ander.. *(...)*. 4. Der Räuberhauptmann befahl, der Schiefnasige solle nachsehen, ob noch jemand im Hause sei; *(ungerecht)* der aber fand dies.. Befehl *(...)*: Denn immer er müsse tun, was besonders unangenehm sei. 5. *(schön)* Der Esel fand nicht nur sein.. eigen.. Stimme

(...), sondern auch ... des Hundes, der Katze und des Hahns. 6. *(gräßlich)*
Die Räuber aber bezeichneten ... „Gesang" der Tiere *(...)*. 7. *(Ankunft des Teufels)* Einer von ihnen hielt ... ohrenbetäubend.. Lärm sogar *(...)*.
8. *(sehr gefährlich)* Kein Wunder also, daß er ... Durchsuchung des Hauses
(...) hielt. 9. *(seine Pflicht)* Er sah es dennoch *(...)* an, den Befehl auszuführen. 10. *(ihr Hauptmann)* Die Räuber erkannten ... Klügst.. der Bande *(...)* an. 11. *(ihr Hauptmann)* Es ist also nicht so, daß die Räuber ihn
(...) gewählt hatten. 12. *(unumstößlich)* Sie erkannten ... Beschluß, das
Waldhaus nie wieder zu betreten, *(...)* an.

15. Zusatzaufgaben zu Übung 14

Notieren Sie die Ergänzungen! Achten Sie besonders auf die unterschiedlichen Formen der Einordnungsergänzung!

(1.) bezeichnen + ... + ┌─────────────────┐
                        │ ... + ... │
                        └─────────────────┘

(6.) bezeichnen + ... + ┌────────────────────────┐
                        │ ... + ... │
                        └────────────────────────┘

(3.) nennen + ... + ┌──────────┐
                    │ ... + ... │
                    └──────────┘

(2.) nennen + ... + ┌────────────────────────┐
                    │ ... + ... │
                    └────────────────────────┘

(4.) finden + ... + ┌────────────────────────┐
                    │ ... + ... │
                    └────────────────────────┘

(7.) halten + ... + ┌─────────────────┐
                    │ ... + ... │
                    └─────────────────┘

(8.) halten + ... + ┌────────────────────────┐
                    │ ... + ... │
                    └────────────────────────┘

(9.) ansehen + ... + ┌─────────────────┐
                     │ ... + ... │
                     └─────────────────┘

(10.) anerkennen + ... + ┌─────────────────┐
                         │ ... + ... │
                         └─────────────────┘

(11.) anerkennen + ... + ┌────────────────────────┐
                         │ ... + ... │
                         └────────────────────────┘

(12.) wählen + ... + ┌─────────────────┐
                     │ ... + ... │
                     └─────────────────┘

Formulieren Sie selbst je ein Beispiel!

6. Feste Verbindungen der Typen „Platz nehmen" und „die Absicht haben"

1. Einführung

1.1 Text

Durch eine große Glastür *betreten* Ralph und seine Bekannten das Lokal. Ringsum *ist* alles *besetzt*. Also *gehen* sie nach oben und *nehmen* dort *Platz*.

1.2 Erläuterungen

Die in 1.1 (Text) gebrauchten verbalen Ausdrücke mit ihren jeweiligen Ergänzungen heißen:

(1) *betreten*   + N + A
(2) *besetzt sein*   + N
(3) *gehen*   + N + Richtungsergänzung (wohin?)
(4) *Platz nehmen* + N + Lageergänzung (wo?)

Der verbale Ausdruck (4) besteht aus Substantiv = Akkusativ (*Platz*) und Verb (*nehmen*). Beide Teile bilden eine feste Verbindung. Das Substantiv verhält sich ähnlich wie das Präfix (der Verbzusatz) eines trennbaren Verbs:

Ralph und seine Bekannten *nehmen* an einem Ecktisch ——————— *Platz.*
Hisako ——————— *fängt* — immer gleich mit dem Hauptgericht *an.*
Ralph und seine Bekannten *haben* — an einem Ecktisch — *Platz genommen.*
Hisako ——————— *hat* —— mit dem Hauptgericht *angefangen.*

2. Übung (Minimalbestand R 1 bis R 3)

Ergänzen Sie fehlende Verbalteile, Artikel, Endungen und Pronomen!

1. Die Deutschen ... in vielen Ländern noch immer ... Ruf, so richtige Freßsäcke zu sein. 2. Die „Hopfenperle" ist ein Lokal, in dem man ganz besonders ... ... kurz.. Mittagspause der Berufstätigen Rücksicht ... . 3. Hisako, eine Studentin aus Tokio, hat ... Erfahrung ..., daß viele Deutsche sehr schnell essen. 4. Wenn man ... Vertrag ..., ganz gleich, ... man ihn schließt, sollte man immer auch das Kleingedruckte genau lesen. 5. Es gehört zu seinen Gewohnheiten, nach Feierabend noch eine bis anderthalb Stunden lang Sport ... ... — wenn es das Wetter erlaubt, im Freien, sonst in der Halle. 6. Georg hat einen Platz in einem Studentenwohnheim beantragt. Das Studentenwerk hat aber ... ... Antrag noch nicht Stellung ... . 7. Für Ralph ... es ... groß.. Rolle, daß er in der Nähe der Universität wohnen kann.

3. Zusatzaufgaben zu Übung 2 (Glossar)

Notieren Sie die festen Verbindungen mit ihren Ergänzungen! – Formulieren Sie selbst je ein Beispiel!

4. Übung (Minimalbestand R 1 und R 2)

Ergänzen Sie zunächst die fehlenden Präpositionen, Artikel und Endungen! – Ersetzen Sie dann die *kursiv* gedruckten Verben jeweils durch eine feste Verbindung aus (Artikel +) Akkusativ + Verb!

1. Niemand unterhielt sich sehr gern mit ihm, denn er *fragte* ein.. immer wieder ... Gleich.. . 2. Herr Aschenbach wollte ganz sicher sein, daß Frau Sommerfeld das Zimmer nicht doch noch an jemand anderes vermietet; deshalb *zahlte* er, nachdem er das Zimmer gesehen hatte, auch gleich DM 75,– *an.* 3. Frau Sommerfeld *vereinbart* ... ihr.. Untermieter.. immer schon vor dem Einzug, daß Besucher oder Besucherinnen nur bis elf Uhr abends bleiben dürfen. 4. Nur wenige Studenten können in absehbarer Zeit ... ... Platz und damit ... gut.. Wohn- und Studienbedingung.. in einem Studentenheim *hoffen.* 5. 1975 lebten etwa 15 Prozent aller Studenten in der Bundesrepublik in Wohnheimen. ... ... Frage, ob sich dieser Zustand in absehbarer Zeit spürbar gebessert haben wird, *antwortete* der Sprecher des Studentenwerks ... Journalist.. mit einem Nein.

5. Zusatzaufgaben zu Übung 4 (Glossar)

Notieren Sie zunächst die von Ihnen gebrauchten festen Verbindungen! Vergleichen Sie dann jeweils, welche Ergänzung/Ergänzungen das einfache Verb und die ihm entsprechende feste Verbindung haben! – Formulieren Sie selbst – unter Verwendung der festen Verbindungen – je ein Beispiel!

6. Übung (Minimalbestand R 1 bis R 3)

Ergänzen Sie zunächst die fehlenden Verbteile, Präpositionen, Artikel, Endungen und Fürwörter (*Pronomen da(r)+Präposition*)! – Ersetzen Sie dann die festen Verbindungen jeweils durch ein einfaches Verb!

1. Er ... seit langem ... Absicht, Heidelberg und Tübingen ... besuchen. 2. Yvonne, eine Studentin aus Paris, hat ... Deutsch.. Akademisch.. Austauschdienst (DAAD) ... Antrag ..., ihr Stipendium um zwei Semester ... verlängern. 3.1 Viel zu wenige Menschen in der Bundesrepublik ... sich Gedanken ..., was und wieviel sie essen. 3.2 Viel zu wenige Menschen in der Bundesrepublik ... sich Gedanken ... ... Eßgewohnheit.. . 4. So

kommt es, daß ein Drittel aller Bundesbürger – 20 Millionen etwa – Übergewicht ... . 5.1 ... sein.. Entscheidung, das nächste Sommer- und Wintersemester in Kiel beziehungsweise in Innsbruck zu studieren, ... er auch ... Grund an, daß er gern segle und schwimme, Bergtouren mache und Ski laufe. 5.2 ... sein.. Entscheidung, das nächste Sommer- und Wintersemester in Kiel bzw. in Innsbruck zu studieren, ... er auch ... Freizeitwert dieser Städte ... Grund an. 6.1 Auf die Frage, warum kein Herrenbesuch auf den Zimmern erlaubt sei, erklärte die Heimleitung, sie würde dann ... Verantwortung ..., wenn eine Heimbewohnerin ein Kind bekäme. 6.2 Auf die Frage der Heimbewohnerinnen, weshalb kein Herrenbesuch auf den Zimmern erlaubt sei, erklärte die Heimleitung, sie würde dann ... ... eventuell.. Schwangerschaft ... Verantwortung ... .

7. Zusatzaufgaben zu Übung 6 (Glossar)

Notieren Sie zunächst die festen Verbindungen mit ihren Ergänzungen! Vergleichen Sie dann jeweils, welche Ergänzung/Ergänzungen die feste Verbindung und das von Ihnen verwendete einfache Verb haben! – Formulieren Sie – unter Verwendung der festen Verbindungen – je ein Beispiel!

7. Reibekuchen braten. Pfannkuchen backen. (Aktions- und Umformungstexte)

Reibekuchen (für 4 Durchschnittsesser)

Gut ein Kilo Kartoffeln dünn abschälen und auf einem Reibeeisen, das nicht
2 zu winzige Flöckchen macht, reiben. Die geriebenen Kartoffeln in einem
Tuch ausdrücken (*ja ja*), mit vier Eiern, einer kleinen Portion saurer Sahne
4 und zwei Löffeln Mehl kräftig zusammenrühren und nach Geschmack salzen.
In der Pfanne Schweineschmalz erhitzen, mit einem Eßlöffel Portionen aus
6 dem Teig herausstechen, in das Fett setzen und mit der Bratschaufel flach
drücken. Von beiden Seiten gold-gelb-knusprig braten.

8 Natürlich ist die Teigmasse auch frisch aus der Tüte im nächsten Lebensmittelgeschäft zu bekommen. Einmal solltest du die oben angezeigte Methode 10 anwenden. Du wirst dann eine weitreichende Diskussion über altmodische Produktionstechniken eröffnen; nach der alten Art jedoch schmeckt der Rei-12 bekuchen unstreitig besser.

Pfannkuchen (wie oben: für 4 Personen)

Ein halbes Pfund Mehl mit Milch zu einem glatten Teig verrühren, drei Eier 2 dazugeben und leicht salzen. Darauf achten, daß der Teig nicht zu dünn wird. Mit einer Kelle den Teig in eine große Pfanne geben, in der man zuvor 4 Öl, Backfett (*Palmin etc.*) oder, nach Geschmack, Butter- oder Schweineschmalz erhitzt hat. Von beiden Seiten goldgelb backen. Die Pfannkuchen 6 müssen recht dünn sein.

Dazu Apfelmus.

8 **Speckpfannkuchen:** den Teig mit dünn geschnittenem Bauchspeck vermischen und backen.

10 Salat dazu.

Süße Pfannkuchen: den frisch gebackenen Pfannkuchen mit Marmelade be-12 streichen, zusammenklappen und zusammenrollen und dann mit einer Mischung aus Zucker und Zimt bestreuen.

14 Etwas Schnaps darüber gießen *(Obstschnaps).*

Weitere Kombinationen selber erfinden!

16 *Achtung: Pfannkuchen werden erfahrungsgemäß in großen Mengen verzehrt. Also je nach der Anzahl der Fresser immer reichlich Teig bereiten.*

A. Zu Haus – oder in der Klasse jeder für sich:
   – die Texte lesen
   – unterstreichen oder notieren, was Sie nicht verstehen
B. Gemeinsam (in der Klasse) klären:
   – was Sie nicht verstanden haben
   – was für Texte das sind
   – was sprachlich für sie charakteristisch ist
C. In Arbeitsgruppen feststellen:
   – welche Zutaten gebraucht werden
   – welche Geräte nötig sind
   – was jeweils mit welchem Gerät zu machen ist

D. *Gemeinsam (siehe B):*
- *die Ergebnisse der Arbeitsgruppen mitteilen*
- *vielleicht „eine (. . .) Diskussion" über die Zeilen 9 bis 13 („Reibekuchen", S. 101) „eröffnen"*

E. *Zusammen (in der Klasse) besprechen:*
- *wer was besorgt*
- *bei wem die Reibe- oder Pfannkuchen gemacht und gegessen werden*
Nicht vergessen: Wirtsleute (falls vorhanden) einladen!

F. GROSSES REIBE- ODER PFANNKUCHENESSEN

G. *Zunächst gemeinsam (in der Klasse), dann besser in Arbeitsgruppen:*
UMFORMUNGEN
- *die Zubereitung der Reibe- und/oder der Pfannkuchen im Vorgangs-Passiv (werden-Passiv) wiedergeben*
- *dabei die Reihenfolge einzelner Vorgänge signalisieren – z. B. durch Ausdrücke wie: zunächst, dann, als nächstes, wenn das gemacht/geschehen ist, zuletzt . . . – oder auch durch Satzgefüge mit „wenn"*
- *darauf achten, daß an den betreffenden Stellen die richtigen Modalverben verwendet werden*

H. *Zusammen besprechen:*
- *wie die beste Umformung lautet*

Texte zum Leseverständnis

LV 1 „Bitte einen 71er Ruppertsberger Reiterpfad!"

> Arbeiten Sie den folgenden Text gründlich durch! Benutzen Sie erst dann ein Wörterbuch, wenn Sie vergeblich versucht haben, ein Ihnen unbekanntes Wort aus dem Kontext zu erschließen oder aufgrund seiner Bildung zu erklären!

Gewiß — ein Land kann man kennenlernen, ohne mit jemandem ein Wort zu
2 wechseln. Als stiller Betrachter fährt man von Ort zu Ort, studiert Gemälde-
galerien, Kartoffelfelder, Speisekarten, legt sich abends ins Bett und fährt am
4 nächsten Tag weiter. Aber was ist ein Land ohne seine Bewohner? Diese ken-
nenzulernen ist wesentlich schwerer. Wie soll man mit ihnen ins Gespräch
6 kommen? ▶ Und wo?

> Wie heißen die Sätze a) bis c), wenn Sie das *kursiv* Gedruckte durch entsprechende Ausdrücke der Zeilen 1 bis 6 wiedergeben?

a) Die zweite Aufgabe war *sehr viel* . . . .
   leichter als die erste.   . . . .

b) Es ist sehr schwer, mit ihm   . . . .
   eine Unterhaltung zu beginnen.   . . . .

c) Niemand hat mit ihm *gesprochen.* . . . .

> Lesen Sie nun weiter! Aus dem Kontext läßt sich jeweils erschließen, welchen Inhalt die fehlenden Wörter (1) bis (5) haben.

Zum Glück gibt es überall ▶ einen Ort, an dem man die Menschen fast zu je-
8 der Tages- und Nachtzeit diskutierfreudig[B] um den Tisch versammelt findet.
Das ist in den Industriestädten (1) um die Ecke; in den Rhein- und Mosel-
10 nestern[K] ist es (2), in Bayern (3) — es sind landauf, landab (4). ▶ Hier stehen sie, sitzen sie, rauchen, trinken eins und haben ▶ immer über dies und
12 das zu reden — vor der Arbeit, auf einen Sprung[K] mitten in der Arbeit und
erst recht nach (5). Da soll man sich als Fremder[B] nicht in eine dunkle Ecke
14 hocken[K], sondern sich in ihre Nähe setzen. Da hört man, was sie reden, da
erfährt man, wer sie sind.

(Aufgaben S. 105)

Wie heißen die Sätze d) bis f), wenn Sie das *kursiv* Gedruckte durch entsprechende Ausdrücke der Zeilen 7 bis 15 wiedergeben?

d) Die Demonstranten *kamen* auf ....
dem Bahnhofsplatz *zusammen*. ....

e) Ihm ist *glücklicherweise* nichts ....
passiert. ....

f) Ein Lehrer ist froh, wenn seine ....
Schüler *gern diskutieren*. ....

Der folgende Absatz hat 6 Lücken. Auch die hier fehlenden Wörter lassen sich jeweils aus dem Kontext erschließen.

16 In (6) steht (7) meist hinter der Theke und schenkt aus[K]; ab und zu kommt er mit dem Tablett hervor, auf dem eine Runde kleiner Klarer[B] steht. Wo der
18 Wein zu Hause ist, bedient (8). Im (9) herrscht die rundliche[B] (10), die zehn gefüllte Maßkrüge auf einmal packen[K] kann — mit jeder Hand fünf. Hier riecht
20 es nicht nur nach Pfeifentabak, sondern nach abgestandenem Bier obendrein. Aber auch der Wein verbreitet, wo er in Mengen getrunken wird, einen typi-
22 schen Geruch: herb und säuerlich[B] riecht es da in den niedrigen (11). Aber wie die Männer ihn hier, wenn er in bauchigen[B] Römern[K] vor ihnen steht,
24 kritisch betrachten, wie sie sachkundig[B] über ihn sprechen, ihn gegen das Licht heben, dann mit der Nase prüfen, schließlich mit spitzem Mund probie-
26 ren, ihn sogar kauen[K] — das ist eine Zeremonie[K], die man bei Biertrinkern[B] gewiß nicht findet.

Wie heißen die Sätze g) bis k), wenn Sie das *kursiv* Gedruckte durch entsprechende Ausdrücke der Zeilen 16 bis 27 wiedergeben?

g) Er kam zu spät und hatte ....
außerdem seine Eintrittskarte
vergessen. ....

h) Für diese Aufgabe wird ein Mit- ....
arbeiter gebraucht, *der etwas ....
von der Sache versteht.*

i) „*Für alle* noch ein Bier bitte!" ....

(Aufgabe k) S. 106)

k) Der Tee, der noch übrig war, ...
   hatte schon ein wenig *von sei-*   . . . .
   nem Geschmack verloren.   . . . .

28 Bier ist ein Massenprodukt, Wein eine Kostbarkeit[K] — nichts für eilige Trin-
   ker[B]. Und nur der Unkundige[K] bestellt einfach einen „Rheinwein". Der Ken-
30 ner[B] dagegen weiß, daß vom Bodensee bis Bonn und an den Nebenflüssen des
   Rheins zehn große Weinbaugebiete liegen. Und jedes Weinbaugebiet liefert
32 wieder eine ganze Reihe Weinsorten[K], die sich nicht nur im Geschmack, sondern auch in der Qualität voneinander unterscheiden. Vor allem spielt auch
34 das Jahr eine Rolle, in dem die Trauben gereift sind.

   Kein Wunder also, daß die Weinkarten in München, in Köln oder anderswo
36 beispielsweise unter dem Namen „Rheinpfalz" vielerlei[K] Weine anbieten, die

OFFENE WEISSWEINE in 1/4 Ltr.-Gläsern

Nr.	Jahrgang	Lage	DM	
1	1978er	Winzerschoppen . . . . vollmundig, weinige Art Qualitätswein — Rheinpfalz	2,60	Pfalzbecher braun
1a	1977er	Wachenheimer Schenkenböhl Müller-Thurgau fruchtig Qualitätswein — Rheinpfalz	3,10	Pfalzbecher weiß
1b	1978er	Forster Schnepfenflug v. d. Weinstr. Silvaner . süffig, lieblich Qualitätswein — Rheinpfalz	3,50	Pfalzbecher schwarz
3a	1979er	Deidesheimer Hofstück Portugieser Weißherbst . . . . süffig, frisch, elegant Qualitätswein — Rheinpfalz	3,95	Pfalzbecher rot

---

TROCKENE QUALITÄTSWEINE

Nr.	Jahrgang	Lage	DM	
2	1978er	Rhodter Rosengarten - Trocken . . . . . herb, kernig Qualitätswein — Rheinpfalz	3,70	Pfalzbecher grün
5	1978er	Forster Schnepfenflug an der Weinstraße . . Müller-Thurgau - Trocken herb, saftig Qualitätswein — Rheinpfalz	4,10	Pfalzbecher blau
7a	1978er	Forster Schnepfenflug an der Weinstraße Riesling - Trocken . . . . kräftig, herb Qualitätswein — Rheinpfalz Diabetiker-Weinsiegel	4,20	Römer blau

---

Nr.	Jahrgang	Lage	DM	
3	1978er	Deidesheimer Letten Müller-Thurgau . . . blumig, fruchtig, halbtrocken Qualitätswein — Rheinpfalz	3,90	Pfalzbecher rot
4	1977er 1978er	Hahnenschrei . . . . lieblich, mundig Qualitätswein — Rheinpfalz	3,90	Pfalzbecher gelb
6	1977er	Wachenheimer Mandelgarten Morio-Muskat . bukettreich Qualitätswein — Rheinpfalz	4,10	Römer grün
7	1977er 1978er	Forster Schnepfenflug a. d. Weinstraße Ruländer Kabinett . . . . körperreich, vollmundig Qualitätswein mit Prädikat — Rheinpfalz	4,10	Römer schwarz
8	1978er	Deidesheimer Hofstück Scheurebe Kabinett halbtrocken . . . . . blumig, duftig Qualitätswein mit Prädikat — Rheinpfalz	4,20	Römer weiß

mit Jahrgang, Ort und Weinberg bezeichnet sind. „Ich nehme einen 71er Rup-
38 pertsberger Reiterpfad[K]", so etwa sagt der Weinkenner[B], nachdem er die
Karte studiert hat.

40 Ein „großes Helles" verlangt man, um den Durst zu löschen[K]. Gut gegen den
Durst ist natürlich auch der „71er Ruppertsberger Reiterpfad", aber er ist
42 eben nicht nur ein Durstlöscher[B], er ist mehr, er ist eine Spezialität der Landschaft, aus der er stammt. Wer ihn oder einen anderen Wein vor sich hat,
44 wird — ob er will oder nicht — etwas über ihn sagen: ein Lob[K], ein Urteil
oder auch ein kritisches Wort.

Wie heißen die Sätze m) bis p), wenn Sie das *kursiv* Gedruckte durch entsprechende Ausdrücke der Zeilen 28 bis 45 wiedergeben?

m) Dieser Teppich ist *ein seltenes* ....
   Stück.   ....

n) *Besonders* das Geld ist für sie   ....
   wichtig.   ....

o) Er *ist* in München *geboren.*   ....

p) Er *wollte* 3000 Mark Gehalt   ....
   haben.   ....

---

46 Doch vielerlei Arbeit ist nötig, bis der Wein im Römer[K] auf dem Tisch steht.
Zuerst sorgt der Weinbauer dafür, daß die Trauben voll ausreifen können. Im
48 Spätherbst erfolgt die Weinlese[K]. Mit besonderen Scheren schneiden meist
Frauen die ausgereiften Trauben von den Rebstöcken. In Kiepen[K] tragen die
50 Männer sie dann auf dem Rücken zur Traubenmühle. Hier werden die Beeren
zerquetscht[K]. Saft und Beerenfleisch verschwinden nun in unterirdischen[B]
52 Kellern. Hier kommen sie in die Weinpresse, die sogenannte Kelter[K]. Von der
Kelter fließt der Most[K] in Fässer, wo er gärt. Bei der Gärung wird er nach
54 wissenschaftlichen[B] Erkenntnissen und mit den modernsten Techniken gepflegt, verbessert und immer wieder kontrolliert. Das geht ungefähr ein Jahr
56 so. Dann erst kommt er, ausgegoren zu einem jungen Wein und in Flaschen
abgefüllt, wieder ans Tageslicht.

58 Wie er nun heißt, das sagt das Flaschenetikett. Und ob es ein schwerer Wein
ist, der einem in die Beine fährt, oder ein spritziger[B] Diskutierwein, oder ganz
60 einfach ein Tischwein — das muß man selbst ausprobieren.

> Wie heißen die Sätze r) bis v), wenn Sie das *kursiv* Gedruckte durch ent-
> sprechende Ausdrücke der Zeilen 46 bis 57 wiedergeben?

r) Das Flugzeug *flog* in *die* Wolken. . . . .

s) Wer *kümmert sich um* die Ge-   . . . .
tränke?   . . . .

t) Ein in Australien verschwunde-   . . . .
denes Picasso-Bild *hat sich* in   . . . .
New York wieder*gefunden*.   . . . .

u) Der Start von Apollo 16 *war*   . . . .
am 16. April 1972.   . . . .

(Aufgabe v) S. 110)

v) Meistens ist er damit beschäftigt, ...
   sein Auto *zu waschen oder zu* ....
   polieren. ....

Zur weiteren Durcharbeit des Textes

Der erste Absatz des Textes endet mit folgenden Fragen: „Wie soll man mit ihnen ins Gespräch kommen? Und wo?" (S. 103, Z. 5–6)

1. Was bedeutet hier der präpositionale Ausdruck „*mit ihnen*"?
2. Wie heißt die hier gebrauchte *feste Verbindung*? Welche Ergänzungen hat sie?
3. Wie lautet die zweite Frage „*Und wo?*" als vollständiger Fragesatz?
4. Was erwarten Sie *inhaltlich*, wenn Sie diese Fragen gelesen haben?
5. Wie hängen diese Fragen und die Aussagen des folgenden Absatzes zusammen?

Das Zeichen ▶ bedeutet: Die hier gestellte Frage ist für den Leser ein *Hinweis* (ein *Signal*), daß der nachfolgende Text bestimmte Informationen enthält. Durch solche Hinweise oder Signale entsteht beim Leser eine *Lese-Erwartung*, das heißt: Aufgrund der Fragen am Ende des ersten Absatzes erwartet der Leser Informationen, die die gestellten Fragen beantworten.

6. Inwiefern sind die von Zeile 6 bis 11 durch ▶ markierten Stellen *Signale* für das Verständnis des zweiten Absatzes (Z. 7–15)?

Besonders wichtig ist es, beim Lesen solche *Hinweiswörter (Signalwörter)* zu erkennen, die zeigen, wie Informationen in einem Satzgefüge aufeinander bezogen sind. So leiten die Signalwörter „*gewiß*" (Z. 1) und „*aber*" (Z. 4) die beiden Sätze ein, die auch den Inhalt des ersten Absatzes zusammenfassen. Weitere Hinweiswörter finden sich in den Zeilen 16 bis 27 sowie 28 bis 34.

7. In welcher Beziehung stehen die beiden Sätze, die durch „*gewiß*" (Z. 1–2, 2–4) und „*aber*" (Z. 4) eingeleitet werden?
8. Ersetzen Sie „*gewiß ... aber*" durch „*zwar ... aber (doch)*"!
9. Welche *Hinweiswörter* kommen in den Zeilen 16 bis 27 vor?
10. Welche dieser Hinweiswörter gehören zusammen? Was *signalisieren* sie?
11. Ermitteln Sie die *Signalwörter* der Zeilen 28 bis 34! Inwiefern signalisieren diese Hinweiswörter den Inhalt der betreffenden Sätze?

Zusatzaufgaben zur Erschließung von Substantiven und Adjektiven

1. Erklären Sie die folgenden Substantive aufgrund ihrer Bildung:
Pfeifentabak (Z. 20); Geruch (Z. 22); Massenprodukt (Z. 28); Kostbarkeit
(Z. 28); Nebenfluß (Z. 30); Weinbaugebiet (Z. 31); Durstlöscher (Z. 42);
Spätherbst (Z. 48); Erkenntnis (Z. 54); Flaschenetikett (Z. 58); Diskutier-
wein (Z. 59); Tischwein (Z. 60)!

2. Stellen Sie fest, wie die folgenden Adjektive gebildet sind:
diskutierfreudig (Z. 8); rundlich (Z. 18); säuerlich (Z. 22); bauchig (Z. 23);
sachkundig (Z. 24); unterirdisch (Z. 51); wissenschaftlich (Z. 54); spritzig
(Z. 59)!

3. Geben Sie die folgenden Sätze so wieder, daß die Bildung der unterstrichenen Adjektive deutlich wird! (Minimalbestand R 2 und R 3)

Beispiel:

Er studiert an einer belgischen Universität.	Er studiert an einer Universität in Belgien.

1. Ihm gefallen bauchige Gläser. 2. Er hatte noch blutige Hände. 3. Er
stammt aus einer diskutierfreudigen Familie. 4. Die Mannschaft hatte ein
durchschnittliches Alter von 25 Jahren. 5. Frau Berger bewohnt eine geräu-
mige Altbauwohnung. 6. Gesucht wird eine sachkundige Mitarbeiterin.
7. Bei den Ausgrabungen hat man unterirdische Grabkammern entdeckt.
8. In seinem Buch hat er die neuesten wissenschaftlichen Erkenntnisse ver-
arbeitet. 9. An der studentischen Wohnungsnot wird sich vorläufig nicht
viel ändern.

4. Bestimmen Sie – jeweils im Vergleich zum Grundwort – das inhaltliche
Merkmal der mit -lich gebildeten (abgeleiteten) Adjektive!

1. grün → grünlich   Zum Schreiben benutzt er grüne Filzstifte. – Als Kind
sammelte er grünliche Steine.

2. rund → rundlich   Das schönste Stück der Wohnung ist ein massiver run-
der Eßtisch. – Sie hat mittlerweile eine rundliche
Figur.

3. braun → bräunlich   Sein Taschentuch war voll mit brauner Schuhcreme. –
In dem Nest lagen sieben bräunliche Eier.

5. Ermitteln Sie die Adjektive auf -lich, die aufgrund ihrer Bedeutung nicht in die folgende Reihe gehören! Erklären Sie − anhand von Beispielen −, warum! (Minimalbestand R 1 bis R 3)

süß → süßlich; sauer → säuerlich; klein → kleinlich; lang → länglich; kurz → kürzlich; arm → ärmlich; reich → reichlich

6. Ergänzen Sie die vorgegebenen Adjektive! (Minimalbestand R 1 bis R 3)
1. *(dick; dicklich)* Sie hatte als Kind ein ... Gesicht. − Sie aß gern ... Brei und ... Wurstschnitten. 2. *(reif; reiflich)* Nach ... Überlegung hat er bei Pumpernickel & Co gekündigt. − Hält das schlechte Wetter an, wird das Obst nicht ... . 3. *(schwach; schwächlich)* Unbegreiflich, wie aus einem so ... Jungen doch noch ein so kräftiger Kerl geworden ist. − Er war ... im Turnen und in der Rechtschreibung. 4. *(lieb; lieblich)* Er mag blumige, ... Weißweine. − Sie tut so etwas nicht, sie ist ein viel zu ... Mädchen. 5. *(falsch; fälschlich)* Man hat ihn ... für den Dieb gehalten. − Der Verdacht hat sich als ... herausgestellt.

LV 2 Bertolt Brecht · Über niederen Materialismus

> Lesen Sie den Text und notieren Sie die inhaltlichen Hauptpunkte, so daß Sie darüber sprechen können! − Unterstreichen Sie, was Sie nicht verstehen!

Ziffel, groß, dick, mit weißen Händen, und Kalle, von untersetzter Statur
2 *mit den Händen eines Metallarbeiters, hatten sich im Bahnhofsrestaurant von Helsingfors getroffen. Beide waren sehr überrascht, als sie sich zwei Tage*
4 *später dort wieder trafen. Kalle war unverändert, Ziffel hatte seinen dicken Mantel nicht mehr an, den er das letzte Mal trotz des Sommerwetters getra-*
6 *gen hatte.*

ZIFFEL
Ich habe ein Zimmer gefunden. Ich bin immer froh, wenn ich meine 180
8 Pfund Fleisch und Knochen verstaut habe. Es ist keine Kleinigkeit, einen solchen Haufen Fleisch durch solche Zeiten zu bringen. Und die Verantwortung
10 ist natürlich größer. Es ist schlimmer, wenn 180 Pfund verderben als nur 130.

KALLE
Sie müssen es doch leichter haben. Beleibtheit macht einen guten Eindruck,
12 es zeigt Wohlhabenheit, und das macht einen guten Eindruck.

ZIFFEL
Ich eß nicht mehr als Sie.

KALLE
14 Sinds nicht so empfindlich, ich hab nichts dagegen, daß Sie sich satt essen.
Bei den feinen Kreisen gilts vielleicht als Schand, wenn man hungert, aber
16 bei uns gilts nicht als Schand, wenn man sich satt ißt.

ZIFFEL
Ich find, da ist was dran, daß der sogenannte Materialismus in den besseren
18 Kreisen in Verruf ist, man spricht gern von niedrigen materiellen Genüssen
und rät den untern Klassen ab, sich ihnen in die Arme zu werfen. An sich
20 ist es nicht nötig, weil sie das Kleingeld dafür sowieso nicht haben. Ich hab
mich oft gewundert, warum die linken Schriftsteller zum Aufhetzen nicht
22 saftige Beschreibungen von den Genüssen anfertigen, die man hat, wenn man
hat. Ich seh immer nur Handbücher, mit denen man sich über die Philoso-
24 phie und die Moral informieren kann, die man in den besseren Kreisen hat,
warum keine Handbücher übers Fressen und die anderen Annehmlichkeiten,
26 die man unten nicht kennt, als ob man unten nur den Kant nicht kennte!
Das ist ja traurig, daß mancher die Pyramiden nicht gesehen hat, aber ich
28 finds beklemmender, daß er auch noch kein Filet in Champignonsauce gesehen hat. Eine einfache Beschreibung der Käsesorten, faßlich und anschaulich
30 geschrieben, oder ein künstlerisch empfundenes Bild von einem echten Ome-
lette würd unbedingt bildend wirken. Eine gute Rindsuppe geht mit dem Hu-
32 manismus ausgezeichnet zusammen. Wissen Sie, wie man in anständigen
Schuhen geht? Ich mein in leichten, nach Maß, aus feinem Leder, wo Sie
34 sich wie ein Tänzer fühlen, und richtig geschnittene Hosen aus weichem Material, wer kennt das schon von euch? Das ist aber eine Unwissenheit, die
36 sich rächt. Die Unwissenheit über Steaks, Schuhe und Hosen ist eine dop-
pelte: Sie wissen nicht, wie das schmeckt, und Sie wissen nicht, wie Sie das
38 bekommen können, aber die Unwissenheit ist eine dreifache, wenn Sie nicht
einmal wissen, daß es das gibt.

KALLE
40 Wir brauchen nicht den Appetit, wir haben den Hunger.

ZIFFEL
Ja, das ist das einzige, was ihr nicht aus den Büchern lernt. Wenn man auch
42 nach der Lektüre von den linken Schriftstellern glauben könnt, ihr müßt
auch das noch aus den Büchern lernen, daß ihr Hunger habt. Die Deutschen
44 haben eine schwache Begabung für den Materialismus. Wo sie ihn haben, ma-

chen sie sofort eine Idee draus, ein Materialist ist dann einer, der glaubt, daß
46 die Ideen von den materiellen Zuständen kommen und nicht umgekehrt, und
weiter kommt die Materie nicht mehr vor.

Aufgaben zur Textarbeit

1. Wie heißen die betreffenden Textstellen, wenn Sie bedeutungsähnliche
   Ausdrücke verwenden für: verstaut (Z. 8); es ist keine Kleinigkeit (Z. 8);
   verderben (Z. 10); Beleibtheit (Z. 11); Wohlhabenheit (Z. 12); gilts
   (...) als Schand (Z. 15); da ist was dran (Z. 17); (...) in Verruf ist
   (Z. 18); sich (ihnen) in die Arme (zu) werfen (Z. 19); Kleingeld (Z. 20);
   zum Aufhetzen (Z. 21); saftige (Z. 22); (die man hat,) wenn man hat
   (Z. 22−23); (ich) finds beklemmender (Z. 27−28); faßlich (...) geschrieben (Z. 29−30); geht (...) zusammen (Z. 31−32); kommt (...)
   vor (Z. 47)?

2. In welcher Form würden Sie den Satz „Sinds nicht so empfindlich"
   (Z. 14) wiedergeben?

3. Was bedeuten, jeweils im Zusammenhang der betreffenden Textstelle, die
   folgenden Wörter: es (Z. 12); uns (Z. 16); da (Z. 17); ihnen (Z. 19);
   sie (...) dafür (Z. 20); das (schon) (Z. 35); das (ist) (Z. 35); das (Z. 37);
   das (Z. 39); das (...) was (Z. 41); ihr (Z. 41, Z. 42, Z. 43); sie ihn
   (Z. 44); draus (Z. 45)?

4. Wie heißen die nachfolgend angegebenen Textstellen, wenn Sie Umstell-
   proben nach folgenden Mustern machen?
   (1) *Es ist schlimmer, wenn* ..... (Z. 10) → (2) *Schlimmer ist es, wenn*
   ..... → (3) *Wenn 180 Pfund verderben,* .....
   Es (Z. 8−9); es (Z. 10); gilts (Z. 15−16); es (Z. 19−20); das (Z. 27−
   28); finds (Z. 28−29); das (Z. 43).

5. Wie heißen die verbalen Ausdrücke, zu denen die folgenden Wörter
   gehören: es (Z. 11); dagegen (Z. 14); dran (Z. 17); es (Z. 39); draus
   (Z. 45)? (Glossar)

6. Lesen Sie den Text mit verteilten Rollen!

Reihe 4

Minimalbestand und die Abfolge seiner Teile

1   **HV 1**   Einkäufe   (TB/AH)

2   **Einkaufsrennen – zweite Runde** (S. 116–117) – *mit:*
1. (S. 117–119);
2. (S. 119–120);
3. (S. 120);
4. (S. 120–121);
5. (S. 122);
6. (S. 122–123)

3   **LV 1**   Eröffnungsangebot (S. 132–135) – *mit:*
1. (S. 135–136);
2. (S. 136–137);   }   – *parallel dazu:*
3. (S. 137)

4   **HV 2**   Angebote   (TB/AH)

5   **Aufgaben zur freien Äußerung** (S. 123 ff.) – *mit:*
A. (S. 123);
B. (S. 123): 1.;   }   – *parallel dazu:*
C. (S. 124–125)

6   **LV 3**   Hausfrau – ein harter Job (S. 139–143) – *mit:*
Aufgaben (S. 141; S. 142; S. 143)

7   **LV 4**   Ausgaben – wofür? (S. 143–144)

8   **Feste Verbindungen der Typen „zur Verfügung stehen" und „in Kraft treten"** (S. 127 ff.) – *mit:*
1. (S. 127);
2. (S. 128);
4. (S. 128–129)

9   snips – Umformungstext (S. 130–131)

Einkaufsrennen – zweite Runde

Zweiter langer Sonnabend vor Weihnachten — da herrscht noch mehr als an
2 den Wochenenden sonst Gedränge auf den Einkaufsstraßen der Innenstadt.
Schon gegen 8.30 Uhr sind einzelne Parkhäuser und Tiefgaragen überfüllt, so
4 daß sich Autoschlangen bilden. Es kommt zu ersten Verkehrsstockungen.

Eingekauft wird enorm — quer durchs gesamte Angebot, vom Weihnachts-
6 papier bis zum Kühlschrank. „Jetzt brauchen wir nur noch Kerzen", erklärt
ein älterer Herr seinem Dackel, den er im Korb mit sich trägt, und verschwin-
8 det im nächsten Kaufhaus.

Hier deutet bereits die Dekoration darauf hin, daß an diesem schon zur Ad-
10 ventszeit begehrten Artikel kein Mangel herrscht: Von der Decke hängen
Kerzen in allen Farben, zu langen Trauben gebündelt. Auf Extratischen lok-
12 ken sie als kokosnußgroße Kugeln oder als Würfel in Rosa, Orange, Gelb,
Violett und Kobaltblau die Käufer an. Die Kasse klingelt unentwegt. „Macht
14 23 Mark 50", ruft die Verkäuferin und händigt wieder ein großes Kerzenpa-
ket aus. Auch an anderen Tischen wird gleich en gros gekauft: Sechs Paar
16 Strumpfhosen im „Häkel-look" läßt sich eine Kundin einpacken, das Paar
für 1,95 DM. Drei pelzgefütterte Fausthandschuhe, gleiches Muster, aber ver-
18 schiedene Größen, werden am Nachbartisch verlangt. Eine Weihnachtsbaumspitze wird auch schon gekauft. „Für einen einsfünfzig großen Baum", erklärt
20 die Kundin der Verkäuferin.

In der Spielwarenabteilung ist es zwar voll, aber nicht so, daß niemand mehr
22 in Ruhe suchen könnte. Von fünf Mark an gibt es noch reichlich Auswahl:
Bastelspiele, Spieluhren, Musikinstrumente in allen Preislagen, Größen oder
24 Lautstärken, und vor allem Puppen und Stofftiere. „Hier habe ich einen ganz
besonders preiswerten Teddybären", versichert die Verkäuferin. Der Preis-
26 werte ist rosa, waschbar, hat eine Schleife um und kostet 10,95 DM. „Den
werden wir ihr gleich geben und nicht erst bis Weihnachten warten", ent-
28 scheidet die Frau und klemmt sich das sorgfältig eingewickelte Tierchen unter den Arm. Dann geht das Suchen von neuem los, denn „zum Fest soll das
30 Kind ja auch etwas bekommen".

Gegen 18 Uhr sind alle erschöpft: die Einkäufer, die Verkäufer und das ge-
32 samte Personal. „Der Umsatz war heute bestimmt um zehn Prozent höher
als am Vergleichstag des Vorjahres", stellt der Verkaufschef eines Warenhau-
34 ses nach Geschäftsschluß fest; „noch zwei solche Samstage – und wir haben
das größte Geschäft aller Zeiten gehabt, mit dem letzten Sommerschlußver-
36 kauf gar nicht zu vergleichen!" Besondere Verkaufsschlager kann er allerdings
nicht nennen. In einem anderen Kaufhaus heißt es: „Vor einer Woche haben
38 die Leute in erster Linie für sich selbst eingekauft; besonders Wintergarderobe
war stark gefragt. Heute waren es Geschenke – von praktischen Sachen bis
40 zum absoluten Luxus." Vor allem seien die ausländischen Arbeitnehmer gekommen – in Scharen, mit langen Listen und großen Tragesäcken. „Sie such-
42 ten fast ausschließlich pflegeleichte und strapazierfähige Kindergarderobe für
ihre Sprößlinge daheim."

44 Selbst die Lebensmittelabteilungen wurden leergeräumt. „Haben Sie heute
mehr Eßwaren eingekauft als sonst?" fragten wir einige der beutelschleppen-
46 den Hausfrauen. „Natürlich, erheblich mehr!" „Und warum kaufen Sie gerade heute erheblich mehr?" „Ja nun, so kurz vor dem Fest ... Und über-
48 haupt – am Samstag kauft man eben ein, und an den verkaufsoffenen Samstagen erst recht, das ist nun mal so."

50 Mit Broschüren, Flugblättern und in persönlichen Gesprächen macht der Arbeitskreis „Kritischer Konsum" an den Brennpunkten des Einkaufsrummels
52 die Bevölkerung auf ihr „sinnloses Konsumverhalten" aufmerksam. Die Mitarbeiter versuchen den Weihnachtseinkäufern klarzumachen, daß sie mit
54 ihren Geschenken keine wirklichen Bedürfnisse befriedigen, sondern nur die
Kassen der Privatwirtschaft füllen. „Werden denn diese Sachen von Ihren An-
56 gehörigen oder Freunden wirklich gebraucht?" so fragen die Mitarbeiter.
„Wird das meiste nicht in die Ecke gestellt und sofort wieder vergessen?"
58 Das Geld werde aber nötiger – so ist auf ihren Handzetteln zu lesen – für
mehr Wohnungen, für verbesserte Ausbildung, Krankenfürsorge und Altersver-
60 sorgung gebraucht. An anderer Stelle heißt es: „Wer sich dem weihnachtlichen Konsum kritiklos anpaßt, kapituliert vor den Wirtschaftsbossen!"

1. Erklärungen zum Text

Titel: **Runde** (f.) – (hier aus der Sprache des Sports:) einmaliges Umlau-
fen oder Umfahren einer Kampfbahn, z. B. beim 800-m-Lauf 2 Runden, beim 10.000-m-Lauf 25 Runden

(Fortsetzung S. 118–119)

Z. 1: **langer Sonnabend** — Normalerweise schließen die Geschäfte am Sonnabend um 13 oder um 14 Uhr. An *langen* = *verkaufsoffenen (verkaufsfreien)* Sonnabenden (Samstagen) sind die meisten Geschäfte bis 18 Uhr geöffnet. Verkaufsoffen sind die vier Samstage vor dem 25. Dezember (dem ersten Weihnachtstag) und jeder erste Sonnabend eines Monats.

Z. 7: **Dackel** (m.) — Hund mit kurzen, krummen Beinen und langgestrecktem Körper

Z. 9: **Adventszeit** (f.) — Zeit vor Weihnachten, die 4 Sonntage vor dem 25. Dezember beginnt und am 24. Dezember (Heiligabend) zu Ende geht; die Samstage vor den 4 Adventssonntagen sind verkaufsoffene Samstage.

Z. 13: **kobaltblau** — (zusammengesetzt aus:) *Kobalt* (n.): chemisches Zeichen *Co*; glänzendes Metall; + *blau*; (also:) tiefblau, leuchtendblau

Z. 15: **en gros** — in großen Mengen

Z. 16: **Häkel-look** (m.) — Die Strumpfhosen sehen aus wie gehäkelt: Die Maschen sind weit wie bei einem Netz, nicht klein und eng wie z. B. sonst bei Damenstrümpfen.

Z. 23: **Bastelspiel** (n.) — (zusammengesetzt aus:) *basteln* (+ N + A) + *Spiel*; ein Spiel, bei dem man handwerklich tätig ist

Z. 23: **Spieluhr** (f.) — mechanisches Musikwerk, das ein oder zwei Lieder spielt

Z. 32: **Umsatz** (m.) — alle Verkäufe eines Geschäfts in einer bestimmten Zeit, z. B. Tages-, Monats-, Jahresumsatz

Z. 50: **Broschüre** (f.) — dünnes Buch, nicht (fest) gebunden, meistens geheftet

Z. 50: **Flugblatt** (n.) — gedruckte Mitteilung oder Information, die in großen Mengen — z. B. an Fußgänger — verteilt wird

Z. 51: **Arbeitskreis** (m.) — Personen, die sich wegen gleicher Interessen und/ oder Ziele zu einer Gruppe zusammenschließen

Z. 51: **Konsum** (m.) — Verbrauch (m.) von täglichen Bedarfsartikeln, z. B. Lebensmitteln

Z. 51: **Brennpunkt** (m.) — (physikalisch:) durch eine Lupe oder einen Spiegel werden Lichtstrahlen zu einem Punkt vereinigt; (hier:) ein Punkt, ein Ort in der Stadt, an dem sich das Einkaufsgeschehen konzentriert

Z. 51: **Rummel** (m.) − viel Verkehr, großes Gedränge (Gedrängel), verbunden mit Lärm

Z. 58: **Handzettel** (m.) − (ähnlich wie:) Flugblatt

Z. 59: **-fürsorge** (f.) − öffentliche (staatliche) oder private Unterstützung oder Hilfstätigkeit

Z. 59: **Altersversorgung** (f.) − wirtschaftliche Versorgung und Sicherung im Alter durch den Staat oder die Fürsorge

Z. 61: **kapitulieren** − + N + vor-Dat. (hier:) bereit sein, das zu tun, was ein anderer fordert (was die Lage, die Umstände erfordern)

Z. 61: **Wirtschaftsboss** (m.) − jmd., der im Handel oder in der Industrie eine wichtige Rolle spielt; Fabrikant; Industrieller; Unternehmer; Kapitalist

2. Fragen zum Inhalt des Textes

1. Wer hat diesen Text wohl geschrieben?
2. In welcher Absicht wurde dieser Text geschrieben?
3. Weshalb wird gerade im Dezember so viel und so viel mehr als sonst eingekauft?
4. Warum heißt es in der Überschrift „Einkaufs*rennen* − *zweite Runde*"?
5. Wie sah es an diesem Tag in der Innenstadt aus?
6. Was für Geschäfte besuchte der Verfasser?
7. Warum werden die verkaufsoffenen Samstage im Dezember mit dem *Sommerschlußverkauf* verglichen?
8. Was zeigen die Äußerungen der Hausfrauen?
9. Worum geht es dem Arbeitskreis Kritischer Konsum?
10. Wann und wo treten seine Mitarbeiter in Aktion?
11. Mit welchen Mitteln versucht man, die Käufer zu erreichen?
12. Mit welchen Argumenten versucht man, den Käufern klarzumachen, daß sie ihr Geld sinnlos ausgeben?
13. Weshalb wird nach Ansicht des Arbeitskreises gerade zu Weihnachten so viel eingekauft?
14. Wieso „*kapituliert*" man „*vor den Wirtschaftsbossen*" (Z. 61), wenn man viele Weihnachtsgeschenke kauft?
15. Was könnte man mit dem Geld besser tun?
16. Wie verstehen Sie in diesem Zusammenhang die Ausdrücke „*wirkliche Bedürfnisse*" (Z. 54) und „*sinnloses Konsumverhalten*" (Z. 52)?

(Fortsetzung S. 120)

17. Enthält dieser Text Beispiele für sinnloses Konsumverhalten?
18. Wie beurteilen Sie die Äußerungen der Geschäftsleute? (Z. 32–36)

3. Aufgaben zur Ausdrucksfähigkeit

> Sagen Sie mit eigenen Worten, was die unterstrichenen Teile bedeuten!

1. Es herrscht Gedränge auf den Einkaufsstraßen der Innenstadt. (Z. 1–2)
2. Es bilden sich Autoschlangen. (Z. 4)
3. Es kommt zu Verkehrsstockungen. (Z. 4)
4. Unterscheiden Sie: Parkhaus und Tiefgarage! (Z. 3)
5. Eingekauft wird enorm – quer durchs gesamte Angebot. (Z. 5)
6. Kerzen sind ein begehrter Artikel. (Z. 10)
7. Es herrscht kein Mangel an Kerzen. (Z. 10)
8. Erklären Sie aufgrund ihrer Bildung:
   a) verkaufsoffene Samstage (Z. 48–49)
   b) beutelschleppende Hausfrauen (Z. 45–46)
   c) pelzgefütterte Handschuhe (Z. 17)
   d) pflegeleichte und strapazierfähige Kleidung (Z. 42)
   e) kokosnußgroße Kugeln (Z. 12)
9. Was ist ein Verkaufsschlager? (Z. 36)
10. 2 x Geschäft: „Es war das größte Geschäft aller Zeiten", stellte der Verkaufschef nach Geschäftsschluß fest. (Z. 35; Z. 33–34)
11. Ausländische Arbeitnehmer kamen in Scharen. Sie suchten fast ausschließlich Kindergarderobe für ihre Sprößlinge daheim. (Z. 40–43)
12. Erklären Sie anhand eines Beispiels: Brennpunkte des Einkaufsrummels! (Z. 51)

4. herrschen + Nominativergänzung

> Sprechen Sie die Sätze nach Möglichkeit frei!

1. Es herrscht ein großes Gedränge.
   a) *auf den Einkaufsstraßen der Innenstadt* → Auf den Einkaufsstraßen der Innenstadt herrscht ein großes Gedränge.
   b) *an verkaufsoffenen Samstagen* → An verkaufsoffenen Samstagen herrscht auf den Einkaufsstraßen der Innenstadt ein großes Gedränge.

2. Es herrscht lebhafter Betrieb.
   a) *in den Lebensmittelabteilungen der Kaufhäuser* → In den .....
   b) *schon ab Freitag mittag* → Schon ab .....

3. Es herrschen miserable Zustände.
   a) *in den Unterkünften für ausländische Arbeitnehmer* → In den .....
   b) *oft genug* → Oft genug .....

4. Es herrschte eine Grippeepidemie.
   a) *in diesem Gebiet* → In diesem Gebiet .....
   b) *im vergangenen Frühjahr* → Im vergangenen Frühjahr .....
   c) *schon einmal* → Schon einmal .....

5. Es herrschte anhaltend sonniges und warmes Wetter.
   a) *in Norddeutschland* → In .....
   b) *im letzten Sommer* → Im .....
   c) *entgegen den Vorankündigungen* → Entgegen .....

6. es herrscht (großer) Mangel + P/an-Dat.
   a) *In vielen Universitätsstädten der Bundesrepublik ..... preiswert.. Privatzimmer.. für Studierende.*
   b) *In den Zentren der Großstädte ..... Parkplatz.. .*
   c) *In sehr vielen neuen Wohnvierteln ..... phantasievoll.. Kinderspielplatz.. .*

7. Es herrscht die Meinung, (daß) .....

a) *die Deutschen sind besonders tierliebend*
b) *man kauft im Supermarkt billiger ein als beim Einzelhändler*
c) *man muß für Festtage mehr Geld ausgeben als sonst*

5. kommen + es + Präpositionalergänzung/zu-Dat.

> Sprechen Sie die Sätze nach Möglichkeit frei!

Beispiel:
Man *drängte sich.* → Es kam zu einem *Gedränge.*

1. Man stritt sich. → ..... 2. Man trennte sich. → ..... 3. Man schlug sich.
→ ..... 4. Man stritt sich heftig. → ..... 5. Man trennte sich unerwartet.
→ ..... 6. Man schlug sich blutig. → ..... 7. Hans und Barbara stritten
sich heftig. → ..... 8. Die beiden haben sich unerwartet getrennt. → .....
9. Polizei und Demonstranten schlugen sich blutig. → ..... 10. Man war verschiedener Meinung. → ..... 11. Man hat die diplomatischen Beziehungen
abgebrochen. → ..... 12. Beide Staaten nehmen wieder diplomatische Beziehungen auf. → ..... 13. Der Verkehr stockte. → ... ... *Leopoldstraße*
..... 14. Die Verbraucherverbände haben heftig protestiert. → ... ... ange-
kündigt.. Preiserhöhung.. ... Brot und Milch ..... 15. (Die Bewohnerinnen eines Mädchenwohnheims hatten die Heimleitung zu einem Gespräch
über die Hausordnung eingeladen.) a) Man diskutierte mehrere Stunden lang.
→ ..... b) Man warf sich gegenseitig vieles vor. → ..... c) Beide Seiten grif-
fen sich an. → ..... d) Man einigte sich nicht. → .....

6. Weitere Aufgaben zur Textarbeit

A. Inwiefern hängen bei dem Text „Einkaufsrennen – zweite Runde" Text-
sorte und Gebrauch der Zeitformen zusammen?

B. Geben Sie die nachfolgenden Äußerungen in der indirekten Rede wieder!

1. „Jetzt brauchen wir nur noch Kerzen", erklärt ein älterer Herr seinem
Dackel, (...). (Z. 6–7)

2. Eine Weihnachtsbaumspitze wird auch schon gekauft. „Für einen einsfünfzig großen Baum", erklärt die Kundin der Verkäuferin. (Z. 18–20)

3. In der Spielwarenabteilung (...) gibt es noch reichlich Auswahl (...),
vor allem an Puppen und Stofftieren. „Hier habe ich einen ganz besonders preiswerten Teddybären", versichert die Verkäuferin. Der Preiswerte
ist rosa, waschbar (...) und kostet 10,95 DM. (Z. 21–26)

4. Gegen 18 Uhr sind alle erschöpft. „Der Umsatz war heute bestimmt um
zehn Prozent höher als am Vergleichstag des Vorjahres", stellt der Ge-

schäftsführer eines Warenhauses fest; „noch zwei solche Samstage – und wir haben das größte Geschäft aller Zeiten gehabt, mit dem letzten Sommerschlußverkauf gar nicht zu vergleichen!" (Z. 31–36)

5. Selbst die Lebensmittelabteilungen wurden leergeräumt. „Haben Sie heute mehr Eßwaren eingekauft als sonst?" fragten wir einige beutelschleppende Hausfrauen. „Natürlich, erheblich mehr!" (Z. 44–46)

6. An den Brennpunkten des Einkaufsrummels macht der Arbeitskreis „Kritischer Konsum" die Bevölkerung auf ihr „sinnloses Konsumverhalten" aufmerksam. „Werden denn diese Sachen von Ihren Angehörigen oder Freunden wirklich gebraucht?" so fragen die Mitarbeiter. „Wird das meiste nicht in die Ecke gestellt und sofort wieder vergessen?" (...) An anderer Stelle heißt es: „Wer sich dem weihnachtlichen Konsum kritiklos anpaßt, kapituliert vor den Wirtschaftsbossen!" (Z. 50–61)

C. Notieren Sie die im Text gebrauchten redeeinleitenden Ausdrücke!

7. Aufgaben zur freien Äußerung

A. Zur Vertiefung des Textinhalts (Mündlicher Ausdruck)

– *Was kann man für und gegen die vorweihnachtlichen Einkaufsgewohnheiten sagen, wie sie im Text beschrieben werden?*
– *Gibt es in Ihrem Land – aus vergleichbarem Anlaß – eine ähnliche Situation? Was spielt sich dann auf den Straßen, in den Geschäften usw. ab?*
– *Was sagt Ihnen der Begriff „Konsumgesellschaft"?*
Welchen Eindruck vermittelt Ihnen die Abbildung auf Seite 133?

B. Agieren, referieren, diskutieren

1. Besuchen Sie ein oder zwei – nach Möglichkeit größere – Kaufhäuser! Berichten Sie über Einteilung und Atmosphäre! Vergleichen Sie Einteilung und Atmosphäre! – *Bilden Sie dazu Arbeitsgruppen!*

(Fortsetzung S. 124)

2. Erarbeiten Sie einen Fragenkatalog für Interviews über Einkaufsverhalten!
   – *Bilden Sie dazu Arbeitsgruppen!* – Versuchen Sie, diese Interviews
   durchzuführen und, wenn möglich, aufzunehmen! Berichten Sie über Ihre
   Erfahrungen, stellen Sie die Ergebnisse zur Diskussion!

C. Einkaufen im Supermarkt (Schriftlicher Ausdruck)

Was spricht dafür (Pro), was spricht dagegen (Contra)? – Nehmen Sie
Stellung!

Pro:

1. Im Supermarkt kauft man sparsamer und vorteilhafter ein als irgendwo sonst.

2. In einem Supermarkt zu sein, macht Spaß: Man bummelt durch die Einkaufsgänge und erfreut sich an der Vielfalt des Angebots.

3. Im Supermarkt kann man selbständig und frei entscheiden, was man kauft: Kein Verkäufer ist um einen herum und überredet einen zum Kaufen.

4. Im Supermarkt einzukaufen, ist einfach bequem: Hier gibt es beinahe alles, was man zum täglichen Leben braucht.

5. Wer im Supermarkt einkauft, spart Zeit.

Contra:

1. Im Supermarkt wird der Kunde manipuliert: Man kauft mehr ein, als man wirklich braucht.

2. In einem kleinen Geschäft zählt noch das Gespräch: sich vom Inhaber beraten lassen, sich bei ihm beschweren können. Hier gilt die menschliche Beziehung noch etwas.

3. Die Information der Kunden durch persönliche Beratung entfällt beinahe ganz. Der Kunde bleibt mit seinen Wünschen allein und sich selbst überlassen.

4. Supermärkte übertreffen kleinere Geschäfte zwar an Menge, nicht jedoch an Qualität; diese ist nach wie vor beim Fachhändler zu finden.

5. Zeit, die man beim Kauf eingespart hat, geht an der Kasse wieder verloren: Hier bilden sich meistens lange Warteschlangen.

> Die folgenden Fragen brauchen Sie nicht im einzelnen zu beantworten. Sie sollen Ihnen helfen, eigene Gedanken zu entwickeln.

- *Welche anderen Vor- und Nachteile bietet der Supermarkt mit Selbstbedienung?*
- *Durch welche Tricks wird der Kunde im Supermarkt zum Kaufen verführt?*
- *Sind Sie der Meinung, daß sich der kleine Lebensmittelhändler gegen den Supermarkt behaupten kann? – Warum? Warum nicht?*
- *Wo kaufen Sie persönlich am liebsten ein? – Sagen Sie, warum!*

D. Immer wieder dieselbe Diskussion um verlängerte Ladenschlußzeiten. Doch die Fronten bleiben erstarrt!

> Diskutieren Sie im Anschluß an den nachfolgenden Kommentar über das Für und Wider verlängerter Ladenschlußzeiten!

Kurzsichtig

Allabendlich hebt in unseren Großstädten zwischen 16 und 18 Uhr die große
2 Einkaufshatz an. Durch das Gewühl des Berufsverkehrs jagen Tausende zu
den Läden, durch die Geschäfte. Zwei Stunden später die Kehrseite: Die In-
4 nenstädte sind, von wenigen Ausnahmen abgesehen, tot. Für die Städtebauer
und -planer ist dies ein alter Hut: Sie wissen, daß Läden, Dienstleistungsbe-
6 triebe, Restaurants, Kinos und Theater in einem ausgewogenen Verhältnis
nicht nur Leben stimulieren, sondern auch die Sicherheit gegen Verbrechen
8 erhöhen. Je mehr Bürger ein Gebiet durch ihre bloße Anwesenheit „beobachten", desto weniger Polizei ist dafür notwendig.
10 Um so bedauerlicher ist es, daß eine längere Ladenöffnung an dem Widerstand der Interessengruppen zu scheitern droht, ehe zumindest ein begrenz-
12 ter Versuch eingeleitet wird. Die Argumente, die gegen einen flexiblen La-
denschluß vorgebracht werden, erinnern fatal an die Diskussionen über Fuß-
14 gängerzonen. Zunächst befürchtete man Geschäftsverluste und später klingelte es in den Kassen.

(Fortsetzung S. 126)

16 Unterschiedlich wie die Interessenlage ist auch die Argumentation der verschiedenen Gruppen. Die Freien Demokraten reden dem Verbraucher das
18 Wort, der bei einer Verlängerung der Öffnungszeiten mehr Gelegenheit zum
Preisvergleich, zum ruhigen Einkauf habe. Die Verbraucherverbände führen
20 ähnliche Argumente an, wobei man schon damit zufrieden wäre, wenn man
vorerst einmal an zwei Tagen der Woche bis 22 Uhr geöffnet hielte. Die Ge-
22 werkschaften dagegen verstehen sich als Sachwalter ihrer Mitglieder, der Ver-
käuferinnen und Verkäufer, die ihrer Ansicht nach zu längeren Arbeitszeiten
24 und erhöhten Arbeitsanforderungen (Schichtdienst) gezwungen würden. Warum aber soll nicht wenigstens einmal ein Modell erprobt werden, um zu se-
26 hen, ob durch mehr Umsatz sogar neue Arbeitsplätze möglich sind? Der Widerstand der Gewerkschaften entspricht offensichtlich nicht dem viel zitier-
28 ten Arbeitnehmerinteresse.

Und die Sozialdemokraten wiederum sollten sich einer ihnen nahestehenden
30 Gruppe nicht deshalb kritiklos beugen, weil es das Parteibuch verlangt. Wer
die menschliche Stadt will, muß das Gesamtwohl höher einstufen als takti-
32 sche Rücksichtnahme auf scheinbare Gruppeninteressen.

Für und wider das Ladenschlußgesetz

- *Wie sind in der Bundesrepublik die Ladenschlußzeiten geregelt? – Wie
sieht diese Regelung in Ihrem Land aus?*
- *Wie wirkt sich das derzeit gültige Ladenschlußgesetz auf das Leben und
die Atmosphäre der Innenstädte aus? – Gibt es auffallende Unterschiede
zu Ihrem Land – und worin bestehen sie?*
- *Wer ist in der Bundesrepublik für, wer ist gegen die derzeit gültige Regelung? Mit welchen Argumenten?*
- *Welche Argumente sprechen nach Ihrer Meinung für, welche gegen die bestehende Ladenschlußregelung?*
- *Wer hätte von einer Änderung des Ladenschlußgesetzes Vorteile/Nach-
teile – und worin würden sie bestehen?*
- *Welche Änderungsvorschläge würden Sie machen? Welche Auswirkungen
hätte das?*
- *Wie beurteilen Sie das Verhalten der Interessengruppen? Wie sollten sie
sich nach Ihrer Ansicht verhalten?*

8. Feste Verbindungen der Typen „zur Verfügung stehen" und „in Kraft treten"

1. Einführung

Bei den nachfolgenden Sätzen geht es jeweils um die Beziehung, die zwischen dem präpositionalen Ausdruck und dem Verb besteht.

(1) Sie hat ihn zur Bahn / ins Krankenhaus gebracht.

(2) Sie hat ihn zur Vernunft / in Verlegenheit gebracht.

(3) Er kommt nicht zur Party / zum Bahnhof (zum Zug) / in den Unterricht.

(4) Er kommt nicht zur Ruhe / zum Zuge / in Schwung.

(5) Sie kommt (mit uns) zum Schwimmen.

(6) Sie kam (bei ihrem Referat) ins Schwimmen.

(7) Sie brachte den Wagen noch zum Waschen.

(8) Sie brachte den Wagen noch zum Stehen.

(9) Alles, was Rang und Namen hatte, kam zur Versteigerung.

(10) „Die Bremer Stadtmusikanten", eine Bronze-Plastik von Gerhard Marks, kamen zur Versteigerung.

Die präpositionalen Ausdrücke der Sätze (1),(3),(5),(7) und (9) kann man direkt mit *wohin?* erfragen, die der Sätze (2),(4),(6),(8) und (10) dagegen nicht. Bei der Beantwortung von Entscheidungsfragen könnte man die präpositionalen Ausdrücke der Sätze (1),(3),(5),(7) und (9) entweder durch *dorthin* oder *hin* — wie bei (1) und (9) — wiedergeben oder aber ganz weglassen — wie bei (3),(5),(7) und (9) —, die präpositionalen Ausdrücke der Sätze (2),(4),(6),(8) und (10) müßte man dagegen im Wortlaut wiederholen. Die präpositionalen Ausdrücke der Sätze (1),(3),(5),(7) und (9) sind selbständige Glieder, die der übrigen Sätze dagegen gehören jeweils zum Verb und bilden mit diesem eine feste Verbindung aus *Präposition (+ Artikel) + Substantiv + Verb:*

(2)	*zur Vernunft bringen* + N + A	(4)	*zur Ruhe kommen* + N
	in Verlegenheit bringen + N + A		*zum Zuge kommen* + N
(6)	*ins Schwimmen kommen* + N		*in Schwung kommen* + N
(8)	*zum Stehen bringen* + N + A	(10)	*zur Versteigerung kommen* + N

Feste Verbindungen dieser Art kommen sehr häufig in der Sprache der Medien, in öffentlichen Verlautbarungen sowie in der Sprache der Wissenschaft vor. Ihre Verwendung ist hier natürlich an bestimmte Textsorten gebunden. Die nachfolgenden Übungssätze stammen in der Mehrzahl aus Zeitungstexten.

2. Übung (Minimalbestand R 1 bis R 4)

Ergänzen Sie fehlende Präpositionen, (Artikel) und Verben!

1. Weil er keine eigene Bettwäsche hatte, ... ihm Frau Berger welche ... Verfügung. 2. 1975 ... in Tübingen 16.000 Studenten 2.900 Plätze in Wohnheimen ... Verfügung. 3. Es heißt, daß sie aus gesundheitlichen Gründen ihr Amt ... Verfügung ... wird. 4. Ein Haus mit Clubräumen, Fernsehzimmer und Cafeteria gibt den Bewohnern des Studentendorfs Gelegenheit, miteinander ... Gespräch zu ... . 5. Die Studentin hatte ihrer ehemaligen Zimmerwirtin eine Rechnung über DM 120,– geschickt. Die Vermieterin lehnte es jedoch ab, den Betrag zu zahlen, und ließ die Sache ... Gericht ... . 6. Frau Berger freute sich sehr, wenn ihre Tochter in den Semesterferien aus Hamburg ... Besuch ... . 7. Sie hatte die feste Absicht, ihre Dissertation im nächsten Semester ... Ende zu ... . 8. Als er den Fernseher einschaltete, ... das Programm auf allen Sendern ... Ende. 9. Soweit in den Betrieben eine Kantine vorhanden ist, wird sie durchschnittlich von 75 % der Beschäftigten ... Anspruch ... . 10. Während des Essens redete er kein Wort, eine Eigenschaft, die sie immer wieder ... Wut ... . 11. Der Bundestag in Bonn hat die Gesetzesvorlage mit wenigen Gegenstimmen gebilligt. Im Bundesrat fällt jetzt die Entscheidung, ob das Gesetz ... Kraft ... . 12. Als wir am Sonnabend gegen 10 Uhr in die Stadt kamen, ... der Einkaufsverkehr schon ... vollem Gange. 13.1 Nach 10tägiger Dauer ist in Königsbach das Weinfest mit der Wahl der Weinkönigin ... Ende ... . 13.2 Am gleichen Tage wurden zwei neue Weinpressen ... Betrieb ... . 13.3 Auf diese Weise ... Bewohner und Gäste des bekannten Winzerortes ... ... Genuß eines weiteren begießenswerten Höhepunktes. 14. Sie machte ein Gesicht wie sieben Tage Regenwetter. Niemandem gelang es, sie ... Lachen zu ... .

3. Zusatzaufgaben zu Übung 2 (Glossar)

Notieren Sie die hier gebrauchten festen Verbindungen!

4. Übung

Ersetzen Sie die festen Verbindungen durch einfache Verben!

1.1 Bei der Eröffnung des neuen Kaufhauses gelangte vor allem sehr preisgünstige Tagesgarderobe zum Verkauf. 1.2 Aber auch Schallplatten zu stark herabgesetzten Preisen waren in großer Zahl im Angebot. 2.1 Der Sprecher der Verbraucherzentrale bestätigte, daß hauptsächlich die von den Fleischern angekündigten Preiserhöhungen zur Sprache gekommen seien. 2.2 Für einige

Städte würden Schwerpunktaktionen in Erwägung gezogen. 2.3 Hier wolle man die Hausfrauen dazu aufrufen, eine Zeitlang kein Fleisch zu kaufen. Ein solcher Boykott werde als eine Maßnahme angesehen, um sich wirksam gegen die geplanten Preiserhöhungen zur Wehr zu setzen. 3. Die Mannschaft lag so klar in Führung, daß ihr Sieg nie in Gefahr kommen konnte. 4. Das Brot wurde knapp, weil die Bäckereiarbeiter in den Streik getreten waren. 5. Im Rahmen der Festwochen sollen auch die neuesten Kompositionen von Karlheinz Stockhausen zur Aufführung kommen. 6.1 Zum ersten Mal nach langer Zeit fand wieder zwischen der Stadt und der Universität ein Kontaktgespräch im Rathaus statt, das verschiedene aktuelle Probleme zum Gegenstand hatte. 6.2 Vor allem der U-Bahn-Bau im Universitätsbereich stand zur Diskussion. 6.3 Zur Sprache kam ferner die Frage der Studienplatzkapazität. 6.4 Im Laufe des Gesprächs brachte die Stadtverordnetenvorsteherin die Namen der Universitätsgründer in Erinnerung. Anlaß dazu war die Tatsache, daß die nach ihnen benannten Straßen durch Verlegungen aufgehoben sind. 7. Er ist mit großen Erwartungen in die Bundesrepublik gekommen. Heute muß er zugeben, daß sie nicht in Erfüllung gegangen sind. 8. Nach vielen negativen Erfahrungen ist er zu der Einsicht gekommen, daß es wenig Zweck hat, über Zeitungsannoncen ein geeignetes Zimmer zu finden. 9. Die Heimleitung informierte die Sprecherin der Heimbewohnerinnen über die Gründe, die zur Kündigung der Studentinnen Berta F. und Susi H. geführt haben. 10. Das immer härtere Vorgehen der Polizei bei studentischen Demonstrationen stieß bei der Bevölkerung zunehmend auf Kritik. 11. Er geriet in den Verdacht, einer linksradikalen Gruppe anzugehören. 12. Vor einem Monat kam es zu der Entscheidung, daß die Studenten die von ihnen besetzten Häuser wieder räumen müssen.

5. Zusatzaufgaben zu Übung 4 (Glossar)

Notieren Sie die festen Verbindungen! — Stellen Sie jeweils fest, ob und wie sich feste Verbindung und einfaches Verb in Gebrauch und Bedeutung voneinander unterscheiden!

6. Übung

Ergänzen Sie zunächst fehlende Präpositionen, (Artikel) und Verben! — Ergänzen Sie dann die Vorgaben zu vollständigen Sätzen und benutzen Sie dabei die jeweils passende feste Verbindung.

1. *(kommen/bringen)* Langer Sonnabend — da herrscht noch mehr als an den Wochenenden sonst Gedränge auf den Einkaufsstraßen der Innenstadt.

(Fortsetzung S. 130)

Gegen elf ist es dann so weit: Die Parkhäuser und Tiefgaragen sind restlos besetzt — und der Verkehr ... endgültig ... Erliegen. → *Überfüllte Parkhäuser und Tiefgaragen sowie immer neue Autoschlangen* ..... 2. *(stehen/stellen)* Seit Jahren ... in der Bundesrepublik eine Verlängerung der Ladenschlußzeiten ... Diskussion. → *Erneut haben die Verbraucherverbände* ..... 3. *(sein/bringen)* ... Gespräch ... die probeweise Verlängerung der Öffnungszeiten vorerst an zwei Tagen der Woche bis 22 Uhr. → *Die Verbraucherzentralen verschiedener Großstädte* ..... 4. *(kommen/bringen)* In einem Supermarkt ... der Kunde leicht ... Versuchung, mehr zu kaufen, als er wirklich braucht. → *Die raffinierte Anordnung der Waren* ..... 5. *(geraten/versetzen)* Als die Heimbewohnerinnen Freunde und Bekannte auf ihre Zimmer einluden, um so gegen eine veraltete Hausordnung zu protestieren, ... die Heimleitung ... Angst und Aufregung. → *Daß die Heimbewohnerinnen aus Protest Freunde und Bekannte auf ihre Zimmer einluden,* ..... 6. *(kommen/bringen)* In Stellungnahmen ... die Heimbewohnerinnen ihr Bedauern ... Ausdruck, daß sie nicht schon früher ... dies.. Gedanken ... . → *In den Stellungnahmen ... das Bedauern der Heimbewohnerinnen darüber ... Ausdruck, daß Freunde und Bekannte sie* ..... 7. *(sein/kommen/bringen)* Ohne ordentliche Brotzeit mit Bier dazu ... er einfach nicht ... Stimmung. → *Wenn er erst einmal seine Brotzeit eingenommen hat und eine Maß Bier dazu,* ..... → *Eine herzhafte Brotzeit und ein kühles Bier dazu* .....

7. Zusatzaufgaben zu Übung 6 (Glossar)

Notieren Sie die festen Verbindungen und stellen Sie jeweils fest, ob und wie sie sich in Gebrauch und Bedeutung voneinander unterscheiden!

Beispiel:
- *zum Ausdruck kommen* + N → *zum Ausdruck bringen* + N + $\boxed{A}$

- *ausgedrückt werden* → *zum Ausdruck kommen* (Passiv-Ersatz)

9. snips (Umformungstext)

Modalsätze mit „ohne ... zu"

Formen Sie die *wenn*-Gefüge nach folgenden Mustern um:
→ *Mit snips kann man Kabel schneiden, ohne daß snips (sie) stumpf wird.*
→ *snips schneidet Kabel, ohne stumpf zu werden.*

Wenn Sie mit Ihrer normalen Schere
Kabel schneiden, wird sie stumpf.
Wenn Sie Karton schneiden, leiert sie
an der Niete aus.
Wenn Sie Jersey schneiden, zerfetzt er.
Wenn Sie Cellophan schneiden,
schneidet sie meistens nicht.
Wenn Sie sich selbst schneiden, tut's weh.
Wenn Sie das Sonntagshähnchen
schneiden, gehen die Gäste.
Wenn Sie Ihre Schere waschen, rostet sie.
Wenn Ihre Schere hinfällt, ist sie hin.
Wenn Sie Ihre Schere nicht regelmäßig
schleifen lassen, taugt sie nichts.
Wenn die Kinder mit Ihrer Schere
spielen, bleiben Sie lieber dabei.

Es sei denn, Ihre Schere heißt snips.

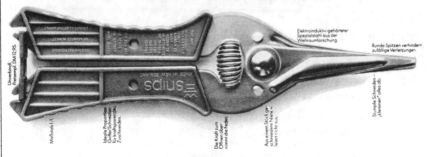

snips
Schneidet alles. Weil sie stumpf ist.

Texte zum Leseverständnis

LV 1 Eröffnungsangebot

Erklären Sie die Substantive mit dem Kennzeichen „B" aufgrund ihrer
Zusammensetzung oder Ableitung!

Aufgepaßt — zugefaßt!

AUS UNSEREM ERÖFFNUNGSANGEBOT[B]

Der Computer meint: Niedrigpreisrekorde[B]

Flotter Hosenanzug — pflegeleicht — bis Größe 48.
Dazu können Sie Pulli oder Bluse tragen;
die lange Jacke hat den großen Ausschnitt[B]
und Kurzärmel[B] . . . . ab   29,50

Trägerkleid[B],
dazu den gestreiften Rollkragenpullover — zusammen   45,00

Jeans-Röcke,
sehr strapazierfähig, mini und maxilang   12,00

Wollkostüme[B] für die kalte Jahreszeit,
hochwertiges Material, wirklich elegant,
teilweise mit echtem Pelzbesatz[B] — herabgesetzt auf   68,00

Regenmäntel — garantiert wasserdicht —
mit ausknöpfbarem Futter . . . . ab   49,00

Strumpfhosen[B] — nahtlos, mit verstärkter Ferse und Sohle
Größe 38 bis 46 — 2er Packung   4,90

Büstenhalter, durchsichtiges Perlon,
nußbraun, Größe 75 bis 80   15,90

22	Herrensocken, uni und mit Streifenmuster, Kreuselkrepp, 1. Wahl – Paar	5,90
24	Herren-Unterhemden[B], hautsympathisch, 1/4 und 1/1 Ärmel – kochfest – 3 Stück in 1 Packung	8,75
26	Sportlicher Sakko mit Rückenschlitz[B], auf Taille geschnitten, absolut knitterfest	58,00
28	Dazu passend: die vollwaschbare Hose 60 Prozent Kunstfaser[B], bügelfrei	29,50
30	Übergangsmäntel[B] in wertvollen Qualitäten, stark herabgesetzt – schon ab	69,00
32	Solider Damenstiefel mit Innenreißverschluß[B], kniehoher Schaft, ab Größe 36	38,50

(Fortsetzung S. 134)

34 Bequemer, gut sitzender Schnürhalbschuh[B]
aus feinem Boxcalf, Ia Verarbeitung!
36 Lederfutter, Laufsohle aus Leder, Größe 6 1/2 bis 11   35,00

Wir zeichnen unsere Ware auch mit
38 den englischen Größen aus!

z. B. Damenstrümpfe:

40 83—87 cm lang
deutsch: 9 1/2   = Schuhgröße 38—39   engl.: 5 1/2

42 **Aus unserer**
LEBENSMITTEL-ABTEILUNG

44 Ihr
Geldbeutel
46 hat gut lachen

Holländische Enten, Handelsklasse A,
48 bratfertig, tiefgefroren, Mindestgewicht[B] 1750 g, Stück nur . . .   6,98

Polnisches Rindfleisch
50 im eigenen Saft, 300-g-Dose   1,65

Krautwickel[B] mit Hackfleischfüllung[B],
52 2 Stück, ein Schnellgericht[B] für den Junggesellen,
delikat, tischfertig, Dose   1,50

54 Nescafé,
löslicher Bohnenkaffee-Extrakt, 100-g-Glas   4,95

56 Büchsenmilch[B], 3 Dosen nur   0,88

Sonnengereifte Pfirsiche aus Kalifornien,
58 1/2 Frucht, 450-g-Dose   0,59

Fruchtsäfte[B], 4 Sorten:
60 Aprikose, Johannisbeer, Sauerkirsch, Traube, 0,7-l-Packung . . .   1,35

62	Lebkuchenherzen nach altbewährtem Rezept, mit Schokoladenüberzug[B], 150-g-Beutel	0,75
	Schokolade, gefüllt, jede Tafel nur	0,65
64	Pralinen, 250-g-Schachtel nur	2,30
66	Echter Dresdner Christstollen, weltberühmte Spezialität, Frischgewicht[B] 1000 g, Geschenk-Karton zu	8,75
68	Zellstoff-Taschentücher, 60-Stück-Packung	0,70
	Toilettenpapier, 400 Blatt, 4 Rollen	0,88
70	Zahnpasta, verschiedene Sorten, Tube	1,25

1. Liste der zusammengesetzten und abgeleiteten Adjektive

Zeile	Zusammensetzungen	Ableitungen
4	pflegeleicht	
11	strapazierfähig	
11	maxilang	
13	hochwertig	hochwertig
15	wasserdicht	
16		ausknöpfbar
17		nahtlos
19		durchsichtig
20	nußbraun	
23	hautsympathisch	hautsympathisch
24	kochfest	
26	knitterfest	
28		vollwaschbar
29	bügelfrei	
30	wertvoll	
33	kniehoch	
47		holländisch
48	bratfertig	
48	tiefgefroren	

(Fortsetzung S. 136)

Zeile	Zusammensetzungen	Ableitungen
49		polnisch
53	tischfertig	
55		löslich
57	sonnengereift	
61	altbewährt	
62	schokoladeüberzogen	
65		Dresdner
66	weltberühmt	

2. Übung

Ergänzen Sie die Lücken! Bilden Sie aus den unterstrichenen Wörtern *zusammengesetzte* Adjektive!

1. ein Regenmantel, der gegen Wasser garantiert dicht ist →
   ein garantiert ... Regenmantel
2. ein flotter Hosenanzug, der leicht zu pflegen ist →
   ein flotter, ... Hosenanzug
3. eine Ente, die fertig zum Braten ist →
   eine ... Ente
4. eine Spezialität, die in der ganzen Welt berühmt ist →
   eine ... Spezialität
5. ein Paar Stiefel mit einem Schaft, der bis ans Knie hochreicht →
   ein Paar Stiefel mit ... Schaft
6. Pfirsiche, die in der Sonne gereift sind →
   ... Pfirsiche
7. Lebkuchenherzen, die ... Schokolade überzogen sind →
   ... Lebkuchenherzen
8. ein Regenmantel, der ... Pelz gefüttert ist →
   ein ... Regenmantel
9. ein Büstenhalter aus Perlon, das braun ... ... Nuß ist →
   ein Büstenhalter aus ... Perlon
10. ein Anorak aus Perlon, das leicht ... ... Feder ist →
    ein Anorak aus ... Perlon
11. Erklären Sie mit eigenen Worten: hautsympathische Unterwäsche
12. Der Kuchen wird nach einem Rezept gebacken, das alt ist und sich bewährt hat. →
    Der Kuchen wird nach einem ... Rezept gebacken.

Bei den zweiteiligen Adjektiven der Beispiele 13 bis 15.1 handelt es sich um *Betonungen* oder *Verstärkungen*.

13. maxilange Jeans-Röcke, das sind Jeans-Röcke, die . . . . .
14. ein Wollkostüm, dessen Material von hohem Wert ist →
    ein Wollkostüm aus . . . Material
15.1 ein Teppich, der (tatsächlich) Wert hat → ein . . . Teppich

Im Gegensatz dazu:

15.2 ein Teppich, der keinen Wert hat → ein . . . Teppich

16. Erklären Sie mit eigenen Worten: tiefgefrorenes Gemüse

Bei den Beispielen 17 und 23 geht es um die *abgeleiteten* Adjektive der Preisliste.

17. ein Christstollen . . . Dresden → ein . . . Christstollen
18. Enten . . . Holland → . . . Enten; Pfirsiche . . . Kalifornien → . . . Pfirsiche
19. Strumpfhosen ohne Naht → . . . Strumpfhosen
20. ein Regenmantel mit einem Futter, das . . . . . (ausknöpfen)
    → ein Regenmantel mit . . . Futter
21. Diese Hose . . . (voll waschen) → Diese Hose ist . . .

Erklären Sie mit eigenen Worten:

22. löslicher Bohnenkaffee-Extrakt
23. eine durchsichtige Bluse

Die Adjektive strapazier*fähig*, koch*fest*, knitter*fest* und bügel*frei* sind aufgrund ihrer Bildung zwar Zusammensetzungen aus Verb + *Adjektiv*, doch lassen sie sich nur schwer nach dem Muster der Beispiele 1 bis 11 erklären. Eine Erklärung ist viel eher nach dem Muster der Beispiele 20 bis 23 möglich. Versuchen Sie, Umschreibungen zu finden, die jeweils dem *2. Teil* dieser Zusammensetzungen entsprechen!

24. strapazier*fähige* Laufschuhe → Laufschuhe, die . . . . .
25. koch*feste* Unterhemden → Unterhemden, die . . . . .
26. knitter*festes* Material → Material, das . . . . .
27. bügel*freie* Oberhemden → Oberhemden, die . . . . .

3. Zusatzaufgabe

Notieren Sie alle Maß- und Mengenbezeichnungen der Angebotsliste!

Preise, Preise, Preise – und eine Menge Zusammensetzungen mit diesem Wort. Im folgenden eine kleine Auswahl dieser Schlagwörter, die einem überall begegnen.

1. Was bedeuten diese Schlagwörter? Kontext und Wortbildung helfen Ihnen weiter, wenn es Verständnisschwierigkeiten gibt.
2. Wo und in welchem Zusammenhang war das, was hier abgedruckt ist, ursprünglich zu lesen? Die verschiedenen Möglichkeiten sollen jeweils beschrieben und begründet werden.

LV 3   Hausfrau – ein harter Job

Lesen Sie den folgenden Text gründlich durch! *Kursiv* gedruckte Wörter und Ausdrücke sollen aus dem Kontext erschlossen oder aufgrund ihrer Bildung erklärt werden. Entscheiden Sie selbst, welche dieser Möglichkeiten jeweils am zweckmäßigsten anzuwenden ist!

Hausfrau sein ist ein harter Job

Hinweise für diejenigen, die sparsam und vorteilhaft einkaufen wollen

Rund 61,6 Millionen Menschen im Bundesgebiet (einschließlich Berlin West)
2 *wendeten* 1970 über 110 Milliarden DM für das Essen und Trinken *auf*. In etwa 16,5 Mio *Mehrpersonenhaushalten* entschied nach deutscher Tradition
4 die Hausfrau darüber, was an *Nahrungsmitteln* auf den Tisch kam. Sind diese Hausfrauen sich wohl darüber im klaren, an welcher Markt- und Entschei-
6 dungsmacht sie Anteil haben?

Natürlich sind sie bemüht, so sparsam wie möglich einzukaufen. Dazu müssen
8 sie die Preise vergleichen, die *Sonderangebote* beachten und viel unterwegs sein. Denn die Preise sind oft unterschiedlich – für die gleiche Ware bei glei-
10 cher Qualität bis zu 100 Prozent. Außerdem gibt es keinen Laden, in dem alle Waren „besonders" preiswert zu haben sind.

12 Klar ist, daß ein *Delikatessengeschäft* anders *kalkulieren* muß als ein *Groß-markt* oder ein *Tante-Emma-Laden* um die Ecke. Wenn man jedoch für die
14 gleichen 0,68 l *Sauerkirschsaft* in einem Delikatessengeschäft DM 2,60 zahlen muß und im 200 m entfernten Kaufhaus nur DM 1,98, dann sind das immer-
16 hin DM 0,62 Unterschied; beim Sekt von Henkell sind's schon DM 1,–, beim Weinbrand von Scharlachberg bereits DM 2,05.

18 Sind Kaufhäuser demnach billiger?

Am besten kauft man: die *Alltagslebensmittel* und eine kleine *Fleischauswahl*
20 in den sehr oft vorzüglichen Lebensmittelabteilungen der Kaufhäuser und in
Supermärkten; *Spitzenqualitäten, hausgemachte* Salate, Delikatessen sowie die
22 ersten Früchte und Gemüse der Saison im Delikatessengeschäft; besondere
Brotsorten, Wild und *Geflügel*, Käse und *Milcherzeugnisse*, Weine und Spiri-
24 tuosen im Fachgeschäft; Fleisch noch immer beim *Metzger*; Gemüse auf dem
Wochenmarkt oder im Gemüseladen. Übrigens: Ein Lob dem deutschen Ge-
26 müsemann! Er hat sich vom *Gemischtwarenhändler* zum *Fachhändler* entwickelt.
Bei ihm wird man im allgemeinen mit frischer Ware reell bedient. Er übertrifft
28 die Supermärkte zwar nicht an Menge, doch häufig an Qualität. Und gegen
Abend, wenn er sein Lager von leicht Verderblichem räumt, kann man bei ihm
30 besonders preiswert kaufen. Die Probleme beim Gemüsemann: Die Waren sind oft
nicht *ausgezeichnet*. Auf die Bezeichnung der *Güteklasse* kann sich der Kunde so
32 gut wie nie verlassen. Bei Zitrusfrüchten ist nur selten zu erkennen, ob die Schale
chemisch behandelt, infolgedessen *ungenießbar* ist.

34 *Über den Daumen gepeilt*: Obst und Gemüse sind in Supermärkten und Kauf-
häusern zwar gut *beschildert*, aber oft nicht mehr ganz frisch. Im Fachge-
36 schäft wiederum ist es meist schlecht beschildert, statt dessen oft von guter
Qualität. Zudem kann man sich hier jederzeit beim Inhaber beschweren.

Aufgabe

Diese Aufgabe betrifft die Zeilen 1 bis 37. Dabei geht es um die *Signal-* oder
Hinweiswörter (R 3, LV 1, S. 110), besonders um solche, die eine *Hinzufü-*
gung, eine *Folge* sowie einen *Gegensatz* signalisieren.

> Notieren Sie diese Hinweiswörter!
> Unterstreichen Sie auch die Sachverhalte, auf die es bei den einzelnen Hin-
> weiswörtern jeweils ankommt!

Beispiel:

Z. 19–25: „..... Spitzenqualitäten, hausgemachte Salate, Delikatessen sowie
die ersten Früchte und Gemüse der Saison im Delikatessengeschäft;
....."

Zu den Waren „hausgemachte Salate und Delikatessen" zählt der Satz noch
weitere Waren auf, die im Delikatessengeschäft günstig eingekauft werden,
nämlich „die ersten Früchte und Gemüse der Saison". Das *hinzufügende* Hin-
weiswort ist *sowie*.

Die folgenden Hinweiswörter signalisieren:

eine Hinzufügung	eine Folge	einen Gegensatz

38 Nun *hat sich* der Einkauf, zumindest in den Großstädten, im großen und ganzen vom kleinen Lebensmittelhändler, der fast immer Bescheid darüber geben
40 konnte, wie alt seine Waren sind, in den Supermarkt mit *Selbstbedienung ver-*
lagert. Die Kundeninformation durch persönliche Beratung *entfällt* somit weit-
42 gehend. Nur wer sich auskennt, über Handelsklassen und *Lebensmittelkenn-*

zeichnungsverordnung orientiert ist, kann schlechte, überalterte oder verdor-
44 bene Ware meiden.

Die Angabe der Güteklassen ist seit dem 1. 1. 1968 gesetzlich *vorgeschrieben*.
46 Bezeichnungen wie „Neue Ernte" oder „besonders frisch" sind dagegen Er-
findungen aus der Phantasie des Händlers. Eine entsprechende *Verordnung*
48 für Eier im EWG-Bereich *ist* ab 1. 5. 1969 *in Kraft getreten*. Danach müssen
Eier sowohl nach Güteklassen als auch nach Gewichtsklassen sortiert angebo-
50 ten werden. Verpackte Lebensmittel müssen eine Datumskennzeichnung tragen, wenn es sich beispielsweise um Fleisch, Geflügel, Fisch bzw. daraus her-
52 gestellte Erzeugnisse oder Konserven handelt. Die Datumsangabe kann sich
auf den Herstellungszeitpunkt, das Abpackungsdatum oder auf die Mindest-
54 haltbarkeitsdauer beziehen. Im letzteren Fall ist ferner die Angabe der Lagertemperatur erforderlich. Auch Milch, Butter und andere Milchprodukte müs-
56 sen das Abfüll- bzw. Herstellungsdatum tragen.

Besonders die Zeilen 50 („Verpackte ...") bis 56 sind durch ihren *nominalen Stil* gekennzeichnet.

Aufgaben

Geben Sie die unterstrichenen Ausdrücke verbal wieder!

Hinweis: Aufgrund der Bildung dieser Ausdrücke ist es möglich, die erforderlichen Verben zu finden.

1. Verpackte Lebensmittel müssen eine Datumskennzeichnung tragen.
   (Z. 50—51)
2. Die Datumsangabe kann sich (a) auf den Herstellungszeitpunkt, (b) das
   Abpackdatum oder (c) auf die Mindesthaltbarkeitsdauer der Ware beziehen. (Z. 52—54)
   Hinweis: Bilden Sie 3 Sätze!
3. Im letzteren Fall ist auch die Angabe der Lagertemperatur erforderlich.
   (Z. 54—55)
4. Milchprodukte müssen das Abfüll- bzw. Herstellungsdatum tragen. (Z. 55—56)

Immer wieder wird die *Tiefkühlware* als besonders hochwertig qualifiziert. Er-
58 nährungsforscher bescheinigen ihr absolute Frische, darüber hinaus den höchsten Gehalt an Vitaminen. Zudem ist sie nicht nur *wohlschmeckend*, sondern
60 auch praktisch und *zeitsparend* in der Zubereitung. Sie hat allerdings einen

Nachteil: Vom Hersteller bis zum Verbraucher muß sie *konstant* in der un-
62 bedingt notwendigen tiefen Temperatur von − 18°C liegen. Diese sogenannte
Tiefkühlkette reißt aber im Handel immer noch allzu oft. *Tiefkühlkost* je-
64 doch, die nicht *beständig* in der erforderlichen tiefen Temperatur gehalten
wird, verliert in starkem Maße sowohl an Geschmack als auch an Qualität.
66 Nun − wer das alles beachtet, kauft zugleich vorteilhaft und sparsam ein.
Doch wer das alles beachten will, muß wöchentlich mindestens 12 Stunden
68 für den Einkauf verwenden.

Aufgabe

Diese Aufgabe betrifft die Zeilen 38 bis 66. Dabei geht es noch einmal um
die Hinweiswörter, die eine Hinzufügung, eine Folge sowie einen Gegensatz
signalisieren (s. Seite 141).

> Notieren Sie diese Hinweiswörter!
> Unterstreichen Sie auch die Sachverhalte, auf die es bei den einzelnen Hin-
> weiswörtern jeweils ankommt.

Hinzufügung	Folge	Gegensatz

LV 4 Ausgaben − wofür?

*900 Hausfrauen aus allen Bundesländern erlaubten dem Staat, ein Jahr lang in
die Familienkassen zu sehen. Tag für Tag notierten sie bis auf den Pfennig genau, wieviel sie für Nähgarn und Möbel, für Blumen und Autoreparaturen, für
Tropfen und Versicherungen ausgeben mußten. Befragt wurden Familien, deren Monatseinkommen zwischen 2.200 und 2.800 DM oder zwischen 1.100
und 1.600 DM lagen. Die Buchführung brachte überraschende Ergebnisse.*

(Übersicht S. 144)

Ausgaben	Familien-einkommen 2630,39 DM netto		Familien-einkommen 1427,36 DM netto	
	in DM	in % des Monats-einkom-mens	in DM	in % des Monats-einkom-mens
1 Nahrungsmittel	440,79	16,7	350,25	24,5	1
2 Genußmittel	78,72	3,0	64,48	4,5	2
3 Bekleidung	183,59	7,0	102,82	7,2	3
4 Schuhe	37,70	1,4	26,42	1,8	4
5 Wohnungsmiete	278,43	10,6	182,69	12,8	5
6 Kohlen, Heizöl, Strom und Gas	72,37	2,7	55,30	3,9	6
7 Möbel	55,93	2,1	29,93	2,1	7
8 Haushaltswäsche und sonstige Heimtextilien	38,27	1,5	21,26	1,5	8
9 Haushaltsgeräte	50,63	1,9	31,52	2,2	9
10 Reinigungs- und Pflegemittel	24,20	0,9	18,47	1,3	10
11 Blumen- und Gartenpflege	18,60	0,7	8,43	0,6	11
12 Auto, einschl. Benzin, Reparatur, Kfz.-Steuern und Versicherung	553,90	21,1	243,96	17,1	12
13 Telefon- u. Postgebühren, einschl. TV	55,60	2,1	35,50	2,5	13
14 Körper- und Gesundheitspflege	122,23	4,6	42,71	3,1	14
15 Rundfunk-, Fernseh- u. Phonogeräte	28,09	1,1	14,65	1,0	15
16 Zeitschriften, Zeitungen, Bücher	33,08	1,3	15,24	1,1	16
17 Theater, Kino u. sonst. Veranstaltg.	21,48	0,8	15,04	1,1	17
18 Uhren und Schmuck	7,79	0,3	3,28	0,2	18
19 Urlaub	150,10	5,7	78,83	5,6	19
20 Prämien für private Versicherungen	130,83	5,0	36,89	2,6	20
21 Beiträge an politische Parteien, Verbände und Vereine	12,71	0,5	6,92	0,5	21
22 Kreditzinsen	30,52	1,2	16,23	1,1	22
23 Sparen und Sonstiges	204,77	7,8	26,99	1,9	23

Was finden Sie an diesen Zahlen bemerkenswert? Sprechen Sie darüber! –
Z. B.: Was zeigen die Zahlen unter Nr. 12? Vergleichen Sie diese Zahlen mit
den Ausgaben unter Nr. 5 und Nr. 1! Wieviel geben die Bundesbürger ver-
gleichsweise für Sauberkeit und Kultur (Unterhaltung) aus? Was bleibt ihnen
von ihrem Geld übrig?

LV 5 Günter Grass · „No Madamchen, beßchen Butter jefälligst ...“

Im ersten Buch des Romans „Die Blechtrommel" schildert Günter Grass die
Kindheit des Oskar Matzerath. Oskar wurde im September 1924 als Sohn
einer kaschubischen Mutter und eines reichsdeutschen Vaters in der Stube
hinter einem Kolonialwarengeschäft in Danzig geboren. Zu seinem dritten
Geburtstag erhielt er eine Blechtrommel, die für die kommenden Jahre sein
wichtigster Begleiter wurde; sein Wachstum war indessen mit diesem Tag zu
Ende, er blieb vierundneunzig Zentimeter groß und erlebte von da an die
Welt aus dieser Perspektive.

Während des Winters sechsunddreißig-siebenunddreißig spielte ich den Versu-
2 cher. Die ersten Unterweisungen der Mitmenschen bekam ich von meiner
Großmutter Koljaiczek, die in jenem strengen Winter auf dem Langfuhrer
4 Wochenmarkt einen Stand eröffnete, das heißt: sie hockte sich in ihren vier
Röcken hinter eine Marktbank und bot mit klagender Stimme „Fresche
6 Eierchen, Butter joldjelb und Ganschen, nich zu fett, nich zu mager!" für
die Festtage an. Jeder Dienstag war Markttag. Mit der Kleinbahn kam sie
8 von Viereck, zog sich kurz vor Langfuhr ihre Filzpantoffel für die Eisenbahn-
fahrt aus, stieg in unförmige Galoschen, henkelte sich in ihre beiden Körbe
10 und suchte den Stand in der Bahnhofstraße auf, dem ein Schildchen anhing:
Anna Koljaiczek, Bissau. Wie billig die Eier damals waren! Eine Mandel be-
12 kam man für einen Gulden, und kajubische Butter war billiger als Margarine.
Meine Großmutter hockte zwischen zwei Fischfrauen, die „Flunderchen"
14 riefen und „Pomuchel jefälligst!" Der Frost machte die Butter zum Stein,
hielt die Eier frisch, schliff die Fischschuppen zu extradünnen Rasierklingen
16 und gab einem Mann Arbeit und Lohn, der Schwerdtfeger hieß, einäugig war,
über offenem Holzkohlenfeuer Ziegelsteine erhitzte, die er, in Zeitungspa-
18 pier verpackt, an die Marktfrauen auslieh.

Meine Großmutter ließ sich vom Schwerdtfeger pünktlich jede Stunde einen
20 heißen Ziegel unter die vier Röcke schieben. Das machte der Schwerdtfeger
mit einem eisernen Schieber. Ein dampfendes Päckchen schob er unter die

22 kaum gehobenen Stoffe, eine abladende Bewegung, ein aufladender Schub,
und mit dem fast erkalteten Ziegel kam Schwerdtfegers Eisenschieber unter
24 den Röcken meiner Großmutter hervor.

Wie habe ich diese im Zeitungspapier Hitze speichernden und spendenden
26 Ziegelsteine beneidet! Noch heute wünsche ich mir, als solch backwarmer
Ziegelstein unter den Röcken meiner Großmutter, immer wieder gegen mich
28 selbst ausgetauscht, liegen zu dürfen ... Sie aber ließ mich auf dem Wochenmarkt überhaupt nicht und sonst nur selten bei ihr einkehren. Neben ihr
30 hockte ich auf dem Kistchen, hatte es in ihrem Arm ersatzweise warm, sah
zu, wie die Ziegelsteine kamen und gingen, und ließ mir von meiner Groß-
32 mutter den Trick mit der Versuchung beibringen. Vinzent Bronskis alte Geld-
börse warf sie an einer Schnur auf den festgetretenen Schnee des Bürger-
34 steigs, den Sandstreuer so beschmutzt hatten, daß nur ich und meine Großmutter den Bindfaden sahen.

36 Hausfrauen kamen und gingen, wollten nichts kaufen, obgleich alles billig
war, wollten es wohl geschenkt bekommen oder noch etwas dazu, denn eine
38 Dame bückte sich nach Vinzents ausgeworfener Börse, hatte schon die Fin-
ger am Leder, da holte meine Großmutter die Angel mit der leicht verlege-
40 nen gnädigen Frau ein, zu sich an die Kiste lockte sie den gutangezogenen
Fisch und blieb ganz freundlich: „No Madamchen, beßchen Butter jefälligst,
42 joldjelb oder Eierchen, die Mandel forn Gulden?"

Auf diese Art verkaufte Anna Koljaiczek ihre Naturprodukte. Ich aber be-
44 griff die Magie der Versuchung ...

*

– *In den Texten dieser Reihe („Einkaufsrennen – zweite Runde"; LV 1;
LV 3; HV 1; HV 2; HV 3; HS) haben Sie verschiedene Arten von Geschäften kennengelernt. Der Verkaufsplatz, den Günter Grass beschreibt, unter-
scheidet sich wesentlich von allen, die in den Texten dieser Reihe genannt
werden. – Inwiefern?*
– *In den Texten HV 2 und HS wurden Verkaufstricks deutlich, die das Pu-
blikum zum Kauf reizen sollen. – Vergleichen Sie diese Tricks mit dem,
den Anna Koljaiczek anwendet!*
– *Weitere Gesprächsthemen:*
  – *Markt, Bazar, Verkaufsplätze in Ihrer Heimat;*
  – *Verkaufstricks und andere Arten, den Kunden übers Ohr zu hauen.*
– *Lesen Sie den Text von Günter Grass zum Schluß noch einmal! – Welche
Stellen der Schilderung gefallen Ihnen besonders gut – und warum?*

Reihe 5

Es wird empfohlen, mit einer studentischen Zielgruppe möglichst alle Teile dieser Reihe in der vorgeschlagenen Abfolge durchzunehmen. Für Nicht-Studenten sind die Teile geeignet, die Grammatik und Wortschatz ohne direkten (thematischen) Bezug zu Reihe 5, wohl aber in Fortführung der vorangegangenen Reihen behandeln:

- **Zum Gebrauch des Verbs „rechnen"**, S. 156–158;
- **Das erweiterte Partizip vor dem Substantiv**, S. 161–162;
- **Übungen zum erweiterten Partizip**, S. 162–170;
- **Übungen zum Gebrauch von „es"**, S. 170–172.

Diese Teile gehören — mit Ausnahme der Einheit F, S. 167–170 — zugleich zum Minimalbestand des Programms.

Korrespondenz
Betreff: Antrag auf Zulassung zum Studium/auf Immatrikulation

Fernando Schmidt

Sao Paulo, Brasil
11, Rua Nestor Pestana

15. November 1978

An die
Technische Universität Berlin
Akademisches Auslandsamt
Straße des 17. Juni 135

1000 BERLIN 12

per Einschreiben

Betr.: Bewerbung um Zulassung/Immatrikulation zum WS 1979/80

Bezug:

Ich bewerbe mich um die Zulassung zum Studium der Fachrichtung
Maschinenbau, und zwar zum Wintersemester 1979/80. Ich habe inzwischen eine einjährige Praktikantentätigkeit bei der
Fa. Imer S.A., Sao Paulo, begonnen; den Nachweis darüber werde
ich bei meiner Immatrikulation vorlegen. Mein Reifezeugnis liegt
bei, ebenso die Bestätigung des Goethe-Instituts Sao Paulo, daß
ich die deutsche Sprache sehr gut beherrsche. Ferner füge ich
ein polizeiliches Führungszeugnis bei.

Schmidt
(Fernando Schmidt)

PS: Bitte legen Sie Ihrem Antwortschreiben das einschlägige Informationsmaterial des DAAD über die Zulassung und das Studium
von Ausländern in der Bundesrepublik Deutschland einschließlich
Berlin (West) bei, aus dem ich mich auch über die z.Zt. bestehen-
den Zulassungsbeschränkungen informieren kann.

Anlagen (in amtlich beglaubigten Ablichtungen):

- Original des Reifezeugnisses (mehrere Exemplare)
- polizeiliches Führungszeugnis
- Bescheinigung des Gesundheitsamtes
- Zeugnis der Mittelstufe II des Goethe-Instituts Sao Paulo

1. Erklärungen zum Brief vom 15. November 1978

Z. 6: **Akademisches Auslandsamt** — Universitäten und Hochschulen in der BRD haben ein Büro, das für mündliche und schriftliche Informationen an ausländische Studienbewerber zuständig ist. Bewerbungen aus dem Ausland, aber auch Bewerbungen deutscher Studenten für das Ausland, nimmt das Auslandsamt entgegen.

Z. 10: **Bewerbung** (f.) — (abgeleitet von:) *sich bewerben + N + um-Akk.*; (Beispiel:) *Herr Schmidt bewirbt sich um einen Studienplatz.* — Der Bewerber teilt der Universität seine Studienwünsche mit. Meist schickt er gleichzeitig einen Lebenslauf und die Unterlagen mit, die auch Fernando Schmidt seinem Brief beilegt. Die Universität schickt ihm im Lauf der Korrespondenz einen Zulassungsantrag, den er ausfüllt und zurückschickt.

Z. 10: **Zulassung** (f.) — (abgeleitet von:) *zulassen + N + A + zu-Dat.*; (Beispiel:) *1978 konnten die Universitäten der BRD nur jeden dritten Bewerber zum Studium der Fachrichtung Medizin zulassen.* — Erst wenn der Bewerber alle notwendigen Unterlagen (Dokumente) an die Universität geschickt hat, wird entschieden, ob er einen freien Studienplatz erhält. Er bekommt entweder einen Zulassungsbescheid oder eine Ablehnung.

Z. 10: **Immatrikulation** (f.) — (abgeleitet von:) *immatrikulieren + N + A*; (Beispiel:) *Die Hochschule für Musik immatrikuliert ab 15. September die zugelassenen Studenten.* — *sich immatrikulieren lassen + N* (Beispiel:) *Nur wer einen Zulassungsbescheid vorlegt, kann sich im Sekretariat der Hochschule immatrikulieren (= einschreiben) lassen.*

Z. 23: **Deutscher Akademischer Austauschdienst** — (abgekürzt:) **DAAD**. Der DAAD, Bonn-Bad Godesberg, dient der Pflege der akademischen Beziehungen zum Ausland. Er vermittelt und fördert den Austausch von Lehrenden und Lernenden, insbesondere Hochschullehrern, Wissenschaftlern, Studenten. Er unterstützt die mit den gleichen Aufgaben befaßten Lehr- und Forschungsbereiche der Hochschulen, Universitäten und sonstigen Bildungseinrichtungen im In- und Ausland.

Z. 26: **Zulassungsbeschränkung** (f.) — (abgeleitet von:) *beschränken + N + A + auf-Akk.*; (Beispiel:) *Die Studenten beschränkten die Diskussion* *auf eine Stunde.* — Es bewerben sich weit mehr junge Menschen aus dem In- und Ausland zum Studium als aufgenommen werden können. *Die Zulassung ist für jedes Semester auf eine bestimmte Anzahl freier Studienplätze beschränkt.*

2. Fragen zum Inhalt des Briefes vom 15. November 1978

1. Um was für einen Brief handelt es sich hier?
2. Warum hat Herr Schmidt ihn geschrieben?
3. Warum schickt Herr Schmidt den Brief an das Akademische Auslandsamt?
4. Was will Herr Schmidt studieren?
5. Was macht Herr Schmidt beruflich zu der Zeit, als er diesen Brief schreibt?
6. Was bestätigt ein polizeiliches Führungszeugnis?
7. Was bescheinigt ein Gesundheitszeugnis?
8. Herr Schmidt ist in Sao Paulo am Goethe-Institut gewesen. Wozu?
9. Auf welche Weise will sich Herr Schmidt über Zulassungsbeschränkungen informieren?
10. Welche Stellen gibt es in Ihrem Land, bei denen Sie sich nach den Studienmöglichkeiten in der Bundesrepublik Deutschland einschließlich Berlin (West) erkundigen können?

3. Aufgabe zur schriftlichen Äußerung

Sie wollen sich bei einer dafür zuständigen Stelle nach den Studienmöglichkeiten in einem bestimmten Fach erkundigen. Verfassen Sie — nach dem Muster auf Seite 173 — eine entsprechende Anfrage!

4. Aufgaben zur Fragebildung

Stellen Sie zu jedem Stichwort so viele Fragen wie möglich!

Beispiel:

Erfragen Sie:

den Absender des Briefes
— Wer hat den Brief geschrieben?
— Wer hat den Brief verfaßt?
— Von wem kommt der Brief?
usw.

Erfragen Sie:

1. den Absender des Briefes;
2. den Empfänger des Briefes;
3. den Inhalt des Briefes;
4. die Staatsangehörigkeit des Absenders;
5. die Absichten des Absenders;
6. die bisherige Ausbildung des Absenders;
7. die Sprachkenntnisse des Absenders.

Stellen Sie Fragen:

8. zu den Anlagen eines Bewerbungsbriefes;
9. zu der Notwendigkeit einer Gesundheitsbescheinigung;
10. zu dem gewünschten Informationsmaterial.

5. Zur Wiederholung und Erweiterung des Wortschatzes
(Übung zum Brief vom 15. November 1978, Seite 148)

Vervollständigen Sie die folgenden Sätze! Ein * bedeutet: Hier gibt es mehrere Ausdrucksmöglichkeiten.

Beispiel:

Ein.. ...* darüber werde ich Ihnen vorlegen.
— Ein*en Nachweis* darüber werde ich Ihnen vorlegen.
— Eine *Bescheinigung* darüber werde ich Ihnen vorlegen.

(Fortsetzung S. 153)

TECHNISCHE UNIVERSITÄT BERLIN
Der Universitätspräsident
I D (Akademisches Auslandsamt)

TU Berlin, Der Universitätspräsident, 1 Berlin 12

Herrn
Fernando Schmidt
11, Rua Nestor Pestana
S a o   P a u l o
Brasilien

Ihre Zeichen	Ihre Nachricht vom	Meine Zeichen	Tag
	15.11.1978	pr/ I D	12.12.1978

Betreff: Ihre Bewerbung um Zulassung zum Wintersemester 1979/80

Sehr geehrter Herr   Schmidt,

wir bestätigen den Eingang Ihrer Sendung vom 15.11.1978. Über Ihre Zulassung zum Studium an der Technischen Universität Berlin kann erst entschieden werden, wenn der vorgedruckte Antrag auf Zuteilung eines Studienplatzes (Zulassungsantrag) termingemäß eingegangen ist. Der Antrag muß vollständig ausgefüllt sein und ihm sind folgende Unterlagen (Nachweise, Belege) beizufügen:

a) amtlich beglaubigte Ablichtungen der Originale des Zeugnisses, mit dem die Berechtigung zum Hochschul- (Universitäts-)studium erworben wurde, einschließlich der zugehörigen Listen mit Einzelnoten (bitte keine Originale einreichen)

☒ amtlich beglaubigte Übersetzungen zu a) in deutscher, englischer oder französischer Sprache

☒ drei internationale Postantwortscheine (Coupon Réponse International)

d) Ablichtungen eventuell erworbener Zeugnisse über Kenntnisse der deutschen Sprache

e) eine Erklärung über eventuelle gerichtliche Vorstrafen

Als letzter Termin für den Eingang eines Zulassungsantrags mit vollständigen Unterlagen ist festgesetzt:

☐ der 15. Januar für das folgende Sommersemester (SS)
☒ der 15. Juli für das folgende Wintersemester (WS)

Mit freundlichen Grüßen
Im Auftrag
(S. Preuß)

Anlagen:

☒ Antrag auf Zuteilung eines Studienplatzes (Zulassungsantrag)
☒ Das Studium in der Bundesrepublik Deutschland (Merkblatt des DAAD)
☒ Zulassungsinformationen
☒ Liste der Studiengänge (der einzelnen Universitäten)
☒ Praktikumsrichtlinien (der einzelnen Studiengänge)

1. Betr.: Bewerbung um ... ... Studium im WS 1978.
2. Ich bewerbe mich um ein.. ... für d.. ...* Maschinenbau.
3. a) Ich ... bereits eine Praktikantentätigkeit ... .
   b) Ich ... bereits als Praktikant.
   c) Ich ... bereits ein Praktikum.
   d) Ich ... bereits an einem Praktikum ... .
4. Ein.. ...* darüber werde ich Ihnen vorlegen.
5. a) Das beiliegende Zeugnis des Goethe-Instituts ...*, daß ich ... deutsch
   ... .
   b) Das beiliegende Zeugnis des Goethe-Instituts ..., daß ich die deutsche
   Sprache ... .
6. Ferner* ...* ich das polizeiliche Führungszeugnis bei.
7. Bitte ...* Sie Ihr.. ...* Informationsmaterial des DAAD bei!
8. Ich möchte mich ... die Zulassungsbeschränkungen ... .
9. *(zulassen)* Er hofft, ... Studium ... d.. Technisch.. Universität Berlin
   ... .
10. ... Akademisch.. Auslandsamt der Universität hat er ein.. entspre-
    chend.. Antrag ... .
11. Das Akademische Auslandsamt hat jedoch ... dies.. Antrag noch nicht
    Stellung ... .
12. *(sich bewerben)* Er hat darauf verzichtet, ... gleichzeitig ... ein..
    ander.. Universität oder Hochschule ... ein.. Studienplatz ... .

6. Fragen zum Inhalt des Briefes vom 12. Dezember 1978

1. Von wem erhält Herr Schmidt Antwort auf sein Bewerbungsschreiben?
2. In wessen Auftrag schreibt S. Preuß?
3. Warum kann der Antrag noch nicht bearbeitet werden?
4. Warum genügt das Reifezeugnis nicht, das Herr Schmidt dem Auslandsamt
   zugeschickt hat?
5. Der 15. Juli ist für Herrn Schmidt ein wichtiges Datum. Warum?
6. Welche Voraussetzungen muß Herr Schmidt erfüllen, wenn er die Zulassung zum Studium erhalten will?
7. Handelt es sich bei dem Schreiben um einen Brief, der nur für Herrn
   Schmidt verfaßt wurde?

TECHNISCHE UNIVERSITÄT BERLIN
Der Universitätspräsident
I D (Akademisches Auslandsamt)

TU Berlin, Der Universitätspräsident, 1 Berlin 12

Herrn
Fernando Schmidt
11, Rua Nestor Pestana
S a o   P a u l o
Brasilien

Ihre Zeichen	Ihre Nachricht vom	Meine Zeichen	Tag
	13.1.1979	bu/ I D	17.2.1979

<u>Betr.</u>: Ihr Antrag auf Zulassung zum Studium
an der Technischen Universität Berlin
Bewerbungs-Nr.: 712089

Sehr geehrter Herr Schmidt!

Wir bestätigen dankend den Eingang Ihrer Bewerbungsunterlagen. Ihr Antrag kann nunmehr von uns bearbeitet
und der zuständigen Kommission zur Entscheidung vorgelegt werden.

Einen endgültigen Bescheid können wir Ihnen jedoch nicht
vor April 1979   zukommen lassen.

Die Anzahl der zur Verfügung stehenden Studienplätze ist
in dem von Ihnen gewählten Fachbereich außerordentlich
gering. Sie müssen deshalb mit der Möglichkeit rechnen,
daß Ihr Antrag auf Zulassung zu dem in Ihrer Bewerbung
angegebenen Semester aus Platzmangel abgelehnt wird.

Wir bitten Sie daher in Ihrem eigenen Interesse, sich
gleichzeitig an anderen deutschen Hochschulen -Univer-
sitäten- zu bewerben.

Mit freundlicher Empfehlung

i.A.   *Buchner*
(Buchner)

<u>Anlage</u>:

Das Studium in der Bundesrepublik
Deutschland (NEU)

7. Fragen zum Inhalt des Briefes vom 17. Februar 1979

1. Im Brief vom 17.2.1979 wird eine Kommission erwähnt. Wofür ist sie zuständig?
2. Warum kann der Zulassungsantrag von Herrn Schmidt erst jetzt bearbeitet werden, obwohl Herr Schmidt ihn schon am 15. November des Vorjahres gestellt hat?
3. Was teilt das Akademische Auslandsamt Herrn Schmidt über die vorhandenen Studienplätze mit?
4. Aus welchen Gründen kann ein Studienbewerber von der Universität abgelehnt werden?
5. Im letzten Satz gibt das Akademische Auslandsamt Herrn Schmidt einen Rat. Halten Sie diesen Vorschlag für günstig?
6. Vielleicht nimmt Herr Schmidt diesen Vorschlag an. Er bewirbt sich an drei anderen Hochschulen und bekommt von ihnen und aus Berlin einen Zulassungsbescheid. Was muß Herr Schmidt in einem solchen Fall tun?

8. Aufgaben zur Ausdrucksfähigkeit

Sagen Sie mit eigenen Worten, was die unterstrichenen Teile bedeuten!

1. Herr Schmidt hat eine einjährige Praktikantentätigkeit begonnen.
2. Bevor die Universitätsverwaltung zu dem Antrag von Herrn Schmidt Stellung nehmen kann, braucht sie eine beglaubigte Übersetzung des Reifezeugnisses.
3. Aus dem Zeugnis muß die Benotung der Prüfungsfächer zu ersehen sein.
4. Man bestätigt Herrn Schmidt den Eingang der Unterlagen.
5. Sein Antrag kann nunmehr bearbeitet werden.
6. Das Auslandsamt kann dem Bewerber einen endgültigen Bescheid nicht vor April zukommen lassen.
7. Die Anzahl der zur Verfügung stehenden Studienplätze ist gering.
8. Der Bewerber muß mit der Möglichkeit rechnen, daß sein Antrag abgelehnt wird.
9. Aus dem Schreiben ist nichts Näheres hinsichtlich der bisherigen Vorbildung des Bewerbers zu ersehen.
10. Das Auslandsamt sendet dem Bewerber gegebenenfalls den erforderlichen Zulassungsantrag zu.

9. Zur Wiederholung und Erweiterung des Wortschatzes

(Übung zum Brief vom 17. Februar 1979, Seite 154)

Ergänzen Sie die Sätze nach dem Muster der Aufgabe 5 auf Seite 151!

Sehr geehrter Herr Schmidt!

1. Wir ... dankend d .. ...* Ihrer Bewerbungsunterlagen.
2. a) Ihren Antrag können wir erst jetzt ... .
   b) Ihr Antrag kann ... von uns ... .
3. Ihr Antrag wird der Kommission zu .. ... vorgelegt.
4. Einen ... Bescheid können wir Ihnen nicht vor April ... .
5. a) Die Anzahl der freien Studienplätze ist sehr ... .
   b) Es gibt nur eine sehr ...* Anzahl ... frei.. Studienplätzen.
6. a) Deshalb müssen wir Sie ... d .. Möglichkeit ..., daß Ihr Antrag abgelehnt wird.
   b) Deshalb müssen Sie ... d .. Möglichkeit ..., daß Ihr Antrag ... Zulassung zu dem in Ihrer Bewerbung angegebenen Semester aus ... abgelehnt wird.
7. a) Bitte ... Sie ... in Ihrem eigenen Interesse gleichzeitig* ... ander.. deutsch.. Universitäten.
   b) Wir bitten Sie in Ihrem eigenen Interesse, ... gleichzeitig* ... ander.. deutsch.. Universitäten ... .

10. Zum Gebrauch des Verbs ,,rechnen"

1. Beispiel

1.1 ,,Die Anzahl der zur Verfügung stehenden Studienplätze ist in dem von Ihnen gewählten Fachbereich außerordentlich gering. Sie müssen deshalb mit der Ablehnung Ihres Zulassungsantrags rechnen."

In diesen Sätzen wird ein Verb mit einer Präpositionalergänzung verwendet. Unterstreichen Sie dieses Verb und seine Ergänzungen!

Notieren Sie seinen Gebrauch!

.... + ... + ...

1.2 Im Antwortbrief des Akademischen Auslandsamtes vom 17. 2. 1979
heißt es wörtlich:

„Sie müssen deshalb mit der Möglichkeit rechnen, daß Ihr Antrag auf
Zulassung aus Platzmangel abgelehnt wird."

Unterstreichen Sie das Verb und seine Ergänzungen! Notieren Sie seinen
Gebrauch!

.............+...+.........................

1.3 Ohne seinen Inhalt zu ändern, kann der Satz auch heißen:

„Sie müssen deshalb damit rechnen, daß Ihr Antrag auf Zulassung aus
Platzmangel abgelehnt wird."

Unterstreichen Sie das Verb und seine Ergänzungen! Notieren Sie seinen
Gebrauch!

.............+...+.........................

2. Übung

Ergänzen Sie!

1. Die Fußballfreunde ... ... ein.. klar.. Sieg ihrer Nationalmannschaft.
2. Der Kranke hatte tagelang außerordentlich hohes Fieber, so daß die Angehörigen ... ... Schlimmst.. ... . 3. Nachdem die Studenten in Berlin
12 Tage lang nach einem Zimmer gesucht hatten, ... sie nicht mehr ...,
... sie noch eins finden würden. 4. Zu ihrem 50. Geburtstag lud die Heimleiterin alle Mieter ein; sie ... insgesamt ... 90 Gästen. 5. Fräulein Peters
erschien zu dieser Geburtstagsfeier mit 2 Stunden Verspätung. Die Tische
wurden schon abgeräumt, denn man hatte nicht mehr ... ..., ... sie noch
kommen würde. 6. Ob die Bremer Stadtmusikanten wohl je ... ...,
... sie es am Ende so gut haben würden? 7. ... ... Sie in den nächsten
sechs Monaten? 8. Fußball-Europameister 1976 wurde die Tschechoslowakei,
... die meisten nicht ... .

3. Beispiel:

Weinkenner rechnen den „Ruppertsberger Reiferpfad" zu den besten Weinen
der Rheinpfalz.

Unterstreichen Sie das Verb und seine Ergänzungen! Notieren Sie seinen Gebrauch!

.............+...+...+............

(Fortsetzung S. 158)

4. Übung

Ergänzen Sie!

1. Das Akademische Auslandsamt ... Fernando Schmidt ... ... ausländisch.. Studienbewerb.., obwohl sein Vater Deutscher ist. 2. ... angenehmst.. Teil des Schuljahres ... Lehrer und Schüler ... Ferien. 3. Noch immer ... man Krebs ... ... unheilbar.. Krankheit.. der Gegenwart. 4. Die Geschichte von den „Bremer Stadtmusikanten" wird ... ... bekanntest.. Märchen der Brüder Grimm ... . 5. Viele Menschen ... ... Bett ... ... größt.. Erfindung.. der Menschheit. 6. Die BRD gehört zu den Ländern, in denen der 1. Mai ... ... national.. Feiertag.. ... wird.

11. Aufgaben zur freien Äußerung

A. Die GEW lädt ein (Siehe dazu die Anzeige auf Seite 159!)

In der Bundesrepublik Deutschland ist der Deutsche Gewerkschaftsbund (DGB) seit 1949 die Dachorganisation von 16 Einzelgewerkschaften, die zusammen rund 7 Millionen Mitglieder haben. Eine dieser Einzelgewerkschaften ist die Gewerkschaft Erziehung und Wissenschaft (GEW). Ihre Mitglieder – etwa 140.000 – sind Lehrer, Erzieher (z. B. Sozialbetreuer) und Wissenschaftler. Entsprechend der Kulturhoheit der einzelnen Bundesländer ist die GEW in souveräne Landesverbände aufgeteilt.

Aufgaben zur mündlichen und/oder schriftlichen Äußerung

1. Geben Sie Thema, Ort, Zeit, Programm und Organisation der Veranstaltung als Gesamtmitteilung wieder!
2. Beschreiben Sie, was die Abbildung zeigt, und stellen Sie den Bezug zum Thema her!
3. Geben Sie die Fragen an den Bundestag als vollständige Fragesätze wieder!

Drücken Sie sich verbal aus! Die notwendigen Verben liefern die dafür in Frage kommenden Adjektive und abgeleiteten Substantive!

4. Machen Sie die in den Fragen angesprochenen Alternativen deutlich!

Die Bundesrepublik Deutschland:

Wirtschaftsriese!
Bildungszwerg?

Was sagt der neue
Bundestag?
Kleine Klassen oder –
arbeitslose Lehrer?
Ausbildung für das Leben oder –
Zurichtung für die Wirtschaft?
Demokratische Hochschul-
reform oder –
Disziplinierung der Studenten?
Gleichwertige Ausbildung
aller Lehrer oder –
Konservierung von
Standesunterschieden?

Bonn, Beethovenhalle
Montag, 29. Januar 1973
Beginn: 15 Uhr
Für die GEW:
Erich Frister
Für die Bundesregierung:
Klaus von Dohnanyi
Auf dem Podium:
Vertreter der Bundestagsfraktionen
und Vorstandsmitglieder der GEW

Eine Veranstaltung der
Gewerkschaft Erziehung und Wissenschaft im DGB
6000 Frankfurt am Main 18, Unterlindau 58

B. „Sei schön und halt den Mund!" (Schriftlicher Ausdruck)

Daß der Wunsch „Sei schön und halt den Mund" keineswegs nur dem Frauenbild mancher Illustrierten entspricht, sondern in vielen männlichen, vor allem auch akademischen Köpfen blüht, ist Äußerungen zu entnehmen, die in dem Magazin „Frau und Gesellschaft" Nr. 365 zu dem Thema „Frau und Universität" abgedruckt waren.

„Zugegeben, Studentinnen sind oft engagierter als ihre männlichen Kollegen, aber auf gegenteilige Meinungen reagieren sie emotional, ja, agressiv. Es fällt ihnen schwer, sich intellektuell und wissenschaftlich zu äußern und auf dieser Ebene in einem Seminar mitzudiskutieren." (Ein Assistent)

„Wenn eine Studentin ihr Studium abbricht und einen Universitätsdozenten heiratet, hat sie ohne Anstrengung das gleiche erreicht wie er. Der kürzeste Weg ist also für sie immer noch die Heirat mit einem Mann, der es geschafft hat. Und den bekommt sie weder durch Fleiß noch durch Strebsamkeit oder Ausdauer, sondern einzig und allein durch eine attraktive Erscheinung."
(Ein Student)

„Frauen, die Hochschullehrer werden wollen, verfolgen damit eine verrückte Idee. Denn die Stärke der Frau liegt ihrer Natur nach nicht im abstrakten Denken. Für die Hochschullaufbahn bleiben meist nur Unverheiratete übrig, und das ist im Grunde schon eine negative Auswahl." (Ein Mediziner)

„Die geistig arbeitende Frau verfehlt ihre schöpferische Bestimmung. Forschung ist für sie der falscheste Weg. Die Universität ist Männersache." (Ein Theologe)

Schreiben Sie einen Leserbrief an das Magazin „Frau und Gesellschaft" (Nr. 365)! Nehmen Sie zu den dort zitierten Äußerungen Stellung!

Beginnen Sie den Brief mit der Angabe, auf welchen Artikel Sie sich beziehen! – Behandeln Sie dann die folgenden Punkte:

- *Welche Behauptungen werden in den Äußerungen aufgestellt?*
- *Welchen Behauptungen möchten Sie zustimmen – und warum?*
- *Welchen Behauptungen möchten Sie widersprechen – und warum?*
- *Welche Berufschancen haben Frauen an den Universitäten und Hochschulen Ihres Landes?*

Schließen Sie mit der Angabe des Ortes, des Datums und Ihres Namens!

C. „Wissen ist Macht" (Mündlicher Ausdruck)

Diskutieren Sie die nachfolgenden Fragen in Gruppen!
- *Geben Sie das Sprichwort „Wissen ist Macht" mit Ihren eigenen Worten wieder!*
- *Gibt es in Ihrer Sprache ein gleiches oder ähnliches Sprichwort? Wie würden Sie es übersetzen?*
- *Was bedeutet dieses Sprichwort?*
- *Welches Wissen kann gemeint sein? Berufliches Wissen? (Beispiel!) Schulausbildung? (Beispiel!) Technologisches Wissen? (Vorsprung in der Forschung; Werkspionage usw.) Kenntnisse, die ich über eine Person gesammelt habe? Wissen aus dem Bereich privater Beschäftigungen, Neigungen, Erfahrungen?*
- *Um welche Art von Macht kann es sich in den einzelnen Fällen handeln?*
- *Ist Wissen immer Macht? – Besteht Macht immer aus Wissen?*
- *In welcher Weise setzen Sie selbst Ihr Wissen ein?*
- *Wo üben Sie Macht aus? Tun Sie es mit Ihrem Wissen?*

12. Das erweiterte Partizip vor dem Substantiv

A. Einführung

1. Das Substantiv wird durch ein Attribut genauer beschrieben.
1.1 Das Attribut kann ein *Adjektiv* sein:
   Ihr Antrag kann nunmehr der *zuständigen* Kommission vorgelegt werden.
1.2 Das Attribut kann ein *Partizip I* sein:
   Firma Schwarz baut Wohnungen für *zuziehende* Arbeitnehmer.
1.3 Das Attribut kann ein *Partizip II* sein:
   Ich bitte Sie, mir eine *beglaubigte* Übersetzung Ihres Reifezeugnisses zuzusenden.
2. Das Attribut richtet sich im *Genus* (m., f., n.), im *Numerus* (Sing., Pl.) und im *Kasus* (Nom., Akk., Dat., Gen.) nach dem Substantiv, vor dem es steht:
   Preis (m., Sing., Nom.) → Das ist *ein* angemessen*er* Preis.
3.1 Das Attribut ist ein *Adjektiv*:
   Da sahen die Tiere einen *herrlichen* Tisch.
3.2 Das Attribut ist ein *Partizip II*:
   Da sahen die Tiere einen *gedeckten* Tisch.
3.3 Das Partizip II „gedeckt" wird mit „herrlich" *erweitert*:
   Da sahen die Tiere einen *herrlich gedeckten* Tisch.

B. Aufgaben

1. Welchen Inhalt haben die Sätze 3.1 und 3.2?
2. Vergleichen Sie den Inhalt des Satzes 3.3 mit dem Inhalt der Sätze 3.1 und 3.2!

C. Partizipien mit obligatorischer Erweiterung

1.1 In einigen Jahren wird der *möbliert wohnende* Student eine Seltenheit.
Das Partizip I *wohnende* ist mit *möbliert* erweitert worden.

Dagegen:

1.2 ⟨In einigen Jahren wird der *wohnende* Student eine Seltenheit.⟩
Das Partizip muß in diesem Fall erweitert werden, weil es ohne Erweiterung unverständlich bleibt.

2. **Erklärung:**

2.1 Der Student wohnt möbliert.

2.2 Das Verb „wohnen" ist zweiwertig: Es braucht eine Nominativ- und eine (obligatorische) Adverbialergänzung. Diese kann eine Situativ- oder eine Artergänzung sein:

Er wohnt (nicht mehr) hier. (L)
Er wohnt (seit einiger Zeit) in Untermiete. (L)
Er wohnt (jetzt) bei Frau Sommerfeld. (L)
Er wohnt (wirklich sehr) schön. (AR)
(Und außerdem) wohnt er (außerordentlich) preiswert. (AR)

3. **Zusammenfassung**

3.1 Die Erweiterungen stehen hier vor dem Partizip.

3.2 Es gibt notwendige (obligatorische) und nicht notwendige Erweiterungen des Partizips.

13. Übungen zum erweiterten Partizip

A. Lesen Sie die nachfolgenden Sätze!

1. Die Wohnungsnot der Studenten gehört | zu den | noch immer ungelösten

Problemen | der westdeutschen Universitätsstädte.

2. Ein | komfortabel möbliertes | Zimmer | ist nicht unter 150 Mark zu haben.

3. Die | im voraus bezahlte | Miete | wird im ersten Monat angerechnet.

4. Wegen der | meist sehr schlechten finanziellen | Lage | der Studenten dürfen die Zimmerpreise nicht noch weiter steigen.

5. In Hamburg wurde $\boxed{\text{ein}}$ zum Abbruch bestimmtes $\boxed{\text{Haus}}$ für Studenten freigegeben.

6. Die Anzahl der freien Studienplätze ist $\boxed{\text{in dem}}$ von Fernando Schmidt gewählten $\boxed{\text{Fachbereich}}$ außerordentlich gering.

7. Herrn Schmidts Antrag auf Zulassung $\boxed{\text{zu dem}}$ in seiner Bewerbung angegebenen $\boxed{\text{Semester}}$ wurde von der Universität abgelehnt.

8. Vier ausländische Freunde besuchten $\boxed{\text{das}}$ vor Weihnachten neu eröffnete $\boxed{\text{Lokal}}$ am Marienplatz.

9. Hier wird $\boxed{\text{auf die}}$ immer zu kurze $\boxed{\text{Mittagspause}}$ der Berufstätigen Rücksicht genommen.

10. $\boxed{\text{Die}}$ in manchen Lebensmitteln verwendeten chemischen $\boxed{\text{Stoffe}}$ sind nicht schädlich.

B. Lesen Sie die Sätze A 1 bis 10 in der Weise, wie es das folgende Lese-Muster angibt!

Lese-Muster

Erstes Lesen: $\boxed{}$ $\boxed{}$
           Ein   Zimmer ist nicht . . . . .

Zweites Lesen: $\boxed{}$ **Partizip** $\boxed{}$
           Ein   möbliertes Zimmer ist nicht . . . . .

Drittes Lesen: $\boxed{}$ **Erweiterung** **Partizip** $\boxed{}$
           Ein   komfortabel   möbliertes Zimmer ist nicht . . . . .

C. Entscheiden Sie, ob die Erweiterung der Partizipien in den Sätzen A 1 bis 10 obligatorisch ist oder nicht!

D. **Sprechübungen zum erweiterten Partizip**

> Erweitern Sie die Partizipien der folgenden Sätze in der Weise, wie es das Beispiel zeigt!

Beispiel:

Außer den genannten Gebühren entstehen Ihnen keine weiteren Kosten.

(*Wo* wurden die Gebühren genannt?)

a) *oben*

Außer den *oben* genannten Gebühren entstehen Ihnen keine weiteren Kosten.

b) *Merkblatt*

Außer den *im Merkblatt* genannten Gebühren entstehen Ihnen keine weiteren Kosten.

c) *Seite 2*

Außer den *auf Seite 2* genannten Gebühren entstehen Ihnen keine weiteren Kosten.

1. Die Touristen besuchen das neu eröffnete Lokal.
   (*Wann* wurde das Lokal neu eröffnet?)
   a) *Samstag*
   b) *kürzlich*
   c) *letzte Woche*

2. Die überwiesene Miete kam immer pünktlich an.
   (*Wie/Wohin* wurde die Miete überwiesen?)
   a) *Post*
   b) *mein Konto*
   c) *Zahlkarte*

3. Die Zulassung zu dem angegebenen Semester wird abgelehnt.
   (*Wo* wurde das Semester angegeben?)
   a) *Ihre Bewerbung*
   b) *Ihr Brief*
   c) *Ihr Schreiben*

4. Die Studienplätze sind in dem gewählten Fach schon besetzt.
   (*Von wem* wurde das Fach gewählt?)
   a) *Sie*
   b) *Herr Schmidt*
   c) *Studentin*

5. Der abgelehnte Bewerber erhält seine Unterlagen zurück.
   (*Aus welchem Grund* wurde er abgelehnt?)
   a) *Platzmangel*
   b) *Zulassungsbeschränkung*
   c) *Überfüllung*

E. Schreibübung zum erweiterten Partizip

Beispiel:

Fernando Schmidt besitzt ein Zeugnis des Goethe-Instituts.
— *beglaubigt*
a) Fernando Schmidt besitzt ein *beglaubigtes* Zeugnis des Goethe-Instituts.
— *am 3. Oktober des vergangenen Jahres*
b) Fernando Schmidt besitzt ein *am 3. Oktober des vergangenen Jahres beglaubigtes Zeugnis* des Goethe-Instituts.
— *von der Botschaft*
c) Fernando Schmidt besitzt ein *von der Botschaft am 3. Oktober des vergangenen Jahres beglaubigtes Zeugnis* des Goethe-Instituts.

1. Zu der Diskussion ist es nicht gekommen.

   — *gefordert*
   — *lautstark*
   — *von zahlreichen Zuhörern*

   a) Zu der   ..... Diskussion ist es nicht gekommen.
   b) Zu der   .... Diskussion ist es nicht gekommen.
   c) Zu der .... Diskussion ist es nicht gekommen.

2. Treffpunkt der Rauschgifthändler waren zwei Lokale.

   — *geschlossen*
   —˙ *von der Polizei*
   — *kürzlich*

   a) Treffpunkt der Rauschgifthändler waren zwei   ..... Lokale.
   b) Treffpunkt der Rauschgifthändler waren zwei   .... Lokale.
   c) Treffpunkt der Rauschgifthändler waren zwei .... Lokale.

(Fortsetzung S. 166)

3. Keine der Personen hatte sich rechtzeitig impfen lassen.

   – *eingeliefert*
   – *ins städtische Krankenhaus*
   – *wegen Pockenerkrankung*

   a) Keine der ..... Personen hatte sich rechtzeitig impfen lassen.
   b) Keine der .... Personen hatte sich rechtzeitig impfen lassen.
   c) Keine der .... Personen hatte sich rechtzeitig impfen lassen.

4. Einige der Jugendreisen führen weit über Europa hinaus.

   – *geplant*
   – *umsichtig*
   – *vom Reisebüro ,,Globus"*

   a) Einige der ..... Jugendreisen führen weit über Europa hinaus.
   b) Einige der .... Jugendreisen führen weit über Europa hinaus.
   c) Einige der .... Jugendreisen führen weit über Europa hinaus.

Bilden Sie jeweils drei Sätze in der Weise, wie Sie es in den Sätzen 1 bis 4 geübt haben!

---

5. Das Urteil fand die Zustimmung vieler Studenten.

   – *verkündet*
   – *gegen die Zimmerwirtin*
   – *in Siegen*

6. Der 6jährige Schüler wurde am Stadtrand wiedergefunden.

   – *verschwunden*
   – *aus der Wohnung seiner Großeltern*
   – *gestern vormittag*

7. Der Bundesminister hat die Tariferhöhung im Personenverkehr genehmigt.

   – *beantragt*
   – *für die zweite Jahreshälfte*
   – *von der Deutschen Bundesbahn*

8. Kaum eines der großen Hotels wurde von einem Hotelier aus der Bundesrepublik erbaut.
   - *überraschend schnell entstanden*
   - *in unseren Städten*
   - *in den letzten Jahren*

9. Das Fernsehen in der Bundesrepublik begann mit einem Unterhaltungsprogramm.
   - *an etwa 1000 Empfänger gesendet*
   - *aus Hamburg*
   - *am 1. Weihnachtstag 1952*

F. Umformungstext

Im Wirtshaus hört die Gemütlichkeit auf
Verändertes Konsumverhalten droht vielen alten Lokalen den Garaus zu machen

> Unterstreichen Sie – wenn möglich, schon beim ersten Lesen dieses Zeitungsartikels – alle erweiterten Attribute vor Substantiven!

Düsseldorf (dpa)
2 Deutschlands weithin gerühmte Wirtshausgemütlichkeit ist bedroht. Nach
4 einer vom nordrhein-westfälischen Wirtschaftsministerium sowie vom
6 Gaststätten- und Hotelgewerbelandesverband gemeinsam in Auftrag ge-
8 gebenen Repräsentativuntersuchung werden schon bald viele „klassische"
10 und als „gehobener Standard" einge- stufte Restaurants entweder für immer schließen oder einschneidende 12 Modernisierungen vornehmen müssen. Zu den am häufigsten genannten 14 Gründen zählen verändertes Konsumverhalten, Konkurrenzdruck der 16 Konzerne und die vor allem in kleine-
ren und mittleren Unternehmen 18 nicht mehr auf die Preise abwälzba-
ren Kostensteigerungen. 20

1. Fragen zum Inhalt des Textes (S. 168, S. 169, S. 170)

> Antworten Sie, indem Sie die Vorgaben zu vollständigen Sätzen ergänzen! Verwenden Sie dabei das Sprachmaterial der betreffenden Textstelle und formen Sie es jeweils entsprechend um! (Beispiel S. 168)

Beispiel:

Text:
Verändertes Konsumverhalten droht vielen alten Lokalen den Garaus zu machen.

Frage: *Vorgabe:*
Warum droht vielen alten Lokalen die Schließung? — *Das Konsumverhalten*
. . . . .

Antwort (am besten schriftlich):
Das Konsumverhalten hat sich geändert.

1. Welchen Ruf genießen Deutschlands Wirtshäuser? — *Ihre* . . . . .
2. Woher weiß man, daß diese Eigenart bedroht ist? — *Das Wirtschaftsministerium sowie* . . . . .
3. Welche Lokale sind besonders betroffen? — *Viele Lokale und Restaurants, die* . . . . .
4. Was wird oder muß mit vielen der betroffenen Restaurants geschehen?
   — *Sie* . . . . . *oder* . . . . . . *werden.*
5. Wie viele Gründe werden für diese Entwicklung angeführt? — *Drei, und zwar,* . . . . .
6. Welche Gründe sind das? — *1. Das Konsumverhalten* . . . . . *2. Die Konzerne* . . . . . *3. Die Kosten* . . . . . *und* . . . . . (verschiedene Umformungen)

So spricht in dem nunmehr ausgewerteten Untersuchungsbericht aus dem Jahre 1972 die Hälfte der befragten Gastronomen von unumgänglichen Kürzungen oder bereits durchgeführten Reduktionen ihres Speiseangebots. Fast die gleiche Zahl stellt auf „Tellerservice" um. Über ein Drittel bringt statt der bisher von Küchenmeistern nach Art des Hauses zubereiteten Speisen mehr Tiefkühlkost auf den Tisch. Viele auf englischen Service" oder auf „französische Küche" eingestellte Restaurants sind — nach Jahre lang anhaltendem Aufwärtstrend — wieder auf dem Weg nach unten. In dem 80 Seiten umfassenden Untersuchungsbericht wird das „Sterben" zahlreicher klassischer Lokale mit umfangreichem Zahlenmaterial begründet: Nach einem in der Gaststättenbran-

che von 1970 bis 1971 noch um
19,4 Prozent gestiegenen Speisen-
umsatz folgte eine „Talfahrt": Von
1971 bis 1972 nahm er um 2,5 Prozent ab. Klaus D. Niemann, Geschäftsführer der das Gutachten
weitgehend erstellenden Beratungs-
gesellschaft, hat zwar „noch keine
Zahlen aus den Jahren 1973 und
1974", doch lasse sich ein „an Gewißheit grenzender", länger andau-
ernder „Minus-Trend" voraussagen.
Ein Beispiel macht die Misere zahlreicher Gaststättenbesitzer deutlich:
Während der Gastronom im Einkauf
für einen Hektoliter Bier 125 Mark
bezahlen muß, kann der Konsument
den bereits in Flaschen abgefüllten
Gerstensaft in gleicher Menge schon
für 100 Mark beziehen.

(Fragen zum Inhalt des Textes Z. 21−62)

7. Was wird über den Untersuchungsbericht gesagt? − ..... *1972 und* .....
   (bedeutungsähnliche Formulierungen)
8. Mit welchen Mitteln begegnen die Gastronomen der beschriebenen Entwicklung oder sind sie ihr begegnet? − *Das Angebot ... Speise.. .....
   oder aber* ...... (verbaler Stil)
9. Wie viele Gastronome waren dieser Ansicht? − *Die Hälfte derjenigen, die*
   .....
10. Was zeichnete die Speisen gerade der klassischen Lokale aus? − *Daß die
    Speisen* .....
11. Bei welchen Restaurants ist die Abwärtsentwicklung besonders deutlich
    feststellbar? − *Bei solchen, die* .....
12. Wie war die Entwicklung bis 1972? − *Der Trend* .....
13. Wie umfangreich ist der Untersuchungsbericht? − *Er* .....
14. Welche Zahlen belegen den Aufwärtstrend im Gaststättengewerbe? −
    Der Umsatz .....
15. Wer ist Klaus D. Niemann? − ... ... *der Gesellschaft,* .....
16. Was glaubt Niemann voraussagen zu können? − *Daß der „Minus-Trend"*
    .....
17. Wie sicher ist Niemanns Prognose? − *Sie* .....
18. In welcher Form bezieht der Konsument das Bier? Wieviel spart er ge-
    genüber dem Gaststättenbesitzer pro Hektoliter? − *Das Bier* ..... .
    ... ... *Konsument.. ist es pro Hektoliter* .....

(Fortsetzung S. 170)

Neben den Personalkosten bereiten auch die Konzerne und Warenhäuser den Gastronomen den Garaus. So expandieren nach dem Untersuchungsbericht Kaufhäuser und artverwandte Branchen mit Niedrigpreisen im Restaurationsbereich, und immer mehr Firmen bieten ihren Mitarbeitern Gemeinschaftsverpflegung an. Schließlich trägt auch das veränderte Konsumverhalten zur Schließung alter Gastronomien bei. Dem heute in der Mehrzahl über 40 Jahre alten Stammgast traditioneller Restaurants steht der „moderne", „erfolgreiche" und „konsumfreudige", eine „Synthese aus Bar, Restaurant, Café und Espresso" bevorzugende Großstädter gegenüber. Als Cafeteria oder Brasserie ist dieser Typ des Lokals überall auf dem Vormarsch.

(Fragen zum Inhalt des Textes Z. 63–84)

19. Was ist typisch für den Stammgast traditioneller Restaurants? – *Wer heute . . . . . , ...*
20. In welche Art von Lokal geht der „moderne" Großstädter am liebsten? – *Er . . . ein.. Typ . . . Lokal, . . . eine Synthese . . . . . . a) . . . Cafeteria oder Brasserie . . . dies.. Typ . . . Lokal.. . . . immer größer.. Verbreitung.* (verschiedene Verben) *b) . . . Cafeteria oder Brasserie . . . . . . dies.. Typ . . . Lokal.. . . . immer größer.. Beliebtheit.*

2. Lese- und (oder) Schreibübung

2.1 Lesen Sie den Text noch einmal laut, indem Sie die erweiterten Attribute vor Substantiven als Relativsätze wiedergeben!

2.2 Notieren Sie den Text in der Form, daß Sie die erweiterten Attribute vor Substantiven als Relativsätze wiedergeben!

14. Übungen zum Gebrauch von „es"

„es" ist Nominativ oder Akkusativ und bildet mit dem Verb eine feste Verbindung.

1. Übung (Minimalbestand R 1 bis R 5)

Ergänzen Sie die in Klammern stehenden es-Verben!

1. *(klappen)* Mit der neuen Wohnung . . . . . . nun endlich . . . . *(ziehen und regnen)* Doch . . . . . . und . . . durch alle Fenster. (Doch . . . und . . .

... durch alle Fenster.) 2. *(gießen)* Seit Tagen ... ... in Strömen.
3. *(werden)* Man merkt, daß ... Sommer ... . *(bleiben)* Denn ... ...
schon länger hell. 4. *(hageln)* Als das Haus abgerissen werden sollte, ...
... Proteste. 5. *(absehen)* Als er sie heiratete, ... er ... vor allem auf
ihren Reichtum ... . 6. *(meinen)* Sie nimmt alles sehr wörtlich, was er
sagt. Er ... ... im Grunde nicht so. 7. Als erstes hat er Kaviar bestellt. –
(sein müssen) ... ... denn unbedingt Kaviar ...? *(tun)* Etwas anderes ...
... auch ... .

2. Zusatzaufgaben zu Übung 1 (Glossar)
Notieren Sie den Gebrauch der es-Verben! – Bilden Sie dazu jeweils ein
eigenes Beispiel!

> „es" besetzt im vorangestellten Hauptsatz den Platz des Nominativs. „es"
> entfällt im nachgestellten Hauptsatz.

3. Übung (Minimalbestand R 1 bis R 5)
Beginnen Sie immer mit dem Hauptsatz!

1. Daß er seinen Schlüssel vergißt, passiert ihm öfter. 2. Ob er Geld hat
oder nicht, macht ihm nichts aus. 3. Eine Wohnung zu finden, hat ihn viel
Mühe und Zeit gekostet. 4. Daß er von anderen keine Hilfe annimmt, paßt
zu ihm. 5. Nicht zu trinken und weniger als früher zu rauchen, bekommt
ihm offensichtlich sehr gut. 6. Fleißig zu sein, gilt als gute Eigenschaft.

4. Übung (Minimalbestand R 1 bis R 5)
Geben Sie die Nominativergänzungen in Nebensätzen wieder! Stellen Sie die
Hauptsätze zunächst vor, dann hinter die Nebensätze!

1. Der Inhalt des Briefes geht ihn nichts an. 2. Sein Studium in Berlin
(West) hängt allein vom Zulassungsbescheid der Technischen Universität ab.
3. Seine schlechte Laune liegt angeblich am Wetter. 4. Die laute Radiomu-
sik ihres Zimmernachbarn stört sie bei der Arbeit. 5. Seine Hilfe macht ihr
die Arbeit leichter. 6. Der plötzliche Tod ihres Schwiegervaters hat sie sehr
getroffen.

(Fortsetzung S. 172)

5. Übung (Minimalbestand R 1 bis R 5)

Geben Sie die Nominativergänzungen in Nebensätzen wieder! Beginnen Sie immer mit dem Hauptsatz!

1. Das viele Trinken ihrer Untermieter wundert Frau Sommerfeld besonders.
2. Die vielen Vorurteile der Deutschen gegenüber Ausländern enttäuschte ihn am meisten. 3. Langes Warten beim Einkaufen oder im Restaurant regt ihn auf. 4. Die mißlungenen Reibekuchen ärgern sie immer noch. 5. Die Beteiligung so vieler Hausfrauen am Fleischboykott hat allgemein überrascht. 5. Die Zulassung zum Studium an der Technischen Universität Berlin freut ihn natürlich.

6. Zusatzaufgabe zu Übung 5

Beschreiben Sie in allgemeiner Form, was die in den Hauptsätzen gebrauchten Verben ausdrücken!

Texte zum Leseverständnis

LV 1 Der Geschäftsbrief

Das Schreiben von Fernando Schmidt an die Technische Universität Berlin
(S. 148) zeigt, welche Form ein **Geschäftsbrief** hat.

Aufgabe

Tragen Sie die Zahlen, die Sie unter „Angaben zur Brief-Form" finden, an
der richtigen Stelle des abgebildeten Briefbogens ein!

Angaben zur Brief-Form:

1 Name des Absenders
2 Anschrift des
   Absenders
3 Datum
4 Name des
   Empfängers
5 Anschrift des
   Empfängers
6 Betr.:
7 Bezug:
8 Anrede
9 Grußformel
10 Unterschrift
11 Anlagen:

Text

LV 2 Aus einem Merkblatt des DAAD

*Der nachfolgende Text, ein Ausschnitt aus einem 12seitigen Merkblatt des
DAAD, enthält die Zulassungsbedingungen für ausländische und staatenlose
Studienbewerber zum Studium an den wissenschaftlichen Hochschulen –
Universitäten – der Bundesrepublik Deutschland einschließlich Berlin (West). –
Die zahlreichen Einzelinformationen dieses Textes lassen sich zu einigen we-
nigen Hauptmitteilungen zusammenfassen. Dementsprechend können auch
die zahlreichen Absätze, in die der Text unterteilt ist, nach thematischen
Gesichtspunkten zu größeren Einheiten – zu Abschnitten – zusammenge-
faßt werden. Das Original bietet dafür drei Zwischentitel an:*

- **Immatrikulation (Einschreiben) an einer Universität** (1)
- **Voraussetzungen für die Zulassung** (2)
- **Allgemeines** (3)

Wohin gehören diese Zwischentitel? Markieren Sie beim Lesen die jeweils
passende Stelle im Text!

 **DEUTSCHER AKADEMISCHER AUSTAUSCHDIENST**
Das Merkblatt wurde nach Angaben der Universitäten und in Absprache mit der Zen-
tralstelle für die Vergabe von Studienplätzen (ZVS) in Dortmund zusammengestellt.

Das Studium in der Bundesrepublik Deutschland

In der Bundesrepublik Deutschland einschließlich Berlin (West) gibt es zur
2 Zeit 55 Hochschulen (darunter 8 Gesamthochschulen). Diese Hochschulen
haben alle den Rang einer **Universität**. Ihre Abschlußzeugnisse und akademi-
4 schen Grade sind gleichwertig.

An den deutschen Universitäten gibt es kein College-System, keine feste
6 Klasseneinteilung und keine „Kurse", die zu einem Examen führen. In den
naturwissenschaftlichen, medizinischen und technischen Disziplinen bestehen
8 jedoch feste Studienordnungen, die den Gang des Studiums vorschreiben. In
allen Fächern werden im Laufe des Studiums bestimmte Vorlesungen, Übun-
10 gen, Seminare oder Praktika verlangt. Für Zwischen- und Abschlußprüfungen
sind in der Regel bestimmte Fristen vorgesehen.

12 Die Zahl der deutschen und ausländischen Studenten an den Universitäten in
der Bundesrepublik Deutschland hat in den letzten Jahren so stark zugenom-
14 men, daß die an den Universitäten vorhandenen Ausbildungsplätze nicht aus-

reichen. Daher waren die Universitäten gezwungen, Zulassungsbeschränkun-
16 gen einzuführen.

Ausländische Bewerber, die die Absicht haben, in der Bundesrepublik zu stu-
18 dieren, müssen zuerst – und rechtzeitig (mindestens ein Jahr vor der geplanten Einreise) – Kontakt mit dem Akademischen Auslandsamt, gegebenenfalls
20 dem Sekretariat der von ihnen gewählten Hochschule aufnehmen, an der sie
studieren möchten. Es wird darauf hingewiesen, daß ausländische Studenten,
22 die in der Bundesrepublik Deutschland studieren wollen, erst dann in die
Bundesrepublik Deutschland einreisen sollen, wenn sie eine schriftliche Zu-
24 lassung einer Universität besitzen.

Ausländische Studenten und Studienbewerber müssen fünf Voraussetzungen
26 erfüllen, wenn sie in der Bundesrepublik Deutschland studieren wollen:

1. Sie müssen ein Zeugnis besitzen, das im Heimatland zum Universitätsstu-
28 dium berechtigt.
2. Sie müssen die deutsche Sprache so gut beherrschen, daß sie Lehrveran-
30 staltungen verstehen und ihnen folgen können.
3. Ihr Studium muß finanziell gesichert sein.
32 4. Sie müssen bei Studienantritt 18 Jahre alt sein.
5. Für das Studium in bestimmten Studienrichtungen ist Voraussetzung,
34 daß vor Studienbeginn ein Grundpraktikum (das heißt praktische Arbeit)
abgeleistet wird. Hierüber ist ein Nachweis zu erbringen.

36 Die Universitäten in der Bundesrepublik Deutschland entscheiden nach ein-
heitlichen Richtlinien, ob das ausländische Schulabschlußzeugnis dem deut-
38 schen Reifezeugnis gleichwertig ist. Auskünfte hierüber erteilt das Akademische Auslandsamt der gewählten Hochschule. Ausländische Studienbewerber,
40 deren Reifezeugnis dem deutschen Reifezeugnis nicht gleichwertig ist, müssen vor Beginn des Fachstudiums eine Prüfung zur Feststellung der Hoch-
42 schulreife (Feststellungsprüfung) bestehen. Diese Feststellungsprüfung wird
im Fach Deutsch und drei für das vorgesehene Studium relevanten Fächern
44 abgehalten. Studienbewerber, deren Kenntnisse für das Bestehen der Feststellungsprüfung noch nicht ausreichen, können sich auf diese Prüfung vorberei-
46 ten, indem sie ein Studienkolleg besuchen. Studienkollegs sind Einrichtun-
gen, die in einem einjährigen Programm Kurse zur Vorbereitung auf das
48 Fachstudium anbieten. Ausländische Studienbewerber, die in ihrem Heimatland die Hochschulreife erwerben könnten, aber die Schule ohne ein entspre-
50 chendes Abschlußzeugnis verlassen, werden nicht zum Studienkolleg zugelassen. Bewerber, die ein Schulabschlußzeugnis besitzen, das nicht dem deut-
52 schen Reifezeugnis gleichwertig ist, können in der Regel sofort mit dem

Fachstudium beginnen, wenn sie ein mindestens 2jähriges erfolgreiches Stu-
54 dium an einer ausländischen Universität nachweisen können.

Für bestimmte Fachrichtungen ist der Nachweis einer nach den Anforderun-
56 gen des Faches geregelten und unter Anleitung eines Ausbildungsleiters
durchgeführten praktischen Tätigkeit (Praxis, Praktikantenzeit, Krankenpfle-
58 gedienst) vor Beginn oder während des Studiums (in den Semesterferien) bis
zur Diplomvorprüfung bzw. der ärztlichen Vorprüfung (Krankenpflegedienst)
60 erforderlich.

Die praktische Tätigkeit bildet bei allen Fachrichtungen, in deren Studien-
62 gang sie vorgeschrieben ist, einen Teil des Studiums; sie kann weder verkürzt
noch erlassen werden.

64 Die Hochschulen fordern, daß der ausländische Student sein Studium voll
finanzieren kann. Der Finanzierungsnachweis wird auch von der Ausländer-
66 behörde (Paßamt, Einwohnermeldeamt, Ordnungsamt etc.) vor Ausstellung
der Aufenthaltserlaubnis verlangt.

68 Auch für die Dauer der Praktikanten- oder Krankenpflegezeit vor Studienbeginn muß ein Finanzierungsnachweis erbracht werden.

70 Alle Vorlesungen, Übungen und Seminare finden in deutscher Sprache statt.
Gute deutsche Sprachkenntnisse sind für ein Studium unerläßlich. Alle Uni-
72 versitäten machen die Zulassung zum Studium vom Bestehen einer schwierigen deutschen Sprachprüfung abhängig, die in der Regel von den Universitä-
74 ten selbst durchgeführt wird und bereits vor Beginn des Studiums abgelegt
werden muß. Diese Prüfung wird von einigen Universitäten dann erlassen,
76 wenn der ausländische Studienbewerber den Nachweis über Sprachkenntnisse
auf dem Niveau von mindestens der Mittelstufe II des Goethe-Instituts er-
78 bringen kann.

Der Bewerber kann nur dann an einer Universität in der Bundesrepublik
80 Deutschland immatrikuliert werden, wenn er eine Zulassung besitzt. Zur Immatrikulation muß der ausländische Student oder Studienbewerber persön-
82 lich folgende Unterlagen vorlegen:

1. **Originale der Schul- und Universitätszeugnisse,**
84 2. **amtlich beglaubigte Übersetzungen der Zeugnisse in deutscher Sprache,**
3. **den Nachweis der praktischen Tätigkeit (falls erforderlich),**
86 4. **den Exmatrikulationsnachweis, wenn der Bewerber bisher an einer anderen Hochschule studiert hat,**
88 5. **den Reisepaß (Identitätsnachweis),**
6. **ein deutsches Gesundheitszeugnis,**

90 7. vier Paßbilder,
    8. den Zulassungsbescheid der Universität,
92 9. den Nachweis über die gesicherte Finanzierung des Studiums,
    10. den Nachweis über eine Versicherung gegen Krankheit und Unfall.
94 Erst mit der Immatrikulation (Einschreibung) wird der ausländische Studien-
    bewerber Student einer Hochschule in der Bundesrepublik Deutschland.

A. Aufgaben zur Gliederung des Textes

1. Welche Funktion haben im Zusammenhang des Textes die Zeilen 27–35
   in bezug auf die Zeilen 36–78? Was bedeuten sie für den Leser? Welche
   Erwartung hat er beim Weiterlesen?

2. Inwieweit erfüllt der Text von Zeile 36 bis Zeile 78 diese Leseerwartung,
   inwieweit erfüllt er sie nicht? – Beispiel: Punkt 1, Zeile 27–28, wird von
   Zeile 36 bis Zeile 54 als erster der fünf Punkte ausgeführt. – Wie verhält
   es sich damit bei den Punkten 2 bis 5? Ergeben sich aus dieser Überprü-
   fung Folgen für den Aufbau des Textes von Zeile 55 bis Zeile 78?

3. Läßt sich der Textteil von Zeile 36 bis Zeile 54 in Absätze untergliedern
   – und wenn ja, nach welchen inhaltlichen Gesichtspunkten? Markieren
   Sie den Text an den betreffenden Stellen!

B. Aufgaben zu den Ausdrucksmitteln

1. Zeile 2:
   „(...) darunter 8 Gesamthochschulen (...)"
   Worauf bezieht sich das Wort „darunter"? Unterstreichen Sie die Stelle im
   Text!

2. Zeile 15–16:
   „Daher waren die Universitäten gezwungen, Zulassungsbeschränkungen
   einzuführen."
   Worauf bezieht sich das Wort „daher"? Unterstreichen Sie die Stelle im
   Text! Erfragen Sie „daher"!

3. Zeile 38–39:
   „Auskünfte hierüber erteilt das Akademische Auslandsamt (...)."
   Worauf bezieht sich das Wort „hierüber"? Unterstreichen Sie die Stelle im
   Text! Erfragen Sie „hierüber"!

(Fortsetzung S. 178)

4. Zeile 35:
„Hierüber ist ein Nachweis zu erbringen."
a) Antworten Sie genau auf die Frage: Worüber ist ein Nachweis zu erbringen?
b) Den Satz auf Zeile 35 kann man auch anders ausdrücken. Bitte ergänzen Sie: (können/sollen/müssen) Hierüber ... ein Nachweis ..... .

C. Umformungen

Geben Sie die *kursiv* gesetzten Satzteile in Nebensätzen oder Infinitivsätzen wieder!

1. Ausländische Studienbewerber müssen bestimmte Voraussetzungen erfüllen, wenn sie in der BRD studieren wollen – zum Beispiel: 1.1 Sie müssen ein Zeugnis besitzen, das sie im Heimatland *zum Universitätsstudium* berechtigt. 1.2 Sie müssen *bei Studienantritt* 18 Jahre alt sein. 1.3 Für bestimmte Studienrichtungen muß *vor Studienantritt* ein Grundpraktikum abgeleistet werden. 2. Studienbewerber, deren Kenntnisse *für das Bestehen der Feststellungsprüfung* nicht ausreichen, können sich *durch den Besuch eines Studienkollegs* auf diese Prüfung vorbereiten. 3. Alle Universitäten machen die Zulassung zum Studium *vom Bestehen einer schwierigen deutschen Sprachprüfung* abhängig. 4. Der ausländische Studienbewerber muß *zur Immatrikulation* persönlich eine Reihe von Unterlagen vorlegen – zum Beispiel: 4.1 den *Zulassungs*bescheid der Universität, 4.2 den Nachweis *über die gesicherte Finanzierung des Studiums*, 4.3 *(falls erforderlich)* den Nachweis *der praktischen Tätigkeit*, 4.4 den Nachweis *über eine Versicherung gegen Krankheit und Unfall*. 5. Erst *mit der Immatrikulation (Einschreibung)* wird der ausländische Studienbewerber Student einer Hochschule in der BRD.

LV 3 Uwe Timm · Seminar

Sommersemester 1967. Ullrich Krause studiert Germanistik in München. Hier, genauer gesagt, in Schwabing, dem früheren Künstler- und Intellektuellenviertel der Stadt, spielt der erste Teil des Romans „Heißer Sommer", dem das nachfolgende Kapitel entnommen ist.

Er betritt den Seminarraum.
2 Sogleich wird es ruhig.

Während er nach vorn zu dem Tisch geht, klopfen alle. Hinter ihm geht sein
4 Assistent. Hinter dem geht seine wissenschaftliche Hilfskraft.

Vorn am Tisch geht sein Assistent schnell an ihm vorbei und zieht den Stuhl
6 unter dem Tisch hervor, auf den er sich setzt, ohne dabei den Assistenten
anzusehen. Dann setzt sich der Assistent rechts und die wissenschaftliche
8 Hilfskraft links von ihm an den Tisch.

Er wartet, bis es ganz ruhig und auch das Schurren der Stühle nicht mehr zu
10 hören ist. Dann sagt er: Wir werden heute versuchen, das Problem, das wir
in der letzten Seminarsitzung schon angeschnitten haben, nochmals zu ent-
12 falten, weil uns scheint, daß dessen Bedeutung bis heute, auch in der neuesten Forschung, nicht die erforderliche Beachtung gefunden hat, größtenteils
14 nicht einmal erkannt wurde, wie zum Beispiel in der Arbeit des doch immerhin anerkannten Kollegen. Jemand hustet.

16 Er spricht nicht weiter und blickt in die Richtung, aus der gehustet wird.
Dabei runzelt er die Stirn.

18 Sogleich drehen sich die meisten, die in den vorderen Stuhlreihen sitzen, um,
insbesondere diejenigen, die er mit Namen anzusprechen pflegt, und blicken
20 ebenfalls mit gerunzelter Stirn in die Richtung, aus der gehustet wurde.

Derjenige, der gehustet hat, wird jetzt von allen angesehen.

22 Er redet weiter.

Der Assistent zu seiner Rechten macht sich Notizen und blickt manchmal
24 hoch und in den Seminarraum.

Die wissenschaftliche Hilfskraft zu seiner Linken schreibt bereits mit, ohne
26 den Kopf zu heben.

Er fragt die wissenschaftliche Hilfskraft, wer heute das Referat hält.

28 Die wissenschaftliche Hilfskraft hebt schnell den Kopf und nennt den Namen
des Referenten.

30 Er fragt den Assistenten, ob das Referat vorgelegt worden sei.

Der Assistent bestätigt das.

32 Gut, sagt er, fangen wir an.

Der Assistent nickt, und die wissenschaftliche Hilfskraft ruft den Namen des
34 Referenten.

Jemand steht auf, geht mit seinem blauen Schnellhefter in der Hand nach vorn
36 und setzt sich links außen an den Tisch neben die wissenschaftliche Hilfskraft.

Der Referent legt den Schnellhefter auf den Tisch. Sein Gesicht ist gerötet.
38 Auf dem blauen Schnellhefter sieht man feuchte Fingerabdrücke.

Der hat jetzt sicher Atembeschwerden, denkt Ullrich.

40 Hastig beginnt der Referent sein Referat vorzulesen.

*

Timm, Uwe (* Hamburg 30. 3. 1940) Kürschnerlehre. Besuch des Braun-schweig-Kollegs. 1963 Abitur. Studium der Philosophie und Germanistik in München und Paris. 1971 Promotion. Lebt als Schriftsteller, Mitherausgeber der „Literarischen Hefte" und der „Autoren-Edition" in München. − Erzäh-ler; Vertreter eines politischen Realismus. Stückeschreiber. Lyriker. Hörspiel-autor.

WERKE (Auswahl): *Agitprop-Stück gegen das technokratische Hochschulmodell,* 1969. − *Widersprüche,* Gedichte, 1971. − *Heißer Sommer,* Rom., 1974. (Stand: 1976)

*

- *Wie hat diese Schilderung auf Sie gewirkt? Was erscheint Ihnen daran wichtig, aufschlußreich, vielleicht sogar (besonders) gelungen − oder aber unangemessen, kritikwürdig?*
- *Haben Sie in Ihrer Studien-, in Ihrer Schul- und Ausbildungszeit ver-gleichbare Erfahrungen gemacht? Entspricht diese Schilderung im allge-meinen noch − oder nicht mehr − der Praxis, die Sie kennengelernt haben?*
- *Warum heißt es hier stets „er", wird z. B. nicht der Name, der Titel ge-nannt? − Sind Ihnen vielleicht noch andere Ausdrucksmittel aufgefallen, die zur Interpretation des Textes beitragen können?*

*

Aufgaben zu den Ausdrucksmitteln

1. Zeile 4:
   „(...), hinter dem geht seine wissenschaftliche Hilfskraft."
   Worauf bezieht sich das Wort „seine"? Unterstreichen Sie die Stelle im Text!

2. Zeile 6–7:
„(...), ohne dabei den Assistenten anzusehen."
Worauf bezieht sich das Wort „dabei"? Unterstreichen Sie die Stelle im
Text! Antworten Sie genau auf die Frage: Bei welcher Gelegenheit sieht
er den Assistenten nicht an?

3. Zeile 17:
„Dabei runzelt er die Stirn."
Worauf bezieht sich das Wort „dabei"? Unterstreichen Sie die Stelle im
Text! Antworten Sie genau auf die Frage: Bei welcher Gelegenheit runzelt
er die Stirn?

4. Zeile 31:
„Der Assistent bestätigt das."
Worauf bezieht sich das Wort „das"? Unterstreichen Sie die Stelle im
Text! Antworten Sie genau auf die Frage: Was bestätigt der Assistent?

5. Zeile 12–15:
„(...), weil uns scheint, daß dessen Bedeutung bis heute (...) nicht die
erforderliche Beachtung gefunden hat, (...)"
a) Worauf bezieht sich das Wort „uns"? Unterstreichen Sie die Stelle im
Text!
b) Worauf bezieht sich das Wort „dessen"? Unterstreichen Sie die Stelle
im Text!
c) Welches einfache Verb entspricht dem unterstrichenen Ausdruck? Wie
heißt der Satz, wenn Sie statt dessen das einfache Verb benutzen?
Ergänzen Sie: (...), weil uns scheint, daß dessen Bedeutung bis heute
nicht ..... .

6. Zeile 27:
„Er fragt die wissenschaftliche Hilfskraft, wer heute das Referat hält."
Welches einfache Verb entspricht dem unterstrichenen Ausdruck? Wie
heißt der Satz, wenn Sie statt dessen das einfache Verb benutzen? Ergänzen Sie: Er fragt die wissenschaftliche Hilfskraft, wer ..... .

7. Zeile 9–10:
„Er wartet, bis (...) auch das Schurren der Stühle nicht mehr zu hören
ist."
Diesen Satz kann man auch anders ausdrücken. Ergänzen Sie: Er wartet,
bis man ..... .

(Fortsetzung S. 182)

8. Zeile 19:
   (1) „(...), insbesondere diejenigen, die er mit Namen anzusprechen
      pflegt, (...)"
   Der folgende Satz (2) soll sinngemäß das gleiche bedeuten wie Satz (1).
   Ergänzen Sie:
   (2) (...), insbesondere diejenigen, die er ..... mit Namen anspricht,
      (...).

9. Zeile 10–15:
   Geben Sie das, was „er" zu Beginn der Seminarsitzung sagt, in der indirekten Rede wieder!

10. Zeile 30–32:
   „Er fragt den Assistenten, ob das Referat vorgelegt worden sei. Der Assi-
   stent bestätigt das. Gut, sagt er, fangen wir an."
   Geben Sie diese Zeilen in der direkten Rede wieder!

Reihe 6

Minimalbestand und die Abfolge seiner Teile

1 | **LV 1** Wolfgang Leiser (S. 203 ff.) – *mit:*
I (S. 203);
1., A. (S. 203); 2., A. (S. 204); 2., C. (S. 205); 2., D. (S. 205)

2 | **HV 1** Gabi erzählt ihren Lebenslauf (TB/AH)

3 | **LV 1** – *Fortsetzung mit:*
3., IV, A., B., C. (S. 206); 4., A. (S. 207)

4 | **Erich Kästner · Aus meinem Leben** (S. 184–185) – *mit:*
1. (S. 185–188); 2. (S. 188);
3. (S. 189);   *parallel dazu:*
4. (S. 189–190);
5. (S. 190–191)

5 | **Freie Angaben** (S. 193 ff.) – *mit:*
7.1 (S. 193–194);
7.2 (S. 194 ff.) – *mit:* A.; B.; C.; D (S. 194–195)

6 | **Übungen zum Gebrauch von „es"** (S. 200 ff.) – *mit:*
A. (S. 200)

7 | **LV 2** Deutschland und ich (S. 207–213) – *mit:*
A. (S. 213); B. (S. 213)

8 | **Gesprächs- und Diskussionsanlässe** (S. 191–193) – *mit:*
A. (S. 191);   *parallel dazu:*
B. (S. 191–193)

9 | **Freie Angaben** – *Fortsetzung von 7.2 (S. 194 ff.) mit:*
E.; F.; G.; H. (S. 195–197)

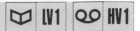

Erich Kästner · Aus meinem Leben

Deutschland: Monarchie bis 1918; Kaiser Wilhelm II.

Ich kam im Jahre 1899 zur Welt. Mein Vater, der als
2 junger Mann Sattlermeister mit einem eigenen Geschäft
gewesen war, arbeitete, damals schon, nur noch als
4 Facharbeiter in einer Kofferfabrik. Als ich etwa sieben
Jahre alt war, gab es Streiks in der Stadt. Auf unse-
6 rer Straße flogen abends Steine in die brennenden Gaslaternen. Dann kam berittene Polizei und schlug auf
8 die Menge ein. Ich stand am Fenster, und meine Mutter zerrte mich weinend weg. Das war 1906.

1. Weltkrieg

10 1917, als schon die ersten Klassenkameraden im Westen und Osten gefallen waren, mußte ich zum Militär.
12 Ich hätte noch zwei Jahre zur Schule gehen sollen. Als
der Krieg zu Ende war, kam ich herzkrank nach Hause.
14 Meine Eltern mußten ihren neunzehnjährigen Jungen,
weil er vor Atemnot keine Stufe allein steigen konnte,
16 die Treppe hinaufschieben.

Gründung der Weimarer Republik

1919 bestand ich das Abitur. Dann fing ich zu studie-
18 ren an. An der Universität dauerte es lange, bis sich die
aus dem Krieg heimgekehrten Studenten politisch be-
20 ruhigt hatten und sich entschlossen, etwas zu lernen.
Als sie soweit waren, stellte sich plötzlich sehr deut-

Deutschland muß Kriegsschulden bezahlen

22 lich heraus, daß Deutschland den Krieg verloren hatte:
Das Geld wurde wertlos. Was die Eltern in vielen Jah-
24 ren am Munde abgespart hatten, löste sich in nichts
auf. Meine Heimatstadt gab mir ein Stipendium. Sehr
26 bald konnte ich mir für das monatliche Stipendium
knapp eine Schachtel Zigaretten kaufen.

Höhepunkt der Inflation

28 Ich wurde Werkstudent, das heißt, ich arbeitete in
einem Büro, bekam als Lohn am Ende der Woche eine
30 ganze Aktenmappe voll Geld und mußte rennen,
wenn ich mir dafür zu essen kaufen wollte. An der

32 Straßenecke war mein Geld schon weniger wert als eben
noch an der Kasse.

34 Das war 1923. Studiert wurde nachts. Heute gibt es
keine Kohlen zum Heizen. Damals gab es kein Geld für

36 die Kohlen. Da wurde ich, immer noch Student, kurz
entschlossen Journalist und Redakteur. Als ich meine

38 Doktorarbeit machen wollte, ließ ich mich in der Redaktion von einem anderen Studenten vertreten. Meh-

40 rere Male in der Woche konnten mittellose Studenten
bei und mit netten Leuten, die sich an die Universität

42 gewandt hatten, zu Mittag essen. Amerikanische Studenten schickten Geld. Schweden half.

**Jahre der wirt-
schaftlichen Pro-
duktivität und der
politischen Beru-
higung**

44 Das war 1925. Nach dem Examen ging's in die Redaktion zurück. Das Monatsgehalt kletterte auf 400 Mark.

46 1927 flog ich auf die Straße, weil einer rechtsstehen-
den Konkurrenzzeitung meine Artikel nicht gefielen

48 und mein Verlagsdirektor keine Courage hatte. So
fuhr ich 1927 ohne Geld los, um Berlin zu erobern.

50 Ende des Jahres erschien mein erstes Buch. Andere
folgten. Der Film kam hinzu. Die Laufbahn schien ge-

52 sichert. Doch es war wieder nichts. Denn die wirt-

**Weltwirtschafts-
krise**

schaftliche Depression wuchs. Banken krachten. Die

54 Arbeitslosigkeit und die Kämpfe von mehr als 20 Par-
teien bereiteten der Diktatur den Boden.

**Hitler wird
Reichskanzler**

56 Hitler kam an die Macht, und Goebbels verbrannte
meine Bücher. Mit der literarischen Laufbahn war es

58 Essig. Das war 1933. Zwölf Jahre Berufsverbot folgten.

2. Weltkrieg

Es gibt schlimmere Dinge. Aber angenehmere gibt es

60 wahrscheinlich auch.

Nachkriegszeit

Nun schreiben wir das Jahr 1946, und ich fange wie-

62 der einmal mit gar nichts von vorne an.

1. Erklärungen zum Text

Erich Kästner — wurde am 23. Februar 1899 in Dresden geboren. 1906 kam
er in die Schule. Da er Volksschullehrer werden sollte, besuchte er ab 1913
ein Lehrerseminar. 1917 kam er zum Militär. Nach Kriegsende gab er seine

Lehrerausbildung auf. 1919 bestand er das Abitur mit Auszeichnung. Im gleichen Jahr begann er in Leipzig Germanistik, Philosophie und Theatergeschichte zu studieren.

Nach der Promotion zum Dr. phil. arbeitete K. zunächst als Redakteur und Journalist. Sein erster Gedichtband („Herz auf Taille") machte ihn sofort berühmt. Er wurde freier Schriftsteller. Im Herbst 1928 erschien sein Kinderroman „Emil und die Detektive", der bald in mehr als 20 Sprachen übersetzt und – wie andere Jugendbücher von ihm – verfilmt wurde. Zwischen 1933 und 1945 konnte er seine Bücher nur außerhalb Deutschlands veröffentlichen. Nach dem 2. Weltkrieg ließ sich Erich Kästner in München nieder. Er arbeitete zunächst als Feuilleton-Redakteur und schrieb Szenen und Chansons für das Kabarett „Die Schaubude". Ab 1946 erschienen seine Bücher wieder in Deutschland. Von 1952 bis 1962 war er Präsident des Deutschen PEN-Zentrums, von 1966 bis zu seinem Tode am 29. Juli 1974 in München dessen Ehren-Präsident.

Z. 2: **Sattlermeister** (m.) – *Sattler*: bearbeitet Leder, stellte früher Reitsättel her, ist heute meist Facharbeiter in der Reparatur von Lederwaren.
Meister (im Handwerk, z. B. Sattler*meister*): Nach den *Lehrlingsjahren* (*Lehrzeit* in einem Beruf 2 bis 3 1/2 Jahre) und der *Gesellenzeit* legen diejenigen eine *Meisterprüfung* ab, die einen Betrieb selbständig leiten wollen. Sie brauchen dazu auch kaufmännische Kenntnisse. Ein Meister darf Lehrlinge ausbilden.

Z. 5: **Streik** (m.) – Unterbrechung der Arbeit als Kampfmittel der *Arbeitnehmer* gegen den *Arbeitgeber*, z. B. um höhere Löhne oder bessere Arbeitsbedingungen zu erhalten. Der *organisierte* Streik wird nach einer Abstimmung der Arbeiter von den Gewerkschaften (= Vereinigung von Arbeitnehmern) beschlossen, der *wilde* Streik von den Arbeitern eines Betriebes.

Z. 7: **berittene Polizei** – Polizei, die zu Pferd eingesetzt wird

Z. 30: **Aktenmappe** (f.) – flache Ledertasche für Bücher, Zeitungen, Schreibsachen usw.

Z. 48: **Verlag** (m.) – Ein Verlag prüft und nimmt Texte von Schriftstellern (Autoren) an, sorgt für den Druck, unter anderem auch für die Illustration, die Übersetzung usw. Er übernimmt alle Arbeiten bis zur Veröffentlichung als Buch, in Zeitschriften oder Zeitungen, er regelt den Verkauf und die Werbung.

Z. 48: **Courage** (f.) – (auch: *Zivilcourage*) persönlicher Mut

Z. 53: **Depression** (f.) — Tiefstand; von äußeren oder psychischen Ursachen niedergedrückt; lustloser Zustand. In der Wirtschaft (siehe Text) bezeichnet das Wort eine Krise: Wenn es der Industrie an Arbeitsaufträgen fehlt oder an Verkaufsmöglichkeiten für ihre Waren, sinkt das Einkommen und steigt die Arbeitslosigkeit.

Zur Geschichte Deutschlands

Bis 1918   war Deutschland eine Monarchie (1888–1918 Kaiser Wilhelm II.).

Um 1860   begann die Industrie, sich schnell zu entwickeln, die Industriestädte dehnten sich aus.

Um 1900   war Deutschland eine der größten Industrienationen. Die Sozialdemokratische Partei (SPD) wuchs zur größten Partei Deutschlands an.

1914–1918   1. Weltkrieg (siehe Z. 10).

1918   hat Deutschland den Krieg verloren (siehe Z. 22). Am 8. November begannen die Waffenstillstandsverhandlungen, am 9. November brach in Berlin, der deutschen Hauptstadt bis 1945, die Revolution aus. Der Kaiser dankte ab und floh nach Holland. Alle deutschen Fürsten traten zurück.

1919   wurde zwischen den Siegermächten und Deutschland der Friedensvertrag von Versailles geschlossen, der Deutschland unerfüllbare Reparationsleistungen und erhebliche Gebietsverluste diktierte. Die Nationalversammlung stellte in Weimar die Verfassung für die neu gegründete Republik auf. Erste Regierung: Koalition aus SPD, Deutschen Demokraten und Zentrumspartei unter dem Reichspräsidenten Friedrich Ebert. Doch der politische Radikalismus von links und rechts nahm zu. Nationalismus und Ideologien verhinderten die Demokratisierung der Bevölkerung.

1923   scheiterte Hitlers Versuch, in Bayern gewaltsam an die Macht zu kommen. Die Geldentwertung (1 Dollar = 4,2 Billionen Papiermark) fand ihr Ende (siehe Z. 23); sie war vor allem durch das zu viel gedruckte Geld entstanden, das während des Krieges für die Kriegswirtschaft gebraucht worden war.

1925   Mit dem Vertrag von Locarno begann eine erste Verständigung zwischen Deutschland (Gustav Stresemann) und Frankreich (Aristide Briand).

(Fortsetzung S. 188)

1926	wurde Deutschland in den Völkerbund aufgenommen.
1929	Weltwirtschaftskrise (siehe Z. 53). Grund: Die Überproduktion in den USA führte zu Absatzkrisen; Länder, die vom Welthandel abhängig waren, kamen in große wirtschaftliche Schwierigkeiten; die Arbeitslosigkeit nahm zu: 1932 über 6 Mill. Arbeitslose in Deutschland (siehe Z. 54).
1932	Kommunisten und Nationalsozialisten lieferten sich während mehrerer Wahlkämpfe blutige Straßenkämpfe. Reichstagswahl im November: SPD 121 Sitze, KPD 100, NSDAP 196.
1933	Am 30. Januar wurde Hitler Reichskanzler. Am 28. Februar hob er die Grundrechte der Weimarer Verfassung auf. Im gleichen Jahr wurden sämtliche Parteien verboten — die Nationalsozialistische Deutsche Arbeiter-Partei (NSDAP) übernahm die Alleinherrschaft. Ihre „Erneuerung der deutschen Literatur" wurde am 10. Mai mit der Verbrennung von Tausenden von Büchern eingeleitet, die — nach Meinung des Propaganda-Ministers — „undeutsch" waren (siehe Z. 56—57).

2. Fragen zum Inhalt des Textes

1. Um was für einen Text handelt es sich?
2. Welche Berufe hatte Erich Kästner in den verschiedenen Lebensabschnitten?
3. Zu welcher Generation gehört er?
4. Was berichtet er aus seiner Kindheit?
5. Welches Ende hatte seine Jugend?
6. Auf welche Weise versuchte er, selbständig zu werden?
7. Mit welchen Ereignissen hatte er während der Zwanziger Jahre zu kämpfen?
8. Wie konnte er sein Studium finanziell sichern?
9. Was berichtet er über seinen Berufsweg nach dem Hochschulstudium?
10. Welche Ereignisse zerstörten seine beruflichen Pläne?
11. Wieso war es „mit seiner literarischen Laufbahn Essig", als Hitler an die Macht kam?

3. Aufgaben zur Fragebildung

> Stellen Sie zu jedem Stichwort so viele Fragen wie möglich!

Erfragen Sie:

1. den Inhalt des Textes;
2. den Zeitraum, über den Erich Kästner berichtet;
3. die Ereignisse während seiner Kindheit;
4. seinen Lebenslauf nach dem 1. Weltkrieg;
5. die finanzielle Sicherung seines Studiums;
6. seine Berufsabsichten;
7. den Grund für den Wechsel seines Wohnorts;
8. die Ereignisse, die zum Ende seiner Berufslaufbahn führten;
9. seinen Berufsweg nach dem 2. Weltkrieg;
10. die literarischen Werke Erich Kästners.

4. Dialogische Wiedergabe des Textinhalts

> Geben Sie den Inhalt des Textes mit verteilten Rollen wieder! — Berücksichtigen Sie dabei die nachfolgenden Stichwörter! Eingeklammerte Stichwörter sollen nur Hinweise auf den Inhalt geben und brauchen deshalb nicht verwendet zu werden. — Zum Vergleich und zur Analyse der Sprachmittel stehen Ihnen eine Tonbandaufnahme mit deutschen Sprechern und die Transkription dieser Aufnahme zur Verfügung.

A ? (*Beruf des Vaters*)?
— Welchen Beruf hatte sein Vater? → *Stichwort verwendet*
— Und sein Vater — was war denn der? → *Stichwort inhaltlich wiedergegeben*

A ? Erich Kästner ?
B : 1899

A ? (Beruf des Vaters) ?
B : Facharbeiter; Kofferfabrik

A ? Schulzeit ?
B : (eigentlich 2 Jahre länger, <u>aber</u> ...!)

A ? Militär ?
B : 1. Weltkrieg; (Tod einiger Klassenkameraden)

(Fortsetzung S. 190)

A ? (gesunde Rückkehr)?
B : Atemnot; Schwierigkeiten beim Treppensteigen

A ? (weiteres Leben)?
B : Abitur; Studium

A ! Leben gesichert!
B : (<u>nicht</u>!); Krieg verloren; Geldentwertung

A ? Hilfe der Eltern?
B : wertloses Geld; Werkstudent

A : Arbeit neben dem Studium
B : zuerst Büro, dann Redaktion

A ? (gleichzeitig Beendigung des Studiums)?
B : nach Ende der Redaktionszeit Fahrt nach Berlin; freier Schriftsteller; erstes Buch 1927

A : 1933 Hitler; Schwierigkeiten für Kästner?
B : Bücherverbrennung; Berufsverbot

A : 1945 Neuanfang!
B – ! –

5. Übung zur schriftlichen Äußerung

Erich Kästner macht in seinem Text Angaben

a) zu seiner Person,
b) zur Zeitgeschichte.

Die folgende Aufgabe betrifft nur die Angaben zu seiner Person.

> Stellen Sie aus dem Text „Aus meinem Leben" einen tabellarischen Lebenslauf zusammen! Dabei helfen Ihnen auch die Daten zu Kästners Leben, die Sie in den „Erklärungen zum Text" auf Seite 185–186 finden.

1899 . . . .

1906 . . . .

1917 . . . .

1919 . . . .

ab 1919 ....

1925 ....

ab 1925 ....

ab 1927 ....

1933–1945 ....

seit 1946 ....

6. Gesprächs- und Diskussionsanlässe

A. Menschenkenntnis –

A.: – die hat man oder hat man nicht, die ist einem angeboren; die braucht man, sie hilft einem in entscheidenden Situationen weiter; ohne sie kommt man nur halb so weit.

B.: – das ist in den meisten Fällen reine Einbildung. Denn Sympathien oder Antipathien entstehen häufig fast mechanisch, bevor man überhaupt dazu kommt, eventuelle Vorzüge und Schwächen seines Gegenübers abzuwägen. Oft sind es nur die äußeren Umstände, die den anderen sympathisch oder unsympathisch erscheinen lassen. Macht man beispielsweise die Bekanntschaft eines Menschen, unmittelbar nachdem der Geldbriefträger eine unerwartete Zahlung gebracht hat, hat dieser Mensch große Chancen, sympathisch gefunden zu werden. Umgekehrt intensivieren unangenehme Begleiterscheinungen die Beurteilung einer anderen Person zum Schlechten. Sympathien werden also danach vergeben, wie man gerade gelaunt ist.

B. Echtheit. Unechtheit

Viele Menschen zeigen sich während der Arbeit oder Freizeit, in Betrieben, Schulen oder bei Zusammenkünften nicht so wie sie sind. Sie verstellen sich. Sie zeigen eine Maske. Sie verhalten sich gekünstelt. Auch ihr „spontanes" Verhalten ist oft geplant und unnatürlich. – Die auf Seite 192 abgedruckten Erlebnisbeschreibungen stammen aus einer Untersuchung zur Charakterisierung von „Echtheit" und „Unechtheit".

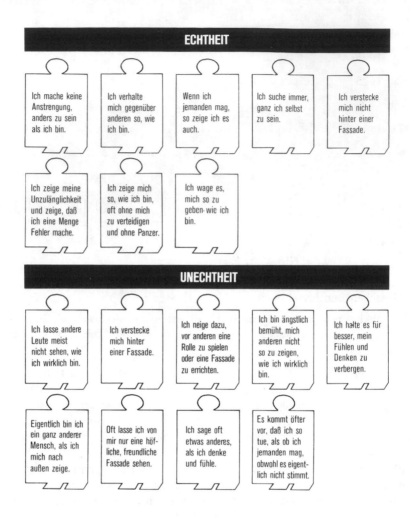

ECHTHEIT

Ich mache keine Anstrengung, anders zu sein als ich bin.

Ich verhalte mich gegenüber anderen so, wie ich bin.

Wenn ich jemanden mag, so zeige ich es auch.

Ich suche immer, ganz ich selbst zu sein.

Ich verstecke mich nicht hinter einer Fassade.

Ich zeige meine Unzulänglichkeit und zeige, daß ich eine Menge Fehler mache.

Ich zeige mich so, wie ich bin, oft ohne mich zu verteidigen und ohne Panzer.

Ich wage es, mich so zu geben wie ich bin.

UNECHTHEIT

Ich lasse andere Leute meist nicht sehen, wie ich wirklich bin.

Ich verstecke mich hinter einer Fassade.

Ich neige dazu, vor anderen eine Rolle zu spielen oder eine Fassade zu errichten.

Ich bin ängstlich bemüht, mich anderen nicht so zu zeigen, wie ich wirklich bin.

Ich halte es für besser, mein Fühlen und Denken zu verbergen.

Eigentlich bin ich ein ganz anderer Mensch, als ich mich nach außen zeige.

Oft lasse ich von mir nur eine höfliche, freundliche Fassade sehen.

Ich sage oft etwas anderes, als ich denke und fühle.

Es kommt öfter vor, daß ich so tue, als ob ich jemanden mag, obwohl es eigentlich nicht stimmt.

– *Was ist nach diesen Erlebnisbeschreibungen charakteristisch für einen Menschen, der sich „echt" verhält?*
– *In welcher/welchen dieser Erlebnisbeschreibungen erkennen Sie eigenes Verhalten, das Verhalten von Personen wieder, mit denen Sie z. B. privat oder beruflich zu tun haben?*
– *Kann „Unechtheit" der Ausdruck eines unbewußt angenommenen Rollenverhaltens sein – und wenn ja, wodurch verursacht?*

192   Reihe 6

— Welche Auswirkungen haben nach Ihrer Meinung „Echtheit" oder „Un-
echtheit" (z. B. der Eltern) auf Kinder und Jugendliche? Sprechen Sie
nach Möglichkeit über eigene Erlebnisse oder Erfahrungen und diskutieren
Sie darüber!
— Wie „echt" im Sinne der Erlebnisbeschreibungen waren/sind Ihre Lehrer
(z. B. in der Schule, an der Universität, anderswo)? — Gerade Lehrer reden
häufig von lebenslangem Lernen. Aber sie selbst lernen oft nach Abschluß
ihres Studiums wenig, bilden sich wenig fort. — Haben Sie in dieser Bezie-
hung ähnliche oder gegenteilige Erfahrungen gemacht?

7. Freie Angaben

7.1 Zur Einführung

7.1.1 Die Sätze des folgenden Textes bestehen aus Ergänzungen und sogenannten freien Angaben.

1. 1917, als schon die ersten Klassenkameraden im Westen und Osten gefallen waren, mußte Erich Kästner zum Militär. 2. Er hätte noch zwei Jahre
zur Schule gehen sollen. 3. Als dann der Krieg zu Ende war, kam er, gerade
19 Jahre alt, herzkrank nach Hause. 4. Seine Eltern mußten ihn, weil er vor
Atemnot keine Stufe allein steigen konnte, die Treppe hinaufschieben.

Streichen Sie die freien Angaben! Wie lautet nun der Text?

7.1.2 Unterstreichen Sie die freien Angaben und bestimmen Sie jeweils die
Art!

1. Kästner wurde kurz entschlossen Journalist und Redakteur.
2. Wenn Kästner an seiner Doktorarbeit schrieb, vertraten ihn andere Studenten in der Redaktion.
3. Nach dem ersten Weltkrieg schickten amerikanische Studenten Geld nach
   Deutschland.
4. Kästners Monatsgehalt kletterte nach dem Examen auf 400 Mark.
5. 1927 fuhr Kästner ohne einen Pfennig nach Berlin, weil er seine Stelle als
   Redakteur verloren hatte.

7.1.3 Unterstreichen Sie in den folgenden Sätzen die freien Angaben und bestimmen Sie sie:

a) formal (*Adverb; als Adverb gebrauchtes Adjektiv; präpositionaler Ausdruck; Akkusativ; Nebensatz*);
b) inhaltlich (*Lage, Zeit, Richtung, Art* usw.)!

Lesen Sie die Sätze dann ohne die freien Angaben!

1. Kästners Vater war als junger Mann Sattlermeister mit einem eigenen Geschäft.
2. Schon 1899, dem Geburtsjahr Erich Kästners, arbeitete er nur noch als Facharbeiter in einer Kofferfabrik.
3. Als Kästner etwa sieben Jahre alt war, gab es Streiks in der Stadt.
4. Auf der Straße, wo er damals wohnte, flogen abends Steine in die brennenden Gaslaternen.
5. Kästner stand am Fenster, und seine Mutter mußte ihn weinend wegzerren.

7.2 Übungen (Minimalbestand R 1 bis R 6)

A. Die freien Angaben sind präpositionale Ausdrücke. − Ergänzen Sie fehlende Präpositionen, Artikel, Endungen!

1. ... *Sonn- Feiertag..* werden in der BRD die Briefkästen nur einmal geleert. 2. Die interessantesten Rundfunk- und Fernsehsendungen bringt man sehr oft erst spät ... ... *Nacht.* 3. ... *Anfang* konnten die Schüler ihren Lehrer kaum verstehen. 4. Franz lief barfuß durch den Schnee. ... *Tag* darauf war er krank. 5. Eine Zimmerwirtin darf sich ... *kein.. Fall* in die persönlichen Angelegenheiten ihrer Mieter einmischen. 6. Er hat die Fensterscheibe bestimmt nicht ... *Absicht* kaputt gemacht. 7. Der Urlauber wurde *Tag* ... *Tag* von einem krähenden Hahn geweckt. 8. Im Oktober 1976 verdienten die vollbeschäftigten Industriearbeiterinnen ... *Durchschnitt* DM 294,− brutto ... ... *Woche.* 9. Der Briefträger hat ... *Versehen* die Briefe verwechselt. 10. Ein Gedicht kann man nicht *Wort* ... *Wort* in eine andere Sprache übersetzen. 11. ... *Glück* bekam Gerd noch einen Studienplatz in Bochum. 12. Dort traf er ... *Zufall* einen ehemaligen Schulfreund. 13. Der Schauspieler Oskar Werner lernt seine Rollen *Satz* ... *Satz* auswendig. 14. Auf diese Weise hatte er ... *Beispiel* die Rolle des Hamlet nach nur sechs Tagen ... *Fehler* im Kopf. 15. Anfang 1945 kam Peter in Gefangenschaft. 1946 wurde er entlassen. ... ... *Zwischenzeit* war sein Vater gestorben.

B. Geben Sie die (*kursiv* gesetzten) freien Angaben der Sätze A 1 bis 15 jeweils mit einem bedeutungsähnlichen Adverb oder Adjektiv wieder!

Beispiel:

In Großstädten ist (... *jed.. Zeit* →) *zu jeder Zeit* ein Notarzt zu erreichen. → In Großstädten ist *jederzeit* —— ein Notarzt zu erreichen.

C. Die freien Angaben sind präpositionale Ausdrücke. – Ergänzen Sie fehlende Präpositionen, Artikel, Endungen!

1. Wir haben ... *dies.. Wochenende* noch nichts vor. 2. ... ... *letzt.. Woche* hat es ununterbrochen geregnet. 3. Er hat ... *sein.. ganz.. Lebens* nur Kohlen geschleppt. 4. ... *jed.. Herbst* kommt unsere Großmutter ... *zwei Wochen* zu Besuch. 5. ... *dies.. Jahr* geht unsere Urlaubsreise nach Finnland. 6. Die Erdbevölkerung wächst ... *jed.. Sekunde* um zwei Menschen.

D. Geben Sie die (*kursiv* gesetzten) freien Angaben der Sätze C 1 bis 6 jeweils mit einem Akkusativ wieder!

Beispiel:

(... *jed.. erst.. Samstag* →) *An jedem ersten Samstag* eines Monats sind die Kaufhäuser bis 18 Uhr geöffnet. → *Jeden ersten Samstag* eines Monats sind die Kaufhäuser bis 18 Uhr geöffnet.

E. Die freien Angaben sind präpositionale Ausdrücke. – Ergänzen Sie fehlende Präpositionen und Endungen!

1. Paolo, ein Italiener, arbeitet ... *lang..* bei einer Münchener Firma. 2. Hier muß er ... *ander..* dafür sorgen, daß die Waren ordnungsgemäß verpackt und pünktlich ausgeliefert werden. 3. Er kümmert sich deshalb ... *all..* um jede Art von Verpackungsmaterial. 4. Mit seinen Kollegen kommt er ... *allgemein..* gut aus. 5. ... *kurz..* wurde er in den Betriebsrat der Firma gewählt. 6. Was er in diesem Amt ... *einzelnen* tun will, kann er noch nicht sagen. 7. In München gefällt es ihm ... *übrig..* so gut, daß er dort noch ein paar Jahre bleiben möchte. – 8. Wer an einer deutschen Universität studieren will, muß ... *jed..* Fall nachweisen, daß er sein Studium finanzieren kann. 9. In der Bundesrepublik gibt es ... *Zeit* vier Städte mit mehr als einer Million Einwohner: Berlin (West), Hamburg, München und Köln. (Stand: 1976) – 10. Er konnte ... *Freude* weinen. 11. Sie arbeitet ... *Spaß* an der Sache.

F. Geben Sie die *kursiv* gesetzten freien Angaben (adverbial gebrauchte Adjektive) mit präpositionalen Ausdrücken wieder!

Beispiel:
Er übersetzte den Brief (*fehlerlos* →) *ohne Fehler* ins Portugiesische.

1. Nur wenige Soldaten kamen *unverletzt* aus dem Krieg zurück. 2. Nach 1945 stellte sich *ganz deutlich* heraus, daß Deutschland den Krieg verloren hatte. 3. Er hatte *beruflich* großen Erfolg. 4. Er schreibt Romane; *gleichzeitig* arbeitet er für den Film und das Fernsehen. 5. Er hofft, *zukünftig* noch weitere Bücher schreiben zu können.

G. Die freien Angaben sind Adverbien. – Geben Sie sie jeweils mit einem bedeutungsähnlichen präpositionalen Ausdruck wieder!

Beispiel:
Der Hotelbesitzer sagte: „Wir bekommen (*demnächst* →) *in der nächsten Zeit* Besuch."

1. „Wir haben aber glücklicherweise noch vierzehn Tage Zeit." 2. „Die erste Etage wird jedenfalls renoviert." 3. „Deswegen braucht das Hotel aber nicht geschlossen zu werden." 4. Das sagte der Hotelbesitzer vor etwa fünfzig Jahren; seitdem wartet er auf den hohen Besuch. 5. Das Hotel ist durchschnittlich zu 70 % belegt.

H. Geben Sie die (*kursiv* gesetzten) freien Angaben durch Ausdrücke mit ähnlicher Bedeutung wieder!

1. In Marburg waren es *schätzungsweise* 1000 Studenten, die kein Dach über dem Kopf hatten. 2. Die Weinbauern warten schon *lange* auf einen warmen, trockenen Sommer. 3. *Hin und wieder* wiederholen wir alle neu gelernten Ausdrücke. 4. *Im Nu* war ein Gewitter aufgezogen. 5. *Gott sei Dank* haben wir den Zug noch *rechtzeitig* erreicht.

I. Stellen Sie einen fortlaufenden Text her! Die einzelnen Sätze sollen jeweils mit dem Satzglied beginnen, das im Zusammenhang des Textes an den Satzanfang gehört! – Fügen Sie die (*kursiv* gesetzten) freien Angaben in die Sätze ein und ergänzen Sie dabei fehlende Präpositionen, Artikel und Endungen! – Achten Sie auf die Stellung der freien Angaben!

Hans Günter Hellenberg (Lebenslauf)

1. Hans Günter Hellenberg (H.G.H.)
   wurde ... *Breslau* (... *1945* pol-
   nisch Wrocław) geboren

   12. August 1924;
   ... Sohn des Tierarztes Winfried H.
   und dessen Frau Hanna, geb. Kalinke

2. er ist verheiratet und hat zwei
   Töchter

   ... 1945

3. er besuchte die Volksschule und
   das Humanistische Gymnasium, das
   er 1942 verließ

   ... 1930 ... 1934;
   ... 1934;
   ... ... Notabitur

4. H.G.H. wurde Soldat

   ... gleich .. Jahr;
   ... ... Deutsch .. Wehrmacht

5. er kam ... amerikanisch .. Gefangenschaft

   1945

6. er wurde entlassen und ging ...
   Erlangen

   1946; ... ... Gefangenschaft

7. er arbeitete

   hier; nacheinander ... Aushilfs-
   arbeiter, Dolmetscher, Journalist

8. er studierte Romanistik

   ... 1947 ... 1953; zuerst ... Er-
   langen, dann ... ... Humbold-Uni-
   versität ... Berlin (DDR), später
   ... ... Freien Universität Berlin

9. er bestand sein Staatsexamen

   ... ... Note „sehr gut"

10. er ist ... hessisch .. Schul-
    dienst beschäftigt

    ... 1953

11. er trat ... ... SPD ein

    1948

12. er übte verschiedene Tätigkei-
    ten aus

    ... 1955 ... 1965;
    ... ... SPD Hessen-Süd

13. er wurde gewählt

    1969; ... ... Deutsch .. Bundes-
    tag

14. er ist Mitglied des Europä-
    ischen Parlaments ... Straß-
    burg

    ... 1969

K. Die (*kursiv* gesetzten) freien Angaben sind präpositionale Ausdrücke. –
Geben Sie sie jeweils mit einem Nebensatz wieder!

Beispiel:
Er hatte ein Zimmer gemietet und anschließend sein Gepäck vom Bahnhof
geholt. *Bei seiner Rückkehr* mußte er feststellen, daß inzwischen eine junge
Dame eingezogen war. → *Als er zurückkehrte*, mußte er feststellen, daß
(...).

1. *Bei Verwendung des Zimmers als Doppelbett-Appartement* erhöht sich die
Miete um DM 35,– monatlich. 2. „*Vor unserer Stellungnahme zu Ihrem Zulassungsantrag* bitten wir Sie, uns ein amtlich beglaubigtes Führungszeugnis
zuzuschicken." 3. *Aufgrund der Zulassungsbeschränkung in den von ihm gewählten Fächern* mußte seine Bewerbung leider abgewiesen werden. 4. *Wegen ihrer hervorragenden Leistungen in Chemie und Biologie* wurde sie *trotz
Numerus Clausus in diesen Fächern* zum Studium zugelassen. 5. *Mit fünfzehn* kam Freese in die Lehre. 6. *In seiner Erinnerung an die Jahre vor 1900*
sagte er: „Das war die gute alte Zeit." 7. Als Geselle ging er auf die Wanderschaft und arbeitete *mal hier mal dort, ganz nach Lust und Laune*. 8. *In
seiner Rekrutenzeit beim 3. Kaiserlichen Garderegiment* war er noch Mitglied
der SPD. 9. *Nach zweijähriger Werbung* heiratete er im Mai 1896 seine Jugendgespielin, eine Bauerntochter. 10. *In Zeiten der Not und des Elends*
fuhr man aufs Land und leerte die Vorratskammer der Schwiegereltern.
11. Den ersten Weltkrieg überstand er *ohne Fronterfahrung*. 12. *Nach anderthalb Jahren Hafenarbeit* nahm er ein Angebot seines früheren Chefs an,
er wurde wieder Müller. 13. *Bei Ausbruch der Weltwirtschaftskrise 1929*
krachten die Banken. 14. Daß er nicht der NSDAP beitrat, begründete
Freese *mit seinem Alter*. 15. *Nach 63jähriger Ehe* starb seine Frau am Ende
der fünfziger Jahre.

8. Erich Kästner ist tot (Ergänzungs- und Umformungstext)

> Ergänzen Sie die Vorgaben zu vollständigen Sätzen oder Satzgefügen und stel-
> len Sie dadurch den ursprünglichen Zeitungstext wieder her! – Für Wörter
> mit * stehen Ihnen weitere bedeutungsähnliche Ausdrücke zur Verfügung!

(1) Schriftsteller starb ... 75 ... in München
(2) München, 29. 7. 74
(3) Erich Kästner ist ... 29. Juli
     ... ... (Krankenhaus *in München* →) ... ...

(4)   ... 23. Februar 1899 ... er ... Sohn eines (Sattlers *in Dresden* →) ... ...

(5)   1925 ... er ... Dr. phil.

(6)   Bilden Sie aus (4) und (5) *ein* Satzgefüge!

(7)   Seine ersten Gedichte ... ... Zeitschrift „Die Weltbühne".

(8)   Seit 1927 lebte er ... Berlin ... ... Schriftsteller,

(9)   (*seine Freunde waren* →) Er ... ... Tucholsky und Dehring ... .

(10)   Noch ... ... Jahr ... sein erster Gedichtband „Herz auf Taille",

1. Formulierung: der seinen *Ruhm* ... ironisch-satirisch.. Spötter begründete.

2. Formulierung: der ihn ... ironisch-satirisch.. Spötter ... .

3. Formulierung: ... ... er ... ironisch-satirisch.. Spötter ... .

(11)   1930 ... „Emil und Dedektive",

(11.1)   ... erst.. einer Reihe von Kinder ...,

(11.2)   die seinen Namen weit ... ... (*Bereich der* deutschen *Sprache* →) deutsch.. ... hinaus ... .

(12)   Kästner, der ... pazifistisch.. link.. Liberal.. war, emigrierte* nicht.

(13)   (*Die Nazis verboten* verschiedene seiner Bücher. →) Verschiedene seiner Bücher ... .

(14)   ... ein.. (*anderen Namen* =) ... schrieb* er das Drehbuch ... ein.. kurz vor Kriegsende fertig ... „Münchhausen"-Film.

(15)   ... Kriegsende arbeitete er dann ... Feuilleton der „Neuen Zeitung" und gründete ein Kabarett.

(16)   Zehn Jahr.. ... (*präsidierte* er →) ... er ... des Deutschen PEN-Clubs

1. Formulierung: und gehörte* ... ... schärfst.. Gegner.. einer deutschen Wiederbewaffnung.

2. Formulierung: und kämpfte ... ... schärfst.. ..., daß Deutschland ... .

(17)   Kästner war unzufrieden ... ... deutsch.. Restauration.

(18)   Er war enttäuscht ... ... DDR,

(18.1)   die er (Anna Seghers *hatte ihn* 1967 *zu einem Besuch* eingeladen →) ... Einladung von Anna Seghers 1967 ... .

(19)   ... ..., ob er ein optimistisches Deutschlandbild ..., antwortete* er: „Ich habe schon resigniert."

(Fortsetzung S. 200)

(20)   Bilden Sie aus (17) bis (19) *ein* Satzgefüge:
Unzufrieden ....., *enttäuscht* ....., *antwortete er, daß* ..... .

(21)   Er zog sich (*mehr und mehr* =) ... ...
... ... Öffentlichkeit ...,

(21.1)   die nur noch ...* ... 75. Geburtstag.. ... ihm Notiz
... .

9. Übungen zum Gebrauch von „es"

> „es" besetzt im vorangestellten Hauptsatz den Platz des Akkusativs.
> „es" entfällt im nachgestellten Hauptsatz.

A. Geben Sie die Akkusativergänzungen in Nebensätzen oder Infinitivsätzen wieder! Beginnen Sie immer mit dem Hauptsatz!

1. Sie hat das Staatsexamen mit der Note „sehr gut" geschafft. 2. Die Klasse hat den Lehrerwechsel begrüßt. 3. Der Kranke hat die Hoffnung auf Besserung aufgegeben. 4. Ich bewundere ihr natürliches Verhalten gegenüber anderen. 5. Nach allem, was geschehen ist, halte ich sein Kommen für fraglich. 6. Sie rechnet seine Unpünktlichkeit zu seinen größten Fehlern. 7. Sie zählte die Begegnung mit diesem Künstler zu den wichtigsten Ereignissen in ihrem Leben. 8. Sie hat ihre Angst vor Ärzten frühzeitig mit dem Leben bezahlt. 9. Die Studentinnen finden das Benehmen der Heimleitung „zum Lachen". 10. Er sieht den Lottogewinn als ein Geschenk des Himmels an.

B. Ergänzen Sie zunächst „es" oder „das"! – Ergänzen Sie dann die vorgegebenen Nebensätze zu vollständigen Satzgefügen! – Versuchen Sie auch zu erklären, warum Sie „es" oder „das" gebraucht haben!

Beispiel:
– „Die Deutschen, vor allem sehr viele Bayern essen angeblich bis zu fünf Mahlzeiten am Tag."   „Nun, ... ist sicher gewaltig übertrieben."
„Die Deutschen, (...)." „Nun, <u>das</u> ist sicher gewaltig übertrieben."
– „Die Deutschen, vor allem sehr viele Bayern essen angeblich bis zu fünf Mahlzeiten am Tag."   „Nun, ..., *daß die Deutschen solche Freß-säcke sind.*"   →   „*Nun, es ist sicher gewaltig übertrieben, daß die Deutschen solche Freßsäcke sind.*"

1. „Frau Sommerfeld, haben Sie etwas dagegen, daß Ihre Untermieter Herren- oder Damenbesuch bekommen?" „Überhaupt nicht. ... ist ganz normal. Ich finde ... eigentlich selbstverständlich." → „*Überhaupt nicht. ....., daß Untermieter auch Besuch bekommen.*" *(2 Möglichkeiten)* 2. „Wie lange bleibt der Besuch so? Bis neun, zehn – oder auch mal länger?" „... ist natürlich schon vorgekommen." → „*....., daß der Besuch auch mal länger als bis zehn geblieben ist. ... hab ich mir dann aber nicht gefallen lassen.*" 3. „Was die Freundschaften angeht, wie verhält ... sich damit bei den Studenten?" „... ist gar nicht so schlimm. Sie putzen aber ihre Schuhe nicht ab, ... finde ich viel schlimmer." → „*....., was die Freundschaften angeht. ....., daß sie ihre Schuhe nicht abputzen.*" 4. „Gibt ... andere Gewohnheiten, die Ihnen aufgefallen sind?" „Also, sie trinken, die Kerle. ... kann einem manchmal schon leid tun." → „*....., daß die Kerle so viel trinken.*" 5. „Ein Zimmer kostet monatlich hundertfünfundzwanzig Mark. Ist ... richtig?" „Ja, ... stimmt." → „*....., daß ein Zimmer monatlich hundertfünfundzwanzig Mark kostet.*" 6. „Ist Frau Sommerfeld anders, als ... Vermieterinnen sonst sind?" „Also, ... weiß ich nicht, da habe ich keine Vergleichsmöglichkeiten." → „*Ich weiß ... nicht, da habe ich keine Vergleichsmöglichkeiten.*" → „*....., ob Frau Sommerfeld anders ist, da habe ich keine Vergleichsmöglichkeiten.*" 7. „Haben Sie heute, an einem langen Samstag, mehr eingekauft als sonst?" „Natürlich, viel mehr!" „Und warum ist ... natürlich?" „Am Samstag kauft man eben ein, ... ist nun mal so, und an einem langen Samstag erst recht." → „*....., daß man an Samstagen, und erst recht an den langen, sehr viel mehr einkauft als sonst.*"

„es" – als Teil einer festen Verbindung oder auf dem Platz des Nominativs oder des Akkusativs – wird umgangssprachlich oft in der Form „'s" gebraucht: „Regnet's schon wieder?" „Ich hab's dir gesagt, auf ihn ist kein Verlaß."

C. Ergänzen Sie „es" oder „das" sowie fehlende Pronomen! Gebrauchen Sie „es" in der Form „'s", wenn der Gebrauch dieser Form dem Text angemessen ist! – Versuchen Sie auch zu erklären, warum Sie jeweils „das" oder „es" bzw. „'s" benutzt haben!

Beispiel:

„... scheint, daß nun alles drin ist im Wagen. Macht ... gut und paßt auf euch auf, bis ich wieder da bin." → „*Es* scheint, daß nun alles drin ist im Wagen. (Macht *es* →) Macht's gut und paßt auf euch auf, bis (...)."

(Fortsetzung S. 202)

1. „Was ist denn da passiert? Hast du gehört, wie ... gekracht hat?" „Da sind zwei Lastwagen zusammengestoßen." 2. „Guten Tag, Herr Wachtmeister! Wir treffen uns immer unter besonderen Umständen, was?" „Versteht sich! Ach, Sie sind ...! Grüß ...!" – „Sag mal, kennst du ... wirklich?" „Aber ja, ... ist ein dicker Freund von ... ." 3. „Hat da jemand geklopft?" „Ja doch, ich bin ..., Renate!" 4. „Ihr geht ... gar nicht gut. Sie klagt über starke Schmerzen." „Wäre ... nicht besser, einen Arzt zu rufen, wenn ... Schmerzen hat?" 5. „Wieso sind die beiden zum Krankenhaus in der Albrechtstraße gefahren? ... liegt doch am anderen Ende der Stadt." „Ich sag ... dir doch, er ist schwer von Begriff, und sie ist ... anscheinend auch." 6. „In dem Brief hier steht, wir zahlen seit vier Monaten keine Miete. Was soll ...? Kannst du ... ... erklären?" „Ja, ... stimmt. Auch das Gas und den Strom haben wir nicht bezahlt, sie haben ... schon abgestellt." 7. „Da hast du ..., du machst die Arbeit, er die Kasse." „Du sagst ..., genau so ist ... ." 8. „Laß dich anschaun! Sag, wie geht ... ...?" „Beruhige dich, ... ist alles in Ordnung." „Wirklich alles in Ordnung?" „Wirklich. ... ist aber besser, wenn ich ... ... alles ein bißchen später erzähle." 9. „... sieht ganz so aus, als ob ... gleich anfängt zu regnen." „Ja, ... finde ich auch." Er holt deshalb eine Regenhaut aus der Tasche und zieht ... an. Sie macht ... ... nach. 10. „... stimmt nicht, daß Biologie zu den harten Numerus clausus-Fächern gehört." „Wieso behauptest du ...? Sie ist schließlich auf der Uni und muß ... besser wissen als ...!" 11. „Ich hab ... einfach satt, ihm dauernd ins Gewissen zu reden." „Vor allem, ... hilft nicht, er will einfach nicht wahrhaben, wie ... um ... steht." 12. „Wie geschickt er einem in die Tasche faßt!" „... habe ich auch bemerkt. Aber ist ... ein Wunder? Sein Vater war Taschendieb, einer der besten, die ... gab, und ... ist auf dem besten Wege, ... auch zu werden." 13. „Du bist außerordentlich! Ohne Übertreibung, ich sag ... ... auch nochmal, wenn du ... hören willst." – „Jetzt reicht ..., hört bitte auf damit! ... macht ... sonst ganz verlegen." 14. „Warum hast du keinen Reis gekauft?" „Weil ... ... mehr gab." „Was, ... gab keinen Reis mehr? ... gibt ... doch gar nicht, ... wird ja immer schöner!"

Texte zum Leseverständnis

LV 1 Wolfgang Leiser (Lebenslauf)

I

Lebenslauf

Ich, Wolfgang Leiser, kam am 8. September 1937 in Essen zur Welt. Meine
2 Eltern waren der Maurermeister Wilhelm Leiser und seine Frau Anna, gebo-
rene Mielke. Von 1943 bis 1952 ging ich in die Volksschule. Von 1952 bis
4 1955 war ich Lehrling bei der Firma Busch in Essen. Dort erlernte ich den
Beruf eines Kraftfahrzeug-Elektrikers. Bei derselben Firma arbeitete ich dann
6 bis 1962. 1960/61 besuchte ich einen Abendkurs für „Kaufmännische Grund-
ausbildung". 1962 bestand ich die Meisterprüfung. Im gleichen Jahr ging ich
8 zur Fa. Opel-Müller, wo ich bis 1968 arbeitete. 1963 heiratete ich Karin San-
der. Seit 1968 habe ich eine eigene KFZ-Werkstatt in Essen. Seit März 1972
10 betreibe ich eine Großtankstelle in Oberhausen.

Essen, im Mai 1972   *Wolfgang Leiser*

1. Aufgaben zum Text

Lebenslauf I teilt Daten und Fakten in chronologischer Abfolge mit.

A. Ordnen Sie die Daten und Fakten zunächst nach folgenden Gesichtspunkten:

1. Persönliches;
2. schulische und berufliche Ausbildung;
3. beruflicher Werdegang;
4. fachliche Fortbildung, besondere Kenntnisse!

Notieren Sie den Lebenslauf I dann aufgrund dieser Gliederung in der
er-Form!

B. Legen Sie ein Glossar der im Lebenslauf I vorkommenden Verben an!
Notieren Sie ihren Gebrauch!

Beispiel:
Wolfgang Leiser kam am 8. September 1937 in Essen zur Welt.
zur Welt kommen + N + T + L

2. Aufgaben und Übungen zur Herstellung eines Lebenslaufs in erzählender und tabellarischer Form

A. Gebrauchen Sie für die (*kursiv* gesetzten) Verben in Lebenslauf II A die unter III A stehenden Verben! — Notieren Sie den genauen Wortlaut des auf diese Weise entstehenden Lebenslaufs III A!

II A	III A
1 Wolfgang Leiser *kam* am 8. September 1937 in Essen *zur Welt*.	→ *geboren werden*
2 *Seine Eltern waren der Maurermeister Wilhelm Leiser und seine Frau Anna, geb. Mielke.*	→ *Einordnungsergänzung zu (1)*
3 Von 1943 bis 1952 *ging* er in die Volksschule.	→ *besuchen*
4 Von 1952 bis 1955 *war* er *Lehrling* bei der Fa. Busch in Essen.	→ *in die Lehre gehen*
5 *Dort erlernte er den Beruf eines KFZ-Elektrikers.*	→ *Einordnungsergänzung zu (4)*
6 Bei derselben Firma *arbeitete* er dann bis 1962.	→ *tätig/beschäftigt sein*
7 1960/61 *besuchte* er einen Abendkurs für „Kaufmännische Grundausbildung".	→ *teilnehmen*
8 1962 *bestand* er die Meisterprüfung.	→ *ablegen (wie?)*
9 Im gleichen Jahr *ging* er zur Fa. Opel-Müller, wo er bis 1968 *arbeitete*.	→ *wechseln* ↦ *tätig/beschäftigt sein*
10 1968 *heiratete* er Karin Sander.	→ *verheiratet sein*
11 Seit 1968 *hat* er eine eigene KFZ-Werkstatt in Essen.	→ *eröffnen*
12 Seit März 1972 *betreibt* er eine Großtankstelle in Oberhausen.	→ *übernehmen*

B. Legen Sie ein Glossar der im Lebenslauf III A vorkommenden Verben an! Notieren Sie ihren Gebrauch! (Siehe B., S. 203!)

*

Lebenslauf I sowie die Lebensläufe II A und III A sind fortlaufende Texte, sogenannte erzählende Lebensläufe. Ebenso üblich ist der tabellarische Lebenslauf. Wie schon der Name sagt, werden die Daten und Fakten nicht in ganzen Sätzen mitgeteilt, sondern in Form einer Tabelle untereinander gesetzt: Links stehen die Daten, rechts — in Stichwörtern — die Fakten.

*

C. Machen Sie aus dem (erzählenden) Lebenslauf II A einen tabellarischen Lebenslauf (II B)!

Beispiel:

II A ——————————→ **II B**

1 Wolfgang Leiser kam am 8. Septem- → 8. 9. 1937   in Essen geboren
ber 1937 in Essen zur Welt.

. . . . .

2 Von 1943 bis 1952 ging er in die → 1943–1952 Volksschule
Volksschule.

D. Machen Sie aus dem (von Ihnen notierten) Lebenslauf III A einen tabellarischen Lebenslauf (III B)!

Beispiel:

III A ——————————→ **III B**

1 Wolfgang Leiser wurde am 8. Sep- → 8. 9. 1937   (...) in Essen geboren
tember (...) geboren.

2 Von 1943 bis 1952 *besuchte* er *die* → 1943–1952 *Besuch der* Volks-
Volksschule   schule

E. Vergleichen Sie den (erzählenden) Lebenslauf III A und den (tabellarischen) Lebenslauf III B in bezug auf die Rektion der Verben in III A und der von ihnen abgeleiteten Substantive in III B!

Beispiel:

Von 1943 bis 1952 *besuchte* er *die* → 1943–1952 *Besuch der* Volks-
Volksschule.   schule

           besuchen + N + *A* → *Besuch + Gen.-Attribut*

3. Aufgaben zum Gebrauch der Vergangenheitszeiten beim schriftlichen (objektiven) und mündlichen (subjektiven) Erzählen über sich selbst

IV

Gabi Hoffmann erzählt ... (R 6, Transkription HV 1)

Ja, also – ich bin zweiundzwanzig Jahre, 1950 in Hannover geboren. Dort
2 bin ich 1956 in die Volksschule gekommen, die hab ich dann aber nach der
vierten Klasse schon wieder verlassen und bin nach Berlin gezogen. Dann hab
4 ich dort die zehnte Klasse abgeschlossen, 1966. Und da ich mich von jeher
fürs Fotografieren interessiert habe, hab ich mir in den Kopf gesetzt, eben
6 Fotografin zu werden. Und – ich hatte schon so als zehnjähriges Kind ungefähr von meinem Vater 'nen Fotoapparat geschenkt bekommen und hab
8 überall, wo ich gerade war, 'ne Menge Fotos gemacht. Und so hab ich mich
dann als Fotolehrling in einem Modeatelier beworben. Dort hab ich dann 'ne
10 Menge Aufnahmen gemacht. Aber das hat mir alles nicht so gut gefallen, weil
ich nebenbei die Fachschule besuchen mußte. Die hab ich dann mit meinem
12 achtzehnten Lebensjahr verlassen. Dann wollte ich auf keinen Fall sofort anfangen zu arbeiten, sondern bin erst mal ein bißchen 'rumgereist in Europa,
14 war in England und in Frankreich und hab dort Modeaufnahmen gemacht,
weil ich mich auf die Mode spezialisieren wollte, und bin so nach 'nem Jahr
16 – oder ein bißchen mehr – wieder nach Berlin zurück und hier dann ins
Fotoatelier Sennekamp, wo ich weiter Modeaufnahmen gemacht habe. Und –
18 mein größter Wunsch also ist es, selbständig zu werden, und ich hoffe, daß
ich das in ein zwei Jahren erreicht haben werde.

A. Was unterscheidet Text I (S. 203) und Text IV (S. 206) vom Schreib-
bzw. vom Sprechanlaß her? – Inwiefern kann man bei Text I von einer
objektiven, bei Text IV von einer subjektiven Textform sprechen?

B. Welche sprachlichen Mittel werden in Text IV zum Ausdruck der Zeit
verwendet?

C. Welche Unterschiede (oder Übereinstimmungen) gibt es zwischen Text I
und Text IV in bezug auf den Gebrauch der Vergangenheitszeiten? – Welche Faustregel für den Gebrauch der Vergangenheitszeiten würden Sie für
die Textform I und die Textform IV geben?

4. Zusatzaufgaben zu Text IV

A. Bringen Sie Text IV – analog Text II A (S. 204) – in die objektive Form eines erzählenden Lebenslaufs! Achten Sie dabei auf den Gebrauch der Zeitformen!

B. Ersetzen Sie in diesem Lebenslauf – analog Text III A (S. 204) – die Verben durch bedeutungsähnliche Ausdrücke!

LV 2 Deutschland und ich. Ein Hundertjähriger berichtet aus seinem Leben

> Lesen Sie den Text und notieren Sie die inhaltlichen Hauptpunkte! – Versuchen Sie, Ihnen unbekannte Ausdrücke zu erschließen, bevor Sie ein Wörterbuch benutzen! – Beachten Sie die Anmerkungen auf Seite 211 ff.! – Unterstreichen Sie, was Sie nicht in Ihrem Wörterbuch finden oder nicht verstehen!

Am 18. Januar 1871 wurde König Wilhelm von Preußen im Spiegelsaal von
2 Versailles zum Kaiser eines geeinten Deutschen Reiches gekrönt. Drei Monate später, am 19. April, kam Karl Freese in Osterhorn bei Pinneberg zur
4 Welt. Dort war sein Vater Dorflehrer. Nach fünf Jahren wurde Vater Freese nach Willinghusen versetzt. In Deutschland lebten 41 Millionen Menschen.
6 Mit fünfzehn kam Karl in eine Müllerlehre. Im ersten Lehrjahr verdiente er eine Mark pro Woche, im dritten drei Mark. 1889 bekam der Müllergeselle
8 Freese schon acht Mark in der Woche, Kost und Bett waren frei. Freeses Erinnerung an diese Jahre: „Das war die gute alte Zeit. Da machte das Leben
10 noch Spaß."
Der Müllergeselle Freese ging auf die Wanderschaft, er zog von Schleswig-Hol-
12 stein hinunter nach Westfalen und arbeitete, wo und so lange es ihm gefiel.
Er kam durch Hamburg (Hafen und Handel standen in Blüte), übernachtete
14 in Herbergen für 25 und trank den Schnaps zu zehn Pfennig.
1891 wurde er Rekrut beim 3. Garderegiment in Berlin („Es war erwünscht,
16 daß man Bart trug!"). Sein Bart war freilich nicht so schön wie der Bart seines Kaisers Wilhelm II. Seinem Kaiser fühlte er sich verbunden; voller Stolz
18 erzählte noch der alte Freese später, wie er im Berliner Schloß den Kronschatz bewacht habe. Freese diente dem Kaiser drei Jahre. Noch war er Mit-
20 glied der Sozialdemokratischen Partei. Aber das sollte sich bald ändern.

Zwei Jahre warb er um die Jugendgespielin Frieda Dülsen, Bauerntochter in
22 Willinghusen. Am 22. Mai 1896 wurde sie erwartungsgemäß Frau Freese.
Friedas Herkunft garantierte ein gesichertes Leben: Wann immer es Elend
24 gab in Deutschland, fuhr man nach Willinghusen und leerte die Vorratskammer des Vaters.

26 Ein Jahr nach der Hochzeit kam Tochter Erna auf die Welt, 1898 Sohn Alwin, 1899 Tochter Martha. Freese war auf dem Gipfel seines Glücks. An den
28 Wochenenden flog er mit seiner Familie aus: per Bahn, 4. Klasse nach Pinneberg. Im Winter lief er Schlittschuh auf der zugefrorenen Alster. Wem ver-
30 dankte er dieses Glück? Dem Kaiser. Weil Seine Majestät aber die roten Rotten der Sozialdemokratie haßte, trat der brave Müllermeister (Meister-Diplom
32 1901) und Familienvater aus der Sozialdemokratischen Partei aus. Von nun
an war Politik für ihn eine Sache, die ihn nichts anging. Warum? „Man hatte
34 für solche Sachen gar keine Zeit mehr.“

1914 eilte Freese zu den Fahnen, selig wie fast alle. Endlich war Krieg. Sei-
36 ne Truppe übernahm den Küstenschutz bei Cuxhaven, später an der däni-
schen Grenze. Er überstand den ersten Weltkrieg, heil an Leib und Seele,
38 ohne einen Schuß aus seinem Karabiner abgegeben zu haben. Am 6. November 1918 reiste die deutsche Waffenstillstandskommission ins feindliche
40 Hauptquartier. Der Krieg war zu Ende, und der Kaiser ... der Kaiser dankte
ab. Karl Freese kehrte nach Hause zurück, in seine Wohnung in der Hambur-

42 ger Kampestraße 7. Seine Familie litt zwar keine Not, denn Mutter Friedas
väterlicher Bauernhof bestand noch immer. Aber Freese war arbeitslos, die
44 Mühlen standen still, was sollten sie mahlen? Freese erinnert sich: „Jetzt war
auch ich bei der Firma ‚Rumlaufer & Co.‘.“

46 Nach anderthalb Jahren Hafenarbeit nahm er 1920 ein Angebot seines früheren Chefs an, er wurde wieder Müller, Obermüller in einer großen Mühle am
48 Moorflet in Hamburg.

Sein privater Glanz — man hatte im großen Kreis seine Silberne Hochzeit ge-
50 feiert — schien zu verlöschen, als die Inflation kam. Karl Freese und seine
Frau Frieda verloren 30.000 Mark ersparten Geldes. Doch den Mut verloren
52 sie nicht. Freese wurde Betriebsleiter der Mühle und bezog ein Sieben-Zim-
mer-Haus gleich hinter seinem Arbeitsplatz, kaufte sich einen Schäferhund
54 und ein Radio. Er richtete sich ein; die Zeiten würden gewiß noch besser
werden. Und sie wurden besser. So gut, daß man sie später die „Goldenen
56 Zwanziger Jahre“ nannte. Neue Tänze lösten in Windeseile einander ab, aus
Amerika kamen Jazz-Bands herüber, die erste Rauschgift-Welle erfaßte
58 Deutschland. Daß in diesen „Goldenen Jahren“ Adolf Hitler die NSDAP neu
gründete und sein Buch „Mein Kampf“ vollendete, nahmen Freese und seine
60 Zeitgenossen nicht recht wahr. Zu viel geschah, zu viel lenkte sie ab: Die
Reichshauptstadt Berlin war ein Vulkan. Alles kochte, alles glühte, alles
62 schien zu explodieren. Die Frauen mit kurzen Röcken und Bubikopf-Frisuren
waren erregender als jemals zuvor. Eine junge Schauspielerin namens Marlene
64 Dietrich ging auf eine Weise mit ihren Beinen um, daß die Kinobesucher
ihrem Lied glauben mußten: „Ich bin von Kopf bis Fuß auf Liebe eingestellt
66 …“ Wen kümmerte es, daß die Weimarer Republik inzwischen von einem To-
deskampf in den anderen taumelte … Freeses Kinder heirateten und führten
68 ihr eigenes Leben. Freeses Leben verlief, wie er es sich immer gewünscht hatte: Arbeit und Familie füllten ihn aus. Politik? Theater? Bücher? „Man hatte
70 ja für so was keine Zeit!“

Die Republik wankte. 1929 wurde die Wirtschaftsblüte jäh zerstört: Die Welt-
72 wirtschaftskrise stürzte Karl Freeses Vaterland ins Elend. Die Bürger stürmten
die Banken, um ihre Ersparnisse abzuheben. Wer seine Arbeit nicht verlor,
74 war der glücklichste Mensch. Freese blieb Betriebsleiter am Moorfleet. Das
Putzgeschäft, das er seiner Tochter eingerichtet hatte, hielt er über Wasser.

76 Der Mann, der Deutschland aus der Wirtschaftskrise in noch größeres Elend
führte, war nicht Freeses Mann. Freese trat nicht in seine Partei ein: „Ich war
78 wohl schon zu alt, um mich für Adolf Hitler zu begeistern“, erzählte er. Am
1. Januar 1938 rief Freese den Besitzer der Mühle an und sagte: „Ich höre

210   Reihe 6

80 auf!" Sein Sohn Alwin, ein tüchtiger Maschinenbauer, wurde sein Nachfolger
in der Mühle.

82 Das, was jetzt um ihn herum geschah, betrachtete er mit der Teilnahmslosigkeit eines Mannes, der sein Leben schon hinter sich hat. Die Verfolgung der
84 Juden, der unaufhaltsame Aufbau einer Diktatur, die Politik, die zum Krieg
führen mußte — es ließ ihn kalt.

86 Aber der Krieg kam.

Mehr als das, was Hitler mit seinem Deutschland anstellte, erschütterte Freese
88 die Nachricht, daß sein Kaiser gestorben war. 1944 vertrieben Bomben die
Freeses aus Hamburg. Sie zogen wieder dorthin, woher sie gekommen waren:
90 nach Willinghusen. Als Karl Freeses Vaterland wieder einen Krieg verloren
hatte, lag Deutschland in Trümmern. Freese fuhr 1946 nach Hamburg, sah
92 Ruinen und Hunger und kehrte aufs Land zurück. In der Großstadt mußte
man fürs Kilo Kaffee 1.100 Reichsmark zahlen, für ein Ei zwölf, eine Schach-
94 tel Streichhölzer fünf Reichsmark ...

Unterdessen schickte sich ein neuer Mann an, in Deutschland Leben wieder
96 möglich zu machen. Er war nur fünf Jahre jünger als Karl Freese und hieß
Konrad Adenauer. Deutschland baute wieder auf.

98 Am Ende der fünfziger Jahre erlitt Freese einen schweren Verlust: Seine Frau
Frieda wurde zu Grabe getragen. 63 Jahre waren sie miteinander verheiratet
100 gewesen. Ein Jahr später zog er zum letzten Male in seinem Leben um: Er
mietete sich im Hamburger Altersheim St. Gertrud ein. Er sah nur noch
102 schlecht, wagte sich kaum auf die Straße und war fast taub. Zehn Jahre hatte
er noch Zeit, sich des Kaiserreichs zu erinnern. Am 4. Januar 1971, kurz
104 nachdem ein Journalist diesen Lebensbericht aufgeschrieben hatte, starb Karl
Freese.

ANMERKUNGEN:

Z. 1—2: *König Wilhelm von Preußen* — Preußen, von 1701 bis 1918 Königreich,
seit 1866 der führende Staat in Deutschland, bis 1945 das größte Land des
(früheren) Deutschen Reiches (siehe Z. 2). — Wilhelm I., von 1861 bis
1888 König von Preußen, von 1871 bis 1888 Deutscher Kaiser. Er berief
1862 *Bismarck* zum preußischen Ministerpräsidenten und Außenminister.
Z. 1—2: *Versailles* — Schloß von Versailles im Südwesten von Paris, von 1661 bis
1689 erbaut
Z. 2: *Deutsches Reich* — der deutsche Staat von 1871 bis 1945 im Zeitalter des
Bismarckschen Reiches (1871—1918), der *Weimarer Republik* (1919—
1933) und des *Nationalsozialismus* (1933—1945)
Z. 3: *Pinneberg* — seit 1875 Stadt. — Heute Kreis- und Industriestadt, nordwest-
lich von Hamburg gelegen.

Z. 11−12: *Schleswig-Holstein* − ehemalige Provinz des Königreichs Preußen (seit 1866). − Heute das nördlichste Land der Bundesrepublik Deutschland; Hauptstadt ist *Kiel.*

Z. 12: *Westfalen* − ehemalige preußische Provinz (seit 1815); Hauptstadt war *Münster.* − Heute Teil des Bundeslandes *Nordrhein-Westfalen*; Hauptstadt ist *Düsseldorf.*

Z. 15: *Rekrut* (m.) − Soldat in der ersten Ausbildungszeit

Z. 15: *Garderegiment* (n.) − Eliteeinheit (-truppe) im früheren preußischen Heer, die in Berlin und Umgebung stationiert war.

Z. 17−19: *Kaiser Wilhelm II.* − von 1888 bis 1918 Deutscher Kaiser und König von Preußen. Repräsentant einer äußerlich glanzvollen Epoche der deutschen Geschichte, deshalb der Name *Wilhelminisches Zeitalter* (siehe Z. 39−41 sowie Z. 87−88).

Z. 19−20: *Sozialdemokratische Partei* − 1878 nahm Bismarck die Attentate auf Kaiser Wilhelm I. zum Anlaß, die *Sozialistische Arbeiterpartei Deutschlands* zu verbieten. Die 1890 wiedergegründete Partei nannte sich *Sozialdemokratische Partei Deutschlands (SPD).*

Z. 29: *Alster* (f.) − Nebenfluß der *Elbe*; beide fließen in Hamburg zusammen.

Z. 30−31: *die roten Rotten der Sozialdemokratie* − *Rotte* (f.) = ungeordneter, chaotischer, gewalttätiger Haufen (von Menschen); hier: von den Konservativen (den „Rechten" oder „Schwarzen") als Schimpfwort für die Sozialdemokraten (die „Linken" oder „Roten") gebraucht.

Z. 36: *Cuxhaven* − Hafenstadt und Seebad an der Mündung der *Elbe* in die *Nordsee*

Z. 40−41: *Der Krieg war zu Ende, (...) der Kaiser dankte ab.* − Am 9. 11. 1918 dankte Kaiser Wilhelm II. ab, die *Republik* wurde ausgerufen. W. II ging nach Holland ins Exil und verzichtete am 28. 11. auf den Thron. Am 11. 11. wurde im Wald von *Compiègne* mit den Alliierten ein *Waffenstillstand* geschlossen. Damit war der *Erste Weltkrieg* (1914−1918) beendet. (Siehe Z. 87−88)

Z. 50−51: *Inflation* (f.) − von 1919 bis 1923 fortschreitende Geldentwertung und Teuerung der Lebenshaltung; im November 1923 Stabilisierung der Währung: 1 Billion Mark = 1 Renten-Mark, Ende der Inflation.

Z. 58: *NSDAP* (f.) − Nationalsozialistische Deutsche Arbeiterpartei; 1919 in München gegründet; *Adolf Hitler* seit 1921 Parteivorsitzender; nach Verbot 1925 wiedergegründet.

Z. 62: *Bubikopf-Frisuren* − kurzgeschnittene Damenfrisur; *Bubi* (m.) = Kosewort für *kleiner Junge.*

Z. 63−65: *Marlene Dietrich* − * Berlin 27. 12. 1901; Filmschauspielerin und Sängerin; seit 1937 amerikanische Staatsbürgerin. 1930 wurde sie mit dem Film *Der Blaue Engel* (siehe Abb. S. 210) weltberühmt.

Z. 71−72: *Weltwirtschaftskrise* (f.) − Februar 1929: 3,1 Mill. Arbeitslose. Dezember 1929: 1,8 Mill. Arbeitslose. Dezember 1930: 4,38 Mill. Arbeitslose. − Bei den Reichstagswahlen am 14. 9. 1930 wächst die NSDAP von bisher 12 auf 107 Mandate an. − Dezember 1931: 5,66 Mill. Arbeitslose. − Bei den Reichstagswahlen am 31. 7. 1932 erlangt die NSDAP 230 Mandate. − Dezember 1932: über 6 Mill. Arbeitslose.

Z. 75: *Putzgeschäft* (n.) − Verkauf und Reparatur von Damenhüten

Z. 86: *Aber der Krieg kam.* − Zweiter Weltkrieg (1939−1945)

Z. 87−88: *daß sein Kaiser gestorben war.* − Seit 1920 lebte Wilhelm II. in *Haus Doorn* (Provinz Utrecht); dort starb er am 4. 6. 1941.

Z. 97: *Konrad Adenauer* − * Köln 5. 1. 1876, † Rhöndorf 19. 4. 1967. 1945

Mitbegründer der *Christlich Demokratischen Union* (CDU) im Rheinland; von 1949 bis 1966 Vorsitzender der Gesamtpartei. Seit 1949 Mitglied des Deutschen Bundestages, wurde er am 15. 9. 1949 zum Bundeskanzler gewählt und blieb es ununterbrochen bis zu seinem Rücktritt am 15. 10. 1963.

Z. 103: *Kaiserreich* (n.) – der deutsche Staat von 1871 bis 1918. Kaiser Wilhelm I., 1871–1888. Kaiser Friedrich III., 1888 (99 Tage Regentschaft). Kaiser Wilhelm II., 1888–1918. 1888, das sogenannte Dreikaiserjahr.

Aufgaben zum Text

A. Geben Sie die folgenden Textstellen mit eigenen Worten wieder! (Schriftlicher Ausdruck)

1. „Kost und Bett waren frei." (Z. 8) 2. „Hafen und Handel standen in Blüte." (Z. 13) 3. „Zwei Jahre warb er um die Jugendgespielin (...)." (Z. 21) 4. „An den Wochenenden flog er mit seiner Familie aus." (Z. 27–28) 5. „1914 eilte (er) zu den Fahnen, selig wie fast alle." (Z. 35) 6. „(Er überstand den ersten Weltkrieg), heil an Leib und Seele (...)." (Z. 37) 6. „Jetzt war auch (er) bei der Firma ,Rumlaufer & Co.'." (Z. 44–45) 7. „Sein privater Glanz (...) schien zu verlöschen (...)." (Z. 49–50) 8. „Man (feierte) im großen Kreise seine Silberne Hochzeit." (Z. 49–50) 9. „Er richtete sich ein." (Z. 54) 10. „Neue Tänze lösten in Windeseile ab (...)." (Z. 56) 11. „(...) Berlin war ein Vulkan." (Z. 61) 12. „(...) Marlene Dietrich ging auf eine Weise mit ihren Beinen um, daß (man) ihrem Lied glauben (mußte): ,Ich bin von Kopf bis Fuß auf Liebe eingestellt ...'." (Z. 63–66) 13. „Arbeit und Familie füllten ihn aus." (Z. 69) 14. „Die Republik wankte." (Z. 71) 15. „Das Putzgeschäft (seiner Tochter) hielt er über Wasser." (Z. 74–75) 16. Hitler „war nicht Freeses Mann". (Z. 76–77) 17. „Das, was (...) um ihn herum geschah, betrachtete er mit der Teilnahmslosigkeit eines Mannes, der sein Leben schon hinter sich hat (...) – es ließ ihn kalt." (Z. 82–85) 18. „(Deutschland) lag in Trümmern." (Z. 90–91) 19. (,,Ein neuer Mann) schickte sich an, (...)." (Z. 95–96) 20. „Seine Frau Frieda wurde zu Grabe getragen." (Z. 98–99)

B. Fassen Sie die Lebensdaten Karl Freeses in einem erzählenden Lebenslauf zusammen! (Schriftlicher Ausdruck) – Gliedern Sie diese Daten nach folgenden Gesichtspunkten:

1. Persönliches;
2. schulische und berufliche Ausbildung;
3. beruflicher Werdegang!

Schreiben Sie in der er-Form!

C. Stellen Sie fest, was der Text an Informationen über Deutschland enthält! Notieren Sie diese Informationen stichwortartig und fassen Sie sie nach

- politischen,
- wirtschaftlich-sozialen,
- kulturellen sowie
- ideologischen Gesichtspunkten

zusammen! — Referieren Sie zunächst kurz über jeden dieser Punkte und diskutieren Sie dann darüber!

LV 3 Heinrich Böll · Über mich selbst (1958)

Geboren bin ich in Köln, wo der Rhein, seiner mittelrheinischen Lieblichkeit
2 überdrüssig, breit wird, in die totale Ebene hinein auf die Nebel der Nordsee
zufließt; wo weltliche Macht nie so recht ernst genommen worden ist, geist-
4 liche Macht weniger ernst, als man gemeinhin in deutschen Landen glaubt;
wo man Hitler mit Blumentöpfen bewarf, Göring öffentlich verlachte, den
6 blutrünstigen Gecken, der es fertigbrachte, sich innerhalb einer Stunde in drei
verschiedenen Uniformen zu präsentieren; ich stand zusammen mit Tausen-
8 den Kölner Schulkindern Spalier, als er in der dritten Uniform, einer weißen,
durch die Stadt fuhr; ich ahnte, daß der bürgerliche Unernst der Stadt gegen
10 die neu heraufziehende Mechanik des Unheils nichts ausrichten würde; geboren in Köln, das seines gotischen Domes wegen berühmt ist, es aber mehr sei-
12 ner romanischen Kirchen wegen sein müßte; das die älteste Judengemeinde
Deutschlands beherbergte und sie preisgab; Bürgersinn und Humor richteten
14 gegen das Unheil nichts aus, jener Humor, so berühmt wie der Dom, in seiner offiziellen Erscheinungsform schreckenerregend, auf der Straße manch-
16 mal von Größe und Weisheit.

Geboren in Köln, am 21. Dezember 1917, während mein Vater als Land-
18 sturmmann Brückenwache schob; im schlimmsten Hungerjahr des Weltkrieges
wurde ihm das achte Kind geboren; zwei hatte er schon früh beerdigen müs-
20 sen; während mein Vater den Krieg verfluchte und den kaiserlichen Narren,
den er mir später als Denkmal zeigte. „Dort oben", sagte er, „reitet er immer
22 noch auf seinem Bronzegaul westwärts, während er doch schon so lange in
Doorn Holz hackt"; immer noch reitet er auf seinem Bronzegaul westwärts.
24 Meine väterlichen Vorfahren kamen vor Jahrhunderten von den britischen In-
seln, Katholiken, die der Staatsreligion Heinrich VIII. die Emigration vorzo-
26 gen. Sie waren Schiffszimmerleute, zogen von Holland herauf rheinaufwärts,

lebten immer lieber in Städten als auf dem Land, wurden, so weit von der
28 See entfernt, Tischler. Die Vorfahren mütterlicherseits waren Bauern und
Bierbrauer; eine Generation war wohlhabend und tüchtig, dann brachte die
30 nächste den Verschwender hervor, war die übernächste arm, brachte wieder
den Tüchtigen hervor, bis sich im letzten Zweig, aus dem meine Mutter
32 stammte, alle Weltverachtung sammelte und der Name erlosch.

Meine erste Erinnerung: Hindenburgs heimkehrende Armee, grau, ordentlich,
34 trostlos zog sie mit Pferden und Kanonen an unserem Fenster vorüber; vom
Arm meiner Mutter aus blickte ich auf die Straße, wo die endlosen Kolon-
36 nen auf die Rheinbrücken zumarschierten; später: die Werkstatt meines Vaters: Holzgeruch, der Geruch von Leim, Schellack und Beize; der Anblick
38 frischgehobelter Bretter, das Hinterhaus einer Mietskaserne, in der die Werkstatt lag; mehr Menschen, als in manchem Dorf leben, lebten dort, sangen,
40 schimpften, hängten ihre Wäsche auf die Recks; noch später: die klangvollen
germanischen Namen der Straßen, in denen ich spielte: Teutoburger-, Eburo-
42 nen-, Veledastraße, und die Erinnerung an Umzüge, wie mein Vater sie liebte,
Möbelwagen, biertrinkende Packer, das Kopfschütteln meiner Mutter, die
44 ihren Herd liebte, auf dem sie das Kaffeewasser immer kurz vor dem Siede-
punkt zu halten verstand. Nie wohnten wir weit vom Rhein entfernt, spiel-
46 ten auf Flößen, in alten Festungsgräben, in Parks, deren Gärtner streikten;
Erinnerung an das erste Geld, das ich in die Hand bekam, es war ein Schein,
48 der eine Ziffer trug, die Rockefellers Konto Ehre gemacht hätte: 1 Billion
Mark; ich bekam eine Zuckerstange dafür; mein Vater holte die Lohngelder
50 für seine Gehilfen in einem Leiterwagen von der Bank; wenige Jahre später

waren die Pfennige der stabilisierten Mark schon knapp, Schulkameraden
52 bettelten mich in der Pause um ein Stück Brot an; ihre Väter waren arbeitslos; Unruhen, Streiks, rote Fahnen, wenn ich durch die am dichtesten besie-
54 delten Viertel Kölns mit dem Fahrrad in die Schule fuhr; wieder einige Jahre
später waren die Arbeitslosen untergebracht, sie wurden Polizisten, Soldaten,
56 Henker, Rüstungsarbeiter – der Rest zog in die Konzentrationslager; die
Statistik stimmte, die Reichsmark floß in Strömen; bezahlt wurden die Rech-
58 nungen später, von uns, als wir, inzwischen unversehens Männer geworden,
das Unheil zu entziffern versuchten und die Formel nicht fanden; die Sum-
60 me des Leidens war zu groß für die wenigen, die eindeutig als schuldig zu erkennen waren; es blieb ein Rest, der bis heute nicht verteilt ist.

62 Schreiben wollte ich immer, versuchte es schon früh, fand aber die Worte
erst später.

ANMERKUNGEN:

Z. 1:   *mittelrheinisch* – (abgeleitet von:) *Mittelrhein* (m.); der 126 km lange Ab-
             schnitt des Rheins von Bingen nach Bonn; von Basel nach Bingen (358 km)
             Oberrhein; von Bonn bis zum Nordseedelta (212 km) *Niederrhein*
Z. 1:   *Lieblichkeit* (f.) – (abgeleitet von:) *lieblich*; (in bezug auf eine Landschaft:)
             hübsch, freundlich, anmutig, heiter
Z. 2:   *überdrüssig* – *überdrüssig sein + N + G*; (hier:) von einer Sache genug ha-
             ben, einer Sache müde sein
Z. 2:   *Ebene* (f.) – (hier:) das niederrheinische Tiefland (siehe Z. 1)
Z. 3:   *weltliche Macht* (f.) – Herrschaft des Staates
Z. 3–4:   *geistliche Macht* (f.) – Herrschaft der katholischen Kirche
Z. 4:   *gemeinhin* – gewöhnlich, im allgemeinen, meistens
Z. 4:   *in deutschen Landen* – poetische Ausdrucksweise
Z. 5–9:   *Göring, Hermann* – nationalsozialistischer Politiker; * Rosenheim (Bay-
             ern), † Nürnberg 15. 10. 1946 (Selbstmord durch Gift); seit 1922 Mitglied
             der NSDAP; schuf das preußische Geheime Staatspolizeiamt; ließ nach
             dem Reichstagsbrand vom 27. 2. 1933 4000 kommunistische Funktionäre
             verhaften; seit 1935 Oberbefehlshaber der Luftwaffe; seit 1938 General-
             feldmarschall. Am 1. 9. 1939 bestimmte Hitler ihn zu seinem Nachfolger
             im Falle seines Todes. Geriet 1945 in amerikanische Gefangenschaft; 1946
             in Nürnberg zum Tode durch Erhängen verurteilt.
Z. 6:   *blutrünstig* – mordgierig; mit Mord und Totschlag beschäftigt
Z. 6:   *Geck* (m.) – jemand, der sich in übertriebener Weise selbst gefällt; eitler
             Mensch; (hier:) jemand, der übertriebenen Wert auf modische Kleidung
             legt, Modenarr
Z. 7–8:   *Spalier stehen* – sich auf beiden Seiten des Weges in einer Reihe (in Rei-
             hen) aufstellen
Z. 9–10:   *ausrichten* – (hier:) *ausrichten + N + etwas/nichts + P/gegen-Akk.*; nichts
             tun können, nichts erreichen, nichts bewirken, nichts durchsetzen
Z. 11:   *gotisch* – aus der Zeit der *Gotik* (f.) stammend; Stilepoche der europä-
             ischen Kunst; Mitte des 12. bis Anfang des 15. Jahrhunderts in Italien,
             des 16. Jahrhunderts im übrigen Europa. Der *Kölner Dom* wurde 1248

	begonnen; Fortführung der Arbeiten bis 1560; Wiederaufnahme des Baues und Vollendung nach den alten Plänen erst von 1842 bis 1880.
Z. 12:	*romanisch* – aus der Zeit der *Romanik* (f.) stammend; Stilepoche der europäischen Kunst von etwa 1000 bis 1250
Z. 13:	*preisgeben* – (hier:) nicht mehr schützen, ausliefern
Z. 14–15:	*in seiner offiziellen Erscheinungsform* – vielleicht eine Anspielung auf den organisierten Karneval
Z. 17–18:	*Landsturm* (m.) – bis 1918 das Aufgebot aller waffenfähigen Männer bis zum 45. Lebensjahr, die nicht im Heer dienten (gegen Ende des Zweiten Weltkriegs bis zum 60. Lebensjahr)
Z. 18:	*Wache schieben* – als Wachtposten Dienst tun
Z. 20–23:	*den kaiserlichen Narren* – *Narr* (m.), (hier:) dumme, nicht ernst zu nehmende, lächerliche Person, Hanswurst; (gemeint:) Wilhelm II. (1888–1918), Deutscher Kaiser und König von Preußen. Im November 1918 ging er nach Holland. Dort lebte er nach seinem Verzicht auf den Thron in Haus Doorn (Provinz Utrecht), wo er im Juni 1941 starb.
Z. 22:	*Bronzegaul* (n.) – *Bronze* (f.), eine Kupfer-Zinn-Mischung; *Gaul* (m.), altes Pferd, (hier:) abwertend gemeint
Z. 24–26:	*Heinrich VIII.* – englischer König (1509–1547), † Westminster 1547; sechsmal verheiratet. Obwohl gläubiger Katholik, trennte er England von der römisch-katholischen Kirche und unterstellte sie der königlichen (weltlichen) Herrschaft. Der Grund war H.'s Wunsch, sich von seiner Gattin Katharina scheiden zu lassen, um Anna Boleyn zu heiraten.
Z. 33:	*Hindenburg, Paul von* – der populärste deutsche Heerführer im ersten Weltkrieg (1914–1918); seit 1916 Chef des Generalstabs des Feldheeres; leitete nach dem Waffenstillstand mit den Alliierten den Rückmarsch des deutschen Heeres aus den besetzten Ländern
Z. 37:	*Leim* (m.) – Klebstoff, (hier:) Tischlerleim
Z. 37:	*Schellack* (m.) – Material, das für die Herstellung von Lacken und Möbelpolituren verwendet wird
Z. 37:	*Beize* (f.) – (hier:) Mittel, um die Oberfläche von Holz zu färben
Z. 40:	*Reck* (m.) – Querstange aus Metall
Z. 41–42:	*Teutoburgerstraße* – soll an die Hermannsschlacht im Teutoburger Wald erinnern: 9 n. Chr. schlug Armin an der Spitze eines Bundes germanischer Völker drei römische Legionen unter Varus.
Z. 41–42:	*Eburonen* (Plural) – keltischer Stamm am Niederrhein, siedelte auch in dem Gebiet um Köln. Von den Germanen besiegt, lebten die E. zeitweise unter germanischer Herrschaft.
Z. 46:	*Floß* (m.) – Wasserfahrzeug aus zusammengebundenen Baumstämmen
Z. 48:	*Rockefeller* – (hier wohl:) John Davison (1839–1937). Seine Erdöl- und Raffineriegeschäfte machten ihn damals zum reichsten Mann der Welt.
Z. 47–53:	*Erinnerung an das erste Geld, (...)* – von 1919 bis 1923 ständig fortschreitende Inflation und Teuerung der Lebenshaltung; im November 1923 Stabilisierung der Währung (1 Billion Mark = 1 Goldmark): Ende der Inflation; von 1923 an steigende Zahl der Arbeitslosen bis auf über 6 Millionen im Dezember 1932
Z. 56:	*Henker* (m.) – jemand, der im Dienst eines Scharfrichters steht und die zum Tode Verurteilten „aufhängt"
Z. 56:	*Rüstungsarbeiter* (m.) – Arbeiter in einem Zweig der Industrie, die Waffen und Kriegsmaterial produziert
Z. 56:	*Konzentrationslager* (n.) – (abgekürzt:) KZ; von den Nationalsozialisten (Nazis) eingerichtete Sammellager für alle, die sie verfolgten; seit Beginn

des Zweiten Weltkriegs (1939–1945) vor allem für Juden aus Deutschland und den besetzten Ländern. Rechtlosigkeit der Insassen, Hunger, Krankheit, harte Arbeit und Folter, später systematischer Mord an Hunderttausenden machten die KZs zum meistgefürchteten Machtinstrument der Nazi-Diktatur.

Z. 58: *unversehens* – plötzlich, überraschend, ohne es zu bemerken
Z. 59: *entziffern* – (hier:) die Bedeutung, den Sinn herausfinden
Z. 59: *Formel* (f.) – (hier:) kurze, treffende Bestimmung der Bedeutung, des Sinns einer Handlung, eines Vorgangs, eines Geschehens

Böll, Heinrich (* 21. 12. 1917) Sohn eines Schreiners. Arbeitsdienst. Soldat. Studium der Germanistik, Behördenangestellter. Seit 1951 als freischaffender Schriftsteller in Köln. Aufenthalt in Irland. Reisen u. a. in die Sowjet-Union. 1964 Dozent für Poetik an der Univ. Frankfurt a. M.; H. B. erhielt 1972 den Nobelpreis für Literatur. – Erzähler, Herkunft von der Trümmerliteratur; anfangs knappe Prosaformen, später Verwendung kunstvoller Erzähltechniken. Satiren, Aufnahme von Stilmitteln der Groteske. Essayist, starkes, moralisches Engagement auch in politischen Fragen. Verfasser von Hörspielen und Dramen. Lyriker. Übersetzer, besonders von irischer Literatur.

ROMANE (bis 1976): *Wo warst du, Adam?*, 1951. – *Und sagte kein einziges Wort*, 1953. – *Haus ohne Hüter*, 1954. – *Billard um halbzehn*, 1959. – *Ansichten eines Clowns*, 1963. – *Gruppenbild mit Dame*, 1971. – ERZÄHLUNGEN (Ausw.): *Wanderer, kommst du nach Spa...*, 1950. – *Doktor Murkes gesammeltes Schweigen*, 1958. – *Ende einer Dienstfahrt*, 1966. – *Die verlorene Ehre der Katharina Blum, oder Wie Gewalt entstehen und wohin sie führen kann*, 1974.

Aufgaben zum Textverständnis

1. Im 1. Abschnitt (Z. 1–16) beschreibt Böll die Menschen seiner Heimatstadt. Was würden Sie aufgrund der Lektüre dieses Abschnitts über die Kölner Bevölkerung sagen (z. B. was ihre politische Haltung betrifft)?

2. Was erfahren wir an konkreten Einzelheiten über die Eltern?

3. Auch über die Weimarer Republik schreibt Böll nicht abstrakt, sondern in Bildern, die über die Notsituation Auskunft geben.
   Was bedeuten in diesem Zusammenhang die Hinweise
   – auf die „Zuckerstange" (Z. 49);
   – auf den „Leiterwagen" (Z. 50);
   – auf die bettelnden Schulkameraden (Z. 51–52)?

4. Wie verstehen Sie die Textstelle „wieder einige Jahre später ..... in die Konzentrationslager" (Z. 54–56)?

5. Wie verstehen Sie die Textstelle „die Statistik stimmte ..... nicht verteilt ist" (Z. 56–61)?

Viele Ereignisse, die Böll anspricht, sind Ihnen aus anderen Texten dieser Reihe bekannt. Vergleichen Sie in diesem Zusammenhang folgende Einzelheiten:

6. Freese (LV 2, S. 207 ff.) denkt an seine Kindheit und Jugend mit dem Satz zurück: „Das war die gute alte Zeit. Da machte das Leben noch Spaß." (Z. 9–10) – Kästner denkt anders über die Zeit, in der er Kind war. Woran erkennen Sie das? – Auch Böll, eine Generation jünger als Kästner, zwei Generationen jünger als Freese, sieht die Zeit, in der er seine Kindheit verbrachte, nicht als „die gute alte Zeit". Was schreibt er dazu?

7. In welcher Weise berichtet Freese vom Kaiser, in welcher Weise tut es Böll?

8. Freese, Kästner und Böll erinnern sich an die Weimarer Republik. Vergleichen Sie die drei Texte unter diesem Gesichtspunkt! In welcher Weise ergänzen sie sich?

9. Welche Rolle spielen Heimat und Familie für Böll? Welche Rolle spielen sie für Freese und Kästner?

10. Kästner und Böll, aber auch Freese berichten über die Zeit der nationalsozialistischen Diktatur. Inwieweit gleichen oder unterscheiden sich ihre Standpunkte?

LV 4 Zwei Frauen

NINA

ist 27. Sie ist Lehrerin. Sie lebt seit 5 Jahren mit einem Germanisten zusammen. Sie hat keine Kinder.

„Seit ich mit Peter zusammen bin, hat sich in meinem Leben viel geändert.
2 Ohne ihn hätte ich damals mein Studium sicher nicht abgeschlossen. Er hat mich immer dazu gedrängt. Er hat gefunden, ich sollte unbedingt einen eige-
4 nen Beruf haben. Das finde ich inzwischen natürlich auch, ganz klar. Aber manchmal habe ich das Gefühl, daß ich es eigentlich nur seinetwegen ge-
6 macht habe. Für ihn hatte ich plötzlich einen Beruf. Ich habe lange gebraucht, bis ich gemerkt habe, daß ich auch für mich mit dem Lehrerberuf was anfan-
8 gen konnte. Das ärgert mich noch heute. Ich denke manchmal, ich müßte noch mal was anderes machen, ein neues Studium oder so, um von Anfang
10 an das Gefühl zu haben, das ist mein Beruf, das habe ich meinetwegen gemacht und nicht Peter zu Gefallen. Wenn ich ganz ehrlich bin, ich erlebe

12 meinen Beruf immer noch nicht als etwas total Eigenes, obwohl ich da ja,
auch über die Gewerkschaftsarbeit, wirklich voll drinstecke. Aber ich weiß auch,
14 daß Peter das imponiert, wenn ich so aktiv durch die Gegend sause. Und
so linse ich immer mal zu ihm rüber, wie er das wohl findet, was ich so ma-
16 che. So, als könnte ich meine Aktivitäten einfach nicht voll für mich in Anspruch nehmen. Das macht mich manchmal unheimlich wütend auf Peter.
18 Der ist dann immer ganz erstaunt und kapiert überhaupt nichts mehr. Der
versteht das einfach nicht. Der denkt in seinem Männerkopf, was will die
20 denn, die macht doch ihre eigene Sache. Er sieht es eben aus einer männlichen Welt heraus: was man tut, tut man aus eigener Motivation heraus, da
22 gibt's doch keine Frage! Ich fühle mich einfach nicht so richtig selbständig,
obwohl ich weiß, daß ich es objektiv bin. Das ist so ein innerer Widerspruch,
24 der mich unheimlich verwirrt. Und wenn ich dann mal einen eigenen Einfall
habe, sofort habe ich den Impuls, damit zu Peter zu laufen. Manchmal habe
26 ich mich im Verdacht, daß ich, wo ich geh' und steh', seinen Segen brauche.
Und dieses Gefühl der Abhängigkeit, das doch gar keine objektive Grundlage
28 hat, macht mich oft so böse auf ihn. Und dann habe ich auch wieder ein
schlechtes Gewissen, weil er doch für meine Angst vor der Selbständigkeit
30 nichts kann. Zum Beispiel auf Gewerkschaftssitzungen, wenn ich mich gut
finde, dann denke ich zwar, Mensch, jetzt warst du Klasse! Aber fühlen tue
32 ich: das würde Peter begeistern. So, als könnte ich mich selbst nur durch
ihn definieren. Mich macht das nicht nur wütend. Mich macht meine Muster-
34 schülerinnen-Mentalität richtig depressiv. Und schämen tue ich mich auch.
Wenn die Leute sagen, ich sei so aktiv und erfolgreich im Beruf, weiß ich
36 manchmal nicht, ob ich überhaupt gemeint bin. Dabei haben sie doch recht.
Aber mir fehlt einfach der richtige Dreh, um das gefühlsmäßig voll und ganz
38 als etwas Eigenes zu erleben und nicht als etwas, was ich nur für jemand
anderes tue, um anerkannt zu werden."

Gabriele Wohmann · Über meine Mutter

Allenthalben und ringsum sind die Beziehungen qualitativ schlecht, sind
2 nichts Besonderes. Jeder schützt doch irgendwie sich selber davor, zu viel
empfinden zu müssen. Es ist nicht zuträglich, einander allzu gern zu haben.
4 In einer Zusammengehörigkeit darf einer nicht selbst ganz verschwinden. In
einer Anhänglichkeit darf einer nicht sich selber verlorengehen. In der
6 Zweierbeziehung muß jeder Partner ein eigenes Selbst entwickeln, es kaltblü-
tig gewissenhaft hegen und fördern. Er muß etwas Unabhängiges von sich
8 aus der Bindung mit dem anderen Partner heraushalten. Dieses Unabhängige

sollte gefühllos vom anderen geschieden bleiben, so daß es nicht zu irgend-
10 einem Zeitpunkt wie etwa dem des Todes oder auch nur einer banaleren
Trennung in die Gefahr kommen kann, von Empfindungen heimgesucht zu
12 werden.

So hat die Mutter 53 Jahre lang eindeutig nicht gelebt. Wenn die Leute mit
14 den fahleren Gefühlsbindungen und dem aus der Zusammengehörigkeit her-
ausgehaltenen Selbstinteresse es richtig machen, so hat sie alles das gründlich
16 falsch gemacht. Ihr aber ist ebenfalls die Selbstverwirklichung gelungen, und
wahrhaft vorzüglich, wie denn nur? Sie hat sich doch in 53 Jahren nie unzu-
18 frieden verleugnet gefühlt. Die Mutter hat ihr eigenes Wesen mit jeglichem
Wunsch, mit jeder Anlage, Erwartung, existenzieller Hoffnung, und zwar
20 ganz und gar persönlich, in der Beziehung zu dem Mann verwirklicht, den sie
geheiratet hat.

22 Aber hat sie denn privat und tatsächlich nur für sich selber überhaupt nichts
unternommen? Oh doch, sie nahm jahrelang Gesangsunterricht, sie ließ ihre
24 Stimme regelrecht ausbilden, sie sang in einem Madrigalchor mit. Sie hat
Klavier nicht nur bei bestimmten Gelegenheiten gespielt, sie hat auch geübt
26 und ihre Kinder zu Soloinstrumenten begleiten können. War das alles? Sie
hat doch mit diesen musikalischen Initiativen dann aufgehört, umständehal-
28 ber, in den Kriegszeiten, Nachkriegszeiten, warum nahm sie denn nichts wieder auf, warum hat sie nichts Eigenes mehr gepflegt? Wieso soll denn dieses
30 Eigene nicht ihre Familie gewesen sein? Sie war doch verantwortlich für ein
Klima des freundlichen Wohlergehens und der Verträglichkeit, der Sympa-
32 thien. Ist das nicht eine unüberschätzbare eigene große Leistung, für eine
Gruppe von Personen den Eindruck der selbstverständlichen, unzerstörbaren
34 Geborgenheit zu schaffen? Ihre Integration in diese verwandtschaftliche
Gruppe ist ihr in 53 Jahren nie als eine Einbuße und auch nicht als ein Feh-
36 ler aufgefallen. So kann es kein Fehler gewesen sein, da es für sie kein Fehler war.

38 Und objektiv gesehen? Zum Trauern um einen lieben Menschen bleibt ja sowieso genug Material übrig, wissen normale Witwen. Er würde ihr schon aus-
40 reichend fehlen. Hat sie denn so radikal leiden wollen? Darauf angelegt hat
sie es. Da muß sie nun sehen. Es war schon unüberlegt. Sie beklagt sich über-
42 haupt nicht.

Wohmann, Gabriele (* Darmstadt 21. 5. 1932) Studium der Neueren Sprachen und der Musik. Lehrerin. Lebt als freischaffende Schriftstellerin in
Darmstadt. – Erzählerin; Verfasserin von Hör- und Fernsehspielen; Lyrikerin.

WERKE (Auswahl): *Jetzt oder nie*, Rom., 1958. – *Sieg über die Dämmerung*, Erz.,
1960. – *Abschied für länger*, Rom., 1965. – *Erzählungen*, Auswahl aus Arbeiten der
Jahre 1956 bis 1966. – *Die Bütows*, Mini-Rom., 1967. – *Sonntags bei Kreisands*, Erz.,
1970. – *Ernste Absicht*, Rom., 1970. – *Entziehung*, Materialien zu einem Fernsehfilm,
1974. – *Paulinchen war allein zu Haus*, Rom., 1974. – *Schönes Gehege*, Rom., 1975.
– *Ausflug mit der Mutter*, Rom., 1976. (Stand: Ende 1976)

Aufgaben zum Textverständnis

– *Was für Texte sind das? Welchen Aussagewert haben diese Texte für Sie
persönlich in bezug auf die darin beschriebenen Personen? Welcher der
beiden Texte hat Sie mehr oder direkter angesprochen – und warum?*

– *Wie erlebt Nina ihren Beruf und
ihre sonstigen Aktivitäten? Welche Auswirkungen hat das auf ihr
Zusammenleben mit Peter?*

– *Wie selbständig (unselbständig)
und aktiv (passiv) ist – aus der
Sicht G. Wohmanns – die Mutter
in ihrer Rolle als Ehefrau?*

– *In welcher Hinsicht fühlt sich
Nina von Peter unverstanden? Wie
begründet sie dieses Unverständ-
nis?*

– *Glaubt G. Wohmann, daß sich die
Mutter von Ihrem Mann unverstanden fühlte? Wenn ja, in welcher Hinsicht? Wenn nein, warum
nicht?*

– *Fühlt sich Nina selbständig, unabhängig, autonom?*

– *Worin erkennt G. Wohmann die
Selbständigkeit ihrer Mutter?*

– *Worin besteht der „Widerspruch"
(Z. 23), von dem Nina spricht?*

– *Woran liegt es, daß die Mutter
diesen Widerspruch nicht kennt?*

– *In welcher Weise unterscheidet sich die Einstellung der beiden Frauen zu
ihren Mitmenschen, besonders in einer Partnerschaft?*

– *Aus welchem Anlaß sind diese Texte nach Ihrer Meinung entstanden? Sind
Ihnen Ausdrucksmittel aufgefallen, die jeweils charakteristisch sind für die
Art der Texte?*

Reihe 7

Minimalbestand und die Abfolge seiner Teile

1   **Ein Brief aus dem Krankenhaus** (S. 224–225) – *mit:*
1. (S. 226–227); 2. (S. 227–228)

2   **LV 1**   Die Krankenversicherung (S. 260–263)

3   **Aufgaben zur Fragebildung** (S. 228) – *parallel dazu:*

4   **Dialogische Wiedergabe des Textinhalts** (S. 228–229/TB)

5   **LV 2**   Gesundheit steht an erster Stelle (S. 264)

6   **Übungen zur Wiederholung und zur Erweiterung der Ausdrucksmittel**
(S. 230 ff.) – *insbesondere:*
4. (S. 230); 5.1 bis 5.4 (S. 230–231); 6.1 und 6.2 (S. 231); 6.4 bis
6.7 (S. 232–233)

7   **LV 3**   Beim Arzt in Stadt und Land (S. 265–268) – *mit:*
Die Gliederung eines Textes (S. 268); Aufgaben (S. 269)

8   **Übungen zu den Bedeutungen der Modalverben** (S. 233 ff.) – *als
Schwerpunkte:*
2. Modalverben als Ausdrucksmittel für eine Vermutung (S. 237–239);
3. Übungen (S. 239–240);
4. *müssen* als Ausdrucksmittel für eine Bedingung (S. 240–241);
6. *mögen* (S. 244 ff.) – *insbesondere:*
   – 6.1 bis 6.5 (S. 244–247);
7. *sollen, wollen* (S. 250 ff.) – *insbesondere:*
   – 7.1 Behauptung (S. 250–252);
   – 7.2 Empfehlung (S. 252–253);
   – 7.3 *sollen, wollen:* Übungen (S. 254–255)   *parallel zu*   **8** :

9   **Aufgabe zum schriftlichen Ausdruck** (S. 255–256) – *sowie:*

10   **LV 4**   Wie ein Baby (S. 269–271) – *mit:*
Aufgaben: 1. bis 3. (S. 271)

Ein Brief aus dem Krankenhaus

Shirin Hamdam 53 Bonn, den 15. 12. d. J.
z. Zt. Städt. Krankenhaus
Rhein-Allee 7
Zi. 301

Liebe Renate,

ich muß Dir etwas Trauriges erzählen. Aber Du darfst
nicht erschrecken! Ich liege nämlich im Krankenhaus.
Vorgestern hat man mir den Blinddarm herausgenommen.
Die Sache ging so: Anfang letzter Woche litt ich unter
heftigen Bauchschmerzen. Donnerstag abend mußte ich
mich übergeben. Außerdem hatte ich schon tagelang
Verstopfung. Trotzdem konnte ich mich nicht entschließen,
etwas zu unternehmen. Am Samstag wurde mir
dann wieder übel. Spät abends nahm die Übelkeit so zu,
daß Jutta, meine Freundin, die mich an diesem Tag besuchte, ihre Ärztin rufen wollte. Das aber schien mir
übers Wochenende ein ziemlich großes Problem zu sein;
denn weder diese Ärztin noch eine andere waren
erreichbar. Inzwischen stieg das Fieber auf 39,5.
Kurz entschlossen wählte Jutta die Nummer des Notarztes.
Sie beschrieb ihm meine Krankheitsmerkmale. Schon nach
20 Minuten war er bei uns. Da es das erstemal war, daß
mich ein Arzt untersuchte - und keine Ärztin -, gemerkt
ich mich ein bißchen. Er wollte nur wissen, ob es ein
lang anhaltender oder ein stechender Schmerz sei. Es hat
jedenfalls wahnsinnig weh, als er mir auf den Bauch
drückte. Anschließend schrieb er etwas. Es war aber nicht
etwa ein Rezept, sondern ein Einweisungsschein fürs
Krankenhaus. „Sie haben eine akute Blinddarmentzündung", sagte er.

Auf dem Weg ins Krankenhaus meinte Jutta, ich würde
sicher von einem Arzt untersucht werden und nicht von
einer Ärztin. Das sei hier so üblich.

In der Aufnahme übergab ich zunächst den Einweisungsschein. Eine Schwester fragte nach meiner Krankenversicherung. Ich hatte keine Ahnung, was sie damit
meinte. Jutta erklärte ihr, ich sei Privatpatient.
Zu meiner großen Überraschung mußte ich gleich für
10 Tage im voraus bezahlen. Mehr Geld, als ich dafür
brauchte, hatte ich aber gar nicht zur Verfügung.
Könntest Du mir deshalb vielleicht mit 500 Mark aus-
helfen, bis mein Vater Geld schickt?

Als ich dann in meinem Bett lag, fragte ich die
Stationsschwester, ob Jutta dableiben dürfe. Aber so
etwas ist hier anscheinend ganz unmöglich. Und
Besuchszeit ist nur dreimal in der Woche! Kann man
da überhaupt gesund werden?

Den ganzen Sonntag durfte ich nichts essen, mein Magen
sollte für die Operation leer bleiben. Montag früh
wollte ich meinen Eltern noch ein Telegramm schicken,
doch dazu kam es nicht mehr. Schon um sieben sah
der Chefarzt nach mir. Kurze Zeit später ließ er mich
in den Operationssaal fahren.

Die Operation muß ziemlich lange gedauert haben. Die
Schwester konnte mir aber nicht erklären, warum.
Sie kommt aus Südkorea und ist noch nicht lange in
der Bundesrepublik. (Übrigens – der Assistenzarzt dürfte –
dem Akzent nach – aus dem Iran sein.)

Wenn alles gut geht, läßt man mich am kommenden
Montag wieder nach Haus. Nach der Entlassung bin ich
dann sicher nicht in der Lage, gleich wieder voll zu arbeiten.
Und so etwas muß mir nun ausgerechnet hier passieren!
Laß bald von Dir hören! Viele liebe Grüße
                                    von Deiner Shirin.

1. Erklärungen zum Text

Z. 8:   **Blinddarm** (m.) — Appendix (m.); das deutsche Wort Blinddarm bezeichnet eigentlich den unteren sackähnlichen Anfang des Dickdarms, an dessen Ende sich der 8 cm lange Anhang (= Appendix) befindet.

Z. 11:   **sich übergeben + N** — was man im Magen hat, wieder ausspucken; Beispiel: Das scharfe Essen ist mir anscheinend nicht gut bekommen; *ich habe mich danach mehrmals übergeben.* (.....; ich *habe danach mehrmals gebrochen.*)

Z. 12:   **Verstopfung** (f.) — Er leidet an Verstopfung. Das heißt: Er hat keinen (regelmäßigen) Stuhlgang (= Gang auf die Toilette).

Z. 14:   **übel** — (hier:) *es wird + D + übel* oder *D + wird übel. Ihr wird dauernd übel.* (Sie leidet an Übelkeit.) Das heißt: Ihr schlechtes Befinden ist mit dem Gefühl verbunden, brechen (sich übergeben) zu müssen.

Z. 20:   **kurz entschlossen** — ohne lange zu überlegen

Z. 20:   **Notarzt** (m.) — Für den Fall, daß man seinen Hausarzt nicht erreichen kann, stellt die Stadt einen oder mehrere Ärzte für dringende Hausbesuche zur Verfügung.

Z. 21:   **Merkmal** (n.) — ein Zeichen oder eine Eigenschaft, woran jmd. oder etwas zu erkennen ist: Schnupfen, Kopf-, Hals- oder Gliederschmerzen sind Merkmale einer Erkältungskrankheit.

Z. 23:   **sich genieren + N + vor-Dat.** — *Shirin genierte sich vor dem fremden Arzt.* Sh. schämte sich vor ihm. *sich schämen + N + vor-Dat.* Sh. fühlte sich vor ihm unsicher (gehemmt). *sich unsicher (gehemmt) fühlen + N + vor-Dat.*

Z. 26:   **wahnsinnig** — (hier:) außerordentlich

Z. 28:   **Einweisung** (f.) — (abgeleitet von:) *einweisen + N + R. Der Arzt hat den Patienten* (wegen akuter Blinddarmentzündung) *in das Klinikum der Universität eingewiesen (einliefern lassen).*

Z. 29:   **Entzündung** (f.) — (abgeleitet von:) *sich entzünden + N. Sein rechter Daumen hat sich entzündet.* Sein rechter Daumen *ist entzündet.* Er *hat eine Entzündung* am rechten Daumen. Das heißt: Diese Stelle des Körpers ist gerötet, dick (geschwollen), vielleicht auch offen.

Z. 29: **akut** – plötzlich auftretend; heftig; sich schnell und heftig entwikkelnd

Z. 35: **Krankenversicherung** (f.) – soziale Einrichtung, die dem Versicherten für den Fall einer Krankheit bestimmte (festgesetzte) finanzielle Hilfen gibt für ärztliche Untersuchung und Behandlung, Medikamente, Operation, Krankenhausaufenthalt usw.

Z. 37: **Privatpatient** (m.) – Ein Patient läßt sich zunächst *auf eigene Kosten (privat)* behandeln. Ob ihm dann diese Kosten zurückerstattet werden oder nicht, hängt davon ab, ob er Mitglied einer privaten Krankenversicherung ist oder aber tatsächlich *selbst (aus eigener Tasche)* bezahlt. (Zusätzliche Informationen liefert LV 1 dieser Reihe.)

Z. 44: **Station** (f.) – (hier:) Abteilung in einem Krankenhaus: *Der Patient liegt auf Station 13.*

Z. 44: **Stationsschwester** (f.) – leitende Schwester einer Station im Krankenhaus

Z. 62: **ausgerechnet** hier – das heißt: *gerade* hier, wo Sh. so etwas nicht erwartet hätte; Beispiele: *Ausgerechnet mir muß das passieren! Muß das ausgerechnet jetzt sein, wo ich so viel zu tun habe!*

2. Fragen zum Inhalt des Textes

1. Sagen Sie etwas über das Verhältnis zwischen der Absenderin und der Empfängerin dieses Briefes!
2. Weshalb schreibt Shirin diesen Brief?
3. Was berichtet Shirin über den Verlauf ihrer Erkrankung?
4. Welche Erfahrung macht Shirin in Bezug auf ärztliche Hilfe am Wochenende?
5. Wie läßt sich wohl Shirins Unsicherheit in Bezug auf eine Untersuchung durch einen *Arzt* erklären?
6. Welche Überraschungen erlebt Shirin bei ihrer Einlieferung ins Krankenhaus? – Welche Papiere braucht man also, wenn man hierzulande in ein Krankenhaus eingewiesen wird?
7. Welchen Wunsch hat Shirin, als sie sich im Krankenhaus befindet? – Worauf deutet ihre Äußerung hin: „Aber so etwas ist hier anscheinend ganz unmöglich."?

(Fortsetzung S. 228)

8. Shirin kann – wie ihr Brief zeigt – gut Deutsch. Nach der Operation jedoch gibt es für sie Sprachschwierigkeiten. Weshalb? – Worauf lassen ihre Mitteilungen in diesem Zusammenhang (Z. 54–58) schließen?
9. Was möchte Shirin wohl zum Ausdruck bringen, wenn sie schreibt: „Und so etwas muß mir nun ausgerechnet hier passieren!'"?
10. Was ist bei Ihnen zu Haus bemerkenswert anders, als es von Shirin in diesem Brief geschildert wird?

3. Aufgaben zur Fragebildung

Stellen Sie zu den folgenden Punkten so viele Fragen wie möglich!

Erfragen Sie:

1. die Herkunft von Shirin;
2. den Anlaß für ihren Brief;
3. die Art ihrer Erkrankung;
4. die ersten Krankheitszeichen;
5. die Fiebertemperaturen;
6. die Art der Schmerzen;
7. die ärztliche Hilfe am Wochenende;
8. die Aufnahmebedingungen in ein Krankenhaus;
9. die Mitgliedschaft bei einer Krankenversicherung;
10. die finanzielle Situation von Shirin;
11. die Besuchszeiten im Krankenhaus;
12. den Krankenhausaufenthalt im Falle einer Blinddarmentzündung!

4. Dialogische Wiedergabe des Textinhalts

Die eingeklammerten Stichwörter sollen nur Hinweise auf den Inhalt geben, sie brauchen nicht unbedingt verwendet zu werden.

Beispiel:

A (überrascht) ! *(Brief von Shirin)* !

– Ach – ein Brief von Shirin!   → *Stichwort verwendet*
– Da liegt ja ein Brief von Shirin!   → *Stichwort in erweitertem Kontext*
                                    verwendet
– Shirin hat mal wieder geschrieben?   → *Stichwort inhaltlich wiedergegeben*
  Das ist aber eine Überraschung!

> Versuchen Sie es ähnlich! – Beziehen Sie sich dabei immer auf den Inhalt
> des Briefes!

A (überrascht)	! (Brief von Shirin) ! ? (Inhalt) ?	
B	! (Blinddarmoperation) ! : (Zeit)	
A (erschrocken)	! (Blinddarm) ! ? (Aufenthalt) ?	
B	: (Ort)	
A (hoffend)	: (Krankheit: rechtzeitiges Erkennen)	
B (mitteilend)	: (Shirins Befinden vor der Operation)	
A (verwundert)	? (Arzt) ?	
B (erläuternd)	: (Wochenende: Schwierigkeiten) : (Notarzt)	
A (besorgt)	? (Besucher/Besucherinnen) ?	
B (beruhigend)	: (Freundin)	
A (erfreut)	! (Erleichterung) ! ? (Hilfe) ?	
B	: (Geld) : (Vorausbezahlung bei Einlieferung)	
A (hoffend)	! (Gesundheit, Erholung) !	
B (bestätigend)	: (Arzt: Bedingung und Zeit für Entlassung)	

LV2

5. Übungen zur Wiederholung und zur Erweiterung der Ausdrucksmittel

1. **Ergänzen Sie, ohne den Inhalt zu verändern!**
   a) Man hat ihm ... Blinddarm ...genommen.
   b) Ihm ist d.. Blinddarm ... .
   c) Man hat ... ... Blinddarm operiert.
   d) ..... operiert worden.
   e) *einer Operation unterziehen + N + A* → ..... .

2. **Ergänzen Sie, ohne den Inhalt zu verändern!**
   a) Weder Juttas Hausärztin noch irgendein anderer Arzt waren über das Wochenende ... . (erreichen)
   b) Man ..... .

3. **Ergänzen Sie, ohne den Inhalt zu verändern!**
   a) Er ... ... Augenblick nicht genug Geld ... Verfügung, ... die Krankenhauskosten ... voraus ... bezahlen.
   b) *verfügen + N + über-Akk.* → ..... .

4. **Drücken Sie den gegenteiligen Sachverhalt aus!**
   a) Das Fieber <u>ist</u> wieder <u>gestiegen</u>.
   b) Es ist ein <u>kurzer</u>, <u>stechender</u> Schmerz.
   c) Es hat ihm anscheinend <u>kaum</u> weh getan.
   d) Die Übelkeit <u>hat</u> <u>Gott sei Dank</u> <u>nachgelassen</u>.
   e) Ihm ist wieder <u>wohl</u>.
   f) Die Wunde <u>ist geheilt</u>.
   g) An dieser Stelle <u>spüre</u> ich überhaupt <u>nichts</u>.
   h) Shirin ist <u>ins</u> Krankenhaus <u>eingeliefert worden</u>.
   i) Sie <u>wußte genau</u>, was ein Krankenschein ist.
   k) Er ist <u>Privatpatient</u>.

5. **leiden – Bilden Sie Sätze!**

5.1 **leiden + N + an-Dat.**
   a) er   Magenbeschwerden   ... sein .. Kindheit
   b) Barbara   hartnäckige Darmerkrankung   ... lang ..
   c) viele Menschen   heftige Kopfschmerzen   ... ... plötzlich .. Wetterveränderung
   d) Frau S.   Folgen eines Sturzes   noch immer
   e) Herr H.   Kreislaufstörungen   ... sein .. ungesund .. Lebensweise

5.2 **leiden + N + unter-Dat.**
   a) Kafka   Strenge seines Vaters   (Präteritum)
   b) die ganze Klasse   autoritäres Verhalten ihres Lateinlehrers
   c) viele Mittelmeerurlauber   ungewohnte Hitze … … Sommermonat..
   d) Shirin   Trennung … ihr… Familie   … Zeit … Zeit
   e) viele alte Baudenkmäler der Stadt   ungünstige Wettereinflüsse, Luft-
      verschmutzung   … erheblich.. Maße

5.3 **leiden können + N + A**
   a) Herr Rot   sein Kollege Schwarz   überhaupt nicht
   b) Sie   Katzen   ?
   c) Hans   Eltern seiner Freundin   sehr gut
   d) Übertreib bitte nicht, denn …..!
   e) Leg bloß keinen deutschen Schlager auf, denn …..!

5.4 **er kann es nicht leiden,** a) Man ruft seinen Hund „Pfiffi".
   SE/DASS   b) Er wird so oft nach seiner Vergangenheit ge-
   oder: fragt.
   er kann es nicht leiden, c) Man fragt ihn nicht um Rat.
   SE/INF+   d) Er wird so behandelt, als gäbe es ihn gar
                                    nicht.
                                 e) Man kritisiert ihn und macht ihn auf seine
                                    Fehler aufmerksam.

6. **behandeln**

6.1 **Ergänzen Sie die Vorgaben zu vollständigen Sätzen!**
   a) … behandelt ihn … Zeit?
   b) … Arzt … … … Augenblick?
   c) … wem … … … Augenblick …?
   d) … … … er bisher behandelt?
   e) … wem ist er bislang … …?
   f) Der … … war Dr. Klitzeklein.

6.2 **Ergänzen Sie die Vorgaben zu vollständigen Sätzen!**
   a) Managua, die Hauptstadt Nicaraguas, wurde am 23. 12. 1972 von
      einem schweren Erdbeben heimgesucht. Tausend.. von Verletzt..
      mußten … Notkrankenhäuser.. … … .
   b) Sozialmedizinischen Untersuchungen zufolge ist es den meisten Patien-
      ten gleichgültig, ob sie … … Arzt oder … … Ärztin … … .

6.3 Verwenden Sie bei Ihren Ergänzungen die von den eingeklammerten
Substantiven abgeleiteten Adjektive!
a) (Arzt)   Hans hat eine Entzündung ... Bein, die ..... .
b) (Operation)   Das Geschwür hat sich so verschlimmert, daß ..... .
c) (Medikament)   Wenn er früher ... Arzt ... ..., hätte man die Erkrankung ..... .

6.4 Erklären Sie den Unterschied!
Nur einer der insgesamt zwölf Verunglückten mußte *stationär*, die übrigen konnten *ambulant* behandelt werden.

6.5 **Geben Sie die folgenden Sätze mit eigenen Worten wieder!** Dabei kommt
es vor allem auf die jeweilige Bedeutung des Verbs „behandeln" an.
a) Frau Bück behandelt ihren Mann wie einen Pascha.
b) Barbara ist ein Mensch, der leicht zu behandeln ist.
c) Bölls Romane behandeln vor allem die Zeit des Nationalsozialismus,
die Kriegs- und die Nachkriegszeit.
d) Einige Gesetzesänderungen müssen vom neu gewählten Parlament be-
vorzugt behandelt werden.
e) Wie hat man Hans behandelt, als er zum erstenmal bei Barbara zu
Haus war?
f) Was behandelt das neue Stück von Peter Hacks?
g) Notieren Sie den Gebrauch unter 6.5!

behandeln + ...

behandeln + ...

6.6 **Ergänzen Sie!**
a) Man hat ihn − ziemlich verständnis ... behandelt.
b)   − außerordentlich liebe ... .
c)   − recht lieb ... .
d)   − sehr ... gerecht ... .
e)   − ... gleichberechtigt.. Partner ... .
f)   − ... ... Angehörig.. der Familie ... .
g)   − ... übertrieben.. Höflichkeit ... .
h)   − ... groß.. Distanz ... .
i)   − ... jed.. Respekt ... .
k)   − ... falsch.. Freundlichkeit ... .

6.7 **Bilden Sie Sätze!**
a) Film   Aufstieg und Niedergang einer Bremer Kaufmannsfamilie

b) Professor Weise   Goethes „Faust"   ... nächst .. Semester
c) aktuelle politische Themen ... ... Fernsehsendung „Panorama"

6.8 Drücken Sie das Gegenteil aus!
   a) Einige wirklich *wichtige* Fragen hat er in seinem Vortrag viel zu *kurz* behandelt.
   b) Er pflegt *schwierige* Probleme sehr *oberflächlich* zu behandeln.
   c) Man sieht es den Geräten an, daß man sie sehr *nachlässig* behandelt hat.
   d) *Schon nach ganz kurzer Zeit* behandelte man ihn wie einen *alten Bekannten*.
   e) Trotz ihrer zwanzig Jahre behandelt man Gaby *noch immer wie ein Baby*. Wenn man sie .....!

6. Übungen zu den Bedeutungen der Modalverben

1. Einführung

Die folgende Übersicht soll zeigen, wann sich ein Modalverb mit den Formen des Infinitiv I oder des Infinitiv II eines Vollverbs verbindet.

1.1 | Modalverb + Infinitiv I Aktiv |

1.1.1 Inhaltliches Merkmal: *Es ist erforderlich, daß* .....

| Shirin | *muß* | 500 Mark im voraus | zahlen. |
| Shirin | *muß* | sich das Geld | leihen. |

1.1.2 Inhaltliches Merkmal: *Ich vermute, daß* .....

| Shirin | *muß* | starke Schmerzen | haben. |
| Es | *kann* | zu Komplikationen | kommen. |

1.2 | Modalverb + Infinitiv I Vorgangspassiv |

1.2.1 Inhaltliches Merkmal: *Es ist notwendig, daß* .....

| Ihr | *muß* | der Blinddarm | herausgenommen werden. |
| Sie | *muß* | sofort ins Krankenhaus | eingeliefert werden. |

1.2.2 Inhaltliches Merkmal: *Es heißt, daß* .....

| Das | *soll* | schon in Kürze | geändert werden. |
| Er | *soll* | schon morgen | entlassen werden. |

1.3 | Modalverb + Infinitiv I Zustandspassiv |

1.3.1 Inhaltliches Merkmal: *Es ist erforderlich, daß* .....

| Das Fenster | *muß* | nachts | geöffnet sein. |
| Die Miete | *muß* | bis zum dritten | bezahlt sein. |

1.3.2 Inhaltliches Merkmal: *Es heißt, daß* .....

| Shirin | *soll* | schon | operiert sein. |
| Ihre Eltern | *sollen* | telegrafisch | benachrichtigt sein. |

1.4 **Zusammengefaßt:**
Unabhängig von der Bedeutung der Modalverben werden in den Beispielen unter 1.1/1.3 nur Formen des Infinitiv I verwendet. Das heißt: Die Infinitivformen signalisieren hier keine Bedeutung der Modalverben; diese wäre nur aus dem Kontext erschließbar.

1.5 | Modalverb + Infinitiv I |

Inhaltliches Merkmal: *Es war erforderlich/notwendig, daß* .....

1.5.1 | Modalverb + Infinitiv I Aktiv |

Shirin	*mußte*	500 Mark im voraus	zahlen.	
(Shirin	*hat*	500 Mark im voraus	zahlen	*müssen.*)
Shirin	*mußte*	sich das Geld	leihen.	
(Shirin	*hat*	sich das Geld	leihen	*müssen.*)

1.5.2 | Modalverb + Infinitiv I Vorgangspassiv |

    Ihr *mußte* der Blinddarm | herausgenommen werden.
    (Ihr *hat*   der Blinddarm | herausgenommen werden | *müssen*.)

    Sie *mußte* sofort ins Krankenhaus | eingeliefert werden.
    (Sie *hat*   sofort ins Krankenhaus | eingeliefert werden | *müssen*.)

1.5.3 | Modalverb + Infinitiv I Zustandspassiv |

    Das Fenster *mußte* nachts | geschlossen sein.
    Die Miete   *mußte* bis zum dritten | bezahlt sein.

1.6 | Modalverb + Infinitiv II |

    Inhaltliches Merkmal: *Es heißt, daß* ..... (Vergangenheit)

1.6.1 | Modalverb + Infinitiv II Aktiv |

    Shirin   *soll*   starke Schmerzen | gehabt haben.
    Es   *soll*   zu Komplikationen | gekommen sein.

1.6.2 | Modalverb + Infinitiv II Vorgangspassiv |

    Das   *soll*   doch schon längst | geändert worden sein.
    Er   *soll*   schon vor 2 Tagen | entlassen worden sein.

1.6.3 | Modalverb + Infinitiv II Zustandspassiv |

    Shirin   *soll*   schon heute
                       morgen um 5 | operiert gewesen sein.
    Ihre Eltern *sollen* schon gestern
                       abend | benachrichtigt gewesen sein.

1.7 Aufgaben

1.7.1 Welche formalen Unterschiede gibt es zwischen den Verbindungen unter 1.5 und den Verbindungen unter 1.6?

1.7.2 Inwiefern signalisieren die Infinitivformen unter 1.5 und unter 1.6 verschiedene Bedeutungen der Modalverben?

1.7.3 Inwiefern könnte man den Infinitiv I als den Infinitiv der Gleichzeitigkeit, den Infinitiv II als den Infinitiv der Vorzeitigkeit bezeichnen?

1.8 Zusammenfassung

1.8.1 Zur Anwendung des Infinitiv I und II

Ob sich ein Modalverb mit dem Infinitiv I oder dem Infinitiv II eines Vollverbs verbindet, hängt von seiner Bedeutung ab. Soll etwa eine *Möglichkeit* oder eine *Fähigkeit* (*können*), eine *Notwendigkeit* (*müssen*), eine *Erlaubnis* oder eine *Berechtigung* (*dürfen; können*), ein *Wille* oder ein *Wunsch* (*mögen; wollen*), ein *Auftrag* oder eine *Pflicht* (*sollen*) oder auch eine *Empfehlung* (*müssen; sollen*) zum Ausdruck gebracht werden, so verbindet sich das betreffende Modalverb in jedem Fall mit einer Form des Infinitiv I eines Vollverbs.

Dagegen werden sowohl die Formen des Infinitiv I als auch die des Infinitiv II u. a. dann verwendet, wenn das Modalverb das inhaltliche Merkmal ,*Behauptung*' (*sollen; wollen*) oder ,*Vermutung*' (*dürfen; können; mögen; müssen*) hat oder wenn eine *Bedingung*, eine *Voraussetzung* (*müssen; sollen*) ausgesprochen werden.

1.8.2 Die Formen des Infinitivs

Für die Verbindung der Modalverben *dürfen*, *können*, *mögen*, *müssen*, *sollen*, *wollen* und *brauchen* mit dem Infinitiv eines Vollverbs stehen folgende Infinitivformen zur Verfügung:

Infinitiv I Aktiv	Infinitiv II Aktiv
bezahlen	bezahlt haben
kommen	gekommen sein
zu bezahlen	bezahlt zu haben
zu kommen	gekommen zu sein

Infinitiv I Vorgangspassiv	Infinitiv II Vorgangspassiv
bezahlt werden	bezahlt worden sein
bezahlt zu werden	bezahlt worden zu sein
Infinitiv I Zustandspassiv	**Infinitiv II Zustandspassiv**
bezahlt sein	bezahlt gewesen sein
bezahlt zu sein	bezahlt gewesen zu sein

2. Modalverben als Ausdrucksmittel für eine Vermutung

Der Infinitiv II eines Vollverbs in Verbindung mit den Modalverben *dürfen*, *können* und *müssen* wird dann verwendet, wenn der Sprecher/der Schreiber eine *Vermutung* ausdrückt.

2.1 dürfen

a) Seine harten Worte *dürften* ihm später noch einmal leid tun .

b) Seine harten Worte *dürften* ihm schon längst leid getan haben .

Inhaltliches Merkmal:

b) *Ich glaube*, seine harten Worte haben ihm schon längst

 leid getan .

Wahrscheinlich haben ihm seine harten Worte schon längst

 leid getan .

2.2 können

c) Sie *kann* (*könnte*) jetzt etwa dreißig sein .

d) Sie *kann* (*könnte*) damals Anfang zwanzig gewesen sein .

(Fortsetzung S. 238)

Inhaltliches Merkmal:

d) *Ich halte es für möglich*, daß sie damals Anfang zwanzig war .

Möglicherweise war sie damals Anfang zwanzig.

2.3 müssen

e) Seine Arbeit   *muß* ihm wohl richtig   Spaß machen .
f) Seine neue Arbeit *müßte* ihm   Spaß machen .

g) Seine frühere Arbeit *muß* ihm gar keinen   Spaß gemacht haben .

Inhaltliches Merkmal:

g) *Ich bin sicher*, daß ihm seine frühere Arbeit gar keinen Spaß gemacht hat.
   Bestimmt hat ihm seine frühere Arbeit gar keinen Spaß gemacht.

2.4 Zur inhaltlichen Unterscheidung

Die durch *dürfen* ausgedrückte *Vermutung* (a/b) hat einen höheren Grad der Sicherheit als die durch *können* ausgedrückte Vermutung (c/d). Das macht z. B. auch die häufig gebrauchte Wendung deutlich: etwas ist (wohl) möglich, aber nicht (sehr) wahrscheinlich. Beispiel: Daß er heute abend noch kommt, ist (wohl) möglich, aber nicht (sehr) wahrscheinlich.

Den höchsten Sicherheitsgrad hat die durch *müssen* ausgedrückte Vermutung (e/g).

2.5 Zum Gebrauch des Konjunktiv II

2.5.1 Hat *dürfen* die Bedeutung ‚Vermutung‘, so wird es im Konjunktiv II (Gegenwart) gebraucht: dürfte, dürftest, dürfte; dürften, dürftet, dürften (a/b).

2.5.2 *müssen* in der Bedeutung ‚Vermutung‘, die sich auf einen negativen Sachverhalt bezieht, wird nur im Indikativ gebraucht:

Die Arbeit *muß* ihm   Spaß gemacht haben.
Die Arbeit *muß* ihm überhaupt keinen Spaß gemacht haben.

Die Party *müßte* ihm   gefallen haben.
⟨Die Party *müßte* ihm überhaupt nicht gefallen haben.⟩

Statt dessen:
Die Party *muß* ihm überhaupt nicht gefallen haben.

3. Übungen

Ersetzen Sie die *kursiv* gedruckten Ausdrücke durch Modalverben!

3.1 dürfen

a) *Ich glaube*, daß ein VW 1303 rund 8.500 Mark kostet.
b) Ich glaube, daß dir das Essen bei Pero schmecken wird.
c) Ich glaube, daß dir dieser graue Mantel sehr gut stehen wird.
d) *Ich nehme an*, daß es nicht leicht war, Ursel von ihren Heiratsplänen abzubringen.
e) Wir haben uns *wahrscheinlich* in der Hausnummer geirrt.
f) Von allen Geschenken haben ihm *sehr wahrscheinlich* nur die Schallplatten gefallen.
g) *Die Wahrscheinlichkeit*, daß die verschütteten Bergleute das Unglück überlebt haben, ist sehr gering.
h) *Ich nehme stark an*, daß er noch kommt.
i) Ich glaube, wir haben uns verrechnet.
k) *Es spricht vieles dafür*, daß die Tochter den Liebhaber ihrer Mutter erschossen hat.

3.2 können

a) *Ich halte es für möglich*, daß Sie mit Ihrer Vermutung recht haben.
b) Es ist wirklich schwer zu sagen, wie alt Shirin ist. *Möglicherweise* ist sie 20, *vielleicht* aber auch schon 30 Jahre alt.
c) *Es ist möglich*, daß er angerufen hat, als du beim Einkaufen warst.
d) Barbara ist *unter Umständen* ins Kino gegangen.
e) *Es ist denkbar*, daß er uns belogen hat.
f) *Ich halte es nicht für ausgeschlossen*, daß er den Witz als persönliche Beleidigung aufgefaßt hat.
g) *Ich halte es durchaus für möglich*, daß er die Aufgaben allein gelöst hat.
h) Soeben hat Müller das zweite Tor für München erzielt. *Es ist gut möglich*, daß damit schon die Entscheidung gefallen ist.
i) *Kannst du dir vorstellen*, wen er mit seinen ironischen Bemerkungen gemeint hat?
k) Kannst du dir vorstellen, wer damit gemeint war?
l) *Es ist leicht möglich*, daß Max von seinem Nachbarn Moritz abgeschrieben hat.

(Fortsetzung S. 230)

m) Die Stiche beim Atmen sind möglicherweise der Anfang einer Bronchitis.
n) *Es wäre denkbar*, daß die russischen Diplomaten in London, Paris und Washington wegen des Vier-Mächte-Status von Berlin aktiv geworden sind.

3.3 **müssen**

a) *Ich bin sicher*, daß meine Eltern den Brief noch nicht bekommen haben.
b) *Ich bin ganz sicher*, daß er mich einfach nicht erkannt hat.
c) Diesen Film hast du *bestimmt* schon gesehen.
d) *Es ist so gut wie sicher*, daß ich meinen Regenschirm im Bus vergessen habe.
e) *Ich hatte den Eindruck*, daß er in den letzten Tagen sehr erschöpft war.
f) Ich hatte den Eindruck, daß er auf seine Prüfung sehr schlecht vorbereitet war.
g) Die Diebe sind *höchstwahrscheinlich* durch ein offenes Kellerfenster in das Haus gelangt.
h) *Ganz sicher* ist die Straße inzwischen verbreitert und asphaltiert worden.
i) *Es spricht sehr vieles dafür*, daß sie unter dem Einfluß von Drogen stand.
k) *Ganz gewiß* hat sich ihr Gesundheitszustand in der letzten Zeit sehr verschlechtert.

4. müssen als Ausdrucksmittel für eine Bedingung

4.1 Gebrauch

4.1.1 *müssen* in Verbindung mit dem Infinitiv II eines Vollverbs hat nicht nur die Bedeutung ‚Vermutung'.

Beispiel:

Wenn Sie einen Aufbaukurs besuchen wollen, dann *müssen* Sie entweder einen Einstufungstest [machen] oder aber einen Grundkurs mit Erfolg [besucht haben].

4.1.2 Die Einstufungsprüfung oder der erfolgreiche Besuch eines Grundkurses sind die *Voraussetzung* für die Teilnahme an einem Aufbaukurs.

4.1.3 Die Einstufungsprüfung muß der Bewerber erst noch „machen": Infinitiv I.

4.1.4 Der Grundkurs jedoch liegt zeitlich vor dem Aufbaukurs; der Bewerber muß ihn schon „besucht haben", wenn er in den (nachfolgenden) Aufbaukurs möchte: Infinitiv II (Vorzeitigkeit).

4.2 Übung

Fünf Voraussetzungen müssen Sie erfüllen, wenn Sie in der Bundesrepublik Deutschland studieren wollen:

a) Sie *müssen* ein Zeugnis *besitzen*, das dem deutschen Reifezeugnis gleichwertig ist.
Sie *müssen* eine Reifeprüfung ... ... (machen), die dem deutschen Abitur gleichwertig ist.

b) Sie *müssen* die deutsche Sprache sehr gut *beherrschen*.
Sie *müssen* die deutsche Sprache sehr gut ... ... (lernen).

c) Sehr gute deutsche Sprachkenntnisse *sind* unbedingt *nötig*.
Bereits vor Studienbeginn *müssen* Sie sehr gute deutsche Sprachkenntnisse ... ... (erwerben).

d) Sie *müssen* in der Lage sein, Ihr Studium *zu finanzieren*.
Ihr Studium *muß* finanziell ... ... (sichern).

e) Sie *müssen* mindestens *18 Jahre alt sein*.
Sie *müssen* mindestens das 18. Lebensjahr ... ... (erreichen).

f) Sie *müssen* für das Studium bestimmter Fächer vor Studienbeginn eine *Praktikantentätigkeit* nachweisen.
Vor Studienbeginn bestimmter Fächer *müssen* Sie ... ... (arbeiten; tätig sein).

5. Ergänzen Sie die Vorgaben zu vollständigen Sätzen!

5.1 dürfen

a) Kinder ..... Streichhölzer ..... .
b) Am Arbeitsplatz ..... (nicht rauchen)
c) Angebrochene Dosen ... nicht ..... Eisschrank ..... .
d) ..... behilflich sein?

(Fortsetzung S. 242)

e) Was er da sagt, das ..... (wahr sein)

f) Diese Bemerkung war sehr unpassend; sie ..... (kommen)

g) Das Kleid ... nach meinem Dafürhalten eine ganze Menge Geld ..... .

h) Ernst ist noch immer nicht zu Haus. Der Zug ..... (sich verspäten)

i) Daß ein Auto nicht vor einer Ausfahrt ....., das ..... (bekannt)

k) ..... etwas zu trinken ...?

l) Die Sache ist oft erklärt und ausführlich besprochen worden. Alle ..... (verstehen), worauf es ankommt.

m) ..... um einen Gefallen ...?

5.2 **können**

a) Bei einem so großen Angebot ... man leicht die Übersicht ... .

b) Auf einer vereisten Straße ... man leicht ..... .

c) Er ... singen und gut Gitarre ... .

d) Ich bin so müde, daß ich mich kaum noch auf den Beinen ..... .

e) Über seine Nervosität ..... nur ... (sich wundern)

f) Das Geld ... nur von Ihnen persönlich ..... (abholen)

g) ..... hier mal telefonieren?

h) Von der Regierung ... nur sehr wenig gegen die steigenden Preise ..... .

i) Er ... jetzt schon ..... (ankommen)

k) Das Kind ... schon ..... (einschlafen)

l) Das glaube ich nicht; diesen Standpunkt ... er unmöglich ..... .

m) Aufgrund seiner geringen Sprachkenntnisse ... er diesen schwierigen Text nur teilweise ..... .

5.3 **müssen**

a) Er ..... Militär.

b) Herr Hansen ..... 7 Uhr ..... (Betrieb)

c) Den Film ..... unbedingt ... .

d) Ich ... Ihnen leider ..., daß ich Ihre Einladung nicht annehmen kann.

e) Die Wunde ... ärztlich ..... .

f) Es ist jedesmal das gleiche: Er ... seine dummen Witze ... .

g) Fragen Sie doch Herrn Schmidt! Der ..... wissen!

h) Das war Herr Aschenbach. Den ..... noch von früher her ... .

i) Eigentlich ... ich gestern noch ....., aber ich hatte nicht die geringste Lust.

k) Er besitzt mehrere Häuser und ein paar teure Autos, er ..... (Geld)

l) Er ... heute früh schon einmal ..... (anrufen)
m) Beide haben zur gleichen Zeit in Heidelberg Medizin studiert; er ... ihn also ..... .
n) Bevor man an einer Universität zugelassen wird, ... das Abitur ..... .
o) „Ich war im Cafe Möhring." — „Dann ..... ihn doch ..... ." (treffen)
p) Geben Sie die folgenden Bedingungen in vollständigen Sätzen wieder!

Deutsche Film- und
Fernsehakademie

Voraussetzungen

Das vollendete 21. Lebens-
jahr bzw. vorzeitige
Mündigkeitserklärung!
Praktische
Berufserfahrung, gleich
welcher Art.
Bestehen der Aufnahme-
prüfung.

Bedingungen

Herstellung eines Films
(8-mm-Kamera).
Inszenierung eines eigenen
Theaterstücks.
Verfassen einer Theater-
oder Filmkritik.

5.4 brauchen — dürfen — können — müssen

Verwenden Sie diese Modalverben, ohne den Inhalt der Sätze zu verändern!

a) In deutschen Kinos ist das Rauchen verboten.
b) Ich bin gar nicht sicher, daß er gestern zu Hause war.
c) Es ist nicht nötig, daß wir ihn heute abend abholen.

(Fortsetzung S. 244)

d) Dieser Brief hat weder Unterschrift noch Absender. Wer .....?
e) Es war nicht zu beweisen, daß er schuldlos ist.
f) Dieses Bild hat ganz bestimmt Picasso gemalt.
g) Nur ein Fachmann weiß, wie man diesen komplizierten Apparat richtig bedient und behandelt.
h) Der Herr ist wahrscheinlich Ausländer.
i) Es stört ihn nicht, wenn man ihn noch spät abends anruft.
k) Es ist durchaus denkbar, daß der Angeklagte aufgrund falscher Zeugenaussagen verurteilt wurde.
l) Es war vorauszusehen, daß die Wäsche bei dem feuchten Wetter nicht trocknen würde.
m) Mein Vater hat das Geld bestimmt schon abgeschickt.
n) Es tut mir leid, daß ich ihm nicht geholfen habe. Aber .....
o) Der Berliner Funkturm ist vielleicht 100 Meter hoch.
p) Es ist nicht erforderlich, daß man jedes Wort kennt, um einen Satz zu verstehen.
q) Ich schätze, daß der Junge höchstens 10 Jahre alt war.
r) Wie ist es möglich, daß er die Strecke so schnell geschafft hat?
s) Von wem hat er das wohl erfahren?
t) Das Gelingen des Plans setzt eine sorgfältige Vorbereitung voraus.
u) Es ist überflüssig, sich über sein Benehmen zu wundern.

6. mögen

6.1 Variante 1

– *mit Vorliebe etwas tun;* – *jmdn./etw. (nicht) gern haben;* – *jmdn./ etw. (nicht) leiden können;* – *jmd./etw. ist mir (nicht/un-) sympathisch;*

In dieser Bedeutung wird das MW *mögen* in allen Zeitformen des Indikativs verwendet.

Übung 1
Ersetzen Sie das MV *mögen* durch Ausdrücke mit ähnlicher Bedeutung (Variante 1)!

a) Klaus mag Renate.
b) Ursel hat ihre Verwandtschaft nie gemocht.
c) Laß das! Ich mag das nicht.
d) Viele Ausländer mögen das Berliner Wetter nicht.

e) Er mochte kein Fleisch; aber er mochte Fisch sehr gern.
f) Man sagt, daß die Bayern und die Preußen sich nicht mögen.
g) Er mag Komplimente.

6.2 Variante 2

– (sich) wünschen; – den Wunsch haben; – Lust haben; – bereit sein;
– wollen

In dieser Bedeutung steht *mögen* vor allem im Konjunktiv II der Gegenwart, der auch für die Zukunft gebraucht wird. Die Zeitformen der Vergangenheit werden dagegen mit *wollen* gebildet.

Übung 2

Ersetzen Sie das MV *mögen* durch Ausdrücke mit ähnlicher Bedeutung (Variante 2)!
Machen Sie aus den Vorgaben ganze Sätze in der Vergangenheit!

a) Er möchte einmal Island kennenlernen.
   Schon immer . . . . .
b) Sie möchte Lehrerin werden.
   Von klein auf . . . . .
c) Ich möchte ihm eine Platte mit Liedern von Wolf Biermann schenken. Eigentlich . . . . .
d) Wo möchtet ihr essen? – Wir möchten in ein chinesisches Restaurant. Alle . . . . .; nur Rolf . . . . .
e) Frau Reiz möchte sich scheiden lassen; doch ihr Mann möchte nicht.
   Frau Reiz . . . . .; doch . . . . .
f) Ich möchte fünf saftige Orangen.
g) Shirin fühlt sich nicht wohl, sie möchte nach Haus gehen.
   Shirin . . . . ., deshalb . . . . .
h) Er möchte nur, daß man ihm glaubt.
i) Das Ehepaar Müller möchte ein Kind adoptieren.

*

Ist der Satz negiert, so wird auch das Präsens benutzt.

Übung 3

a) Ich möchte jetzt keine klassische Musik hören.
   Ich . . . . .
b) Ihre Eltern möchten nicht, daß sie mit Arbeiterkindern spielt.
   Ihre Eltern . . . . .

(Fortsetzung S. 246)

c) Herr Hansen möchte nicht nach seiner Vergangenheit gefragt werden.

Herr Hansen .....

d) An das, was er später einmal machen wird, möchte er jetzt noch nicht denken.

An das, was .....

e) Er möchte weder etwas essen noch etwas trinken.

Er .....

6.3 **Variante 3**

Das MV *mögen* im Konjunktiv II der Gegenwart wird auch dann verwendet, wenn eine Aufforderung an jemand anderen in höflicher Form weitergegeben werden soll.

Übung 4

„Wenn du Anna siehst, dann sag ihr, daß sie mich anrufen möchte."

Sprechen Sie!

„Wenn du Anna siehst, dann .....

a) ..... (bestellen), ... (sich sehen lassen)."

b) ..... (ausrichten), ... (Buch zurückbringen)."

c) ..... (erinnern), ... (Paß verlängern)."

6.4 **Variante 4**

Im Konjunktiv I der Gegenwart dient das MV *mögen* zum Ausdruck von Wunsch, Bitte und Aufforderung in der indirekten Rede. Dabei handelt es sich um eine höfliche Ausdrucksform. Diese Variante ist nur im Konjunktiv I der Gegenwart möglich.

Übung 5

Geben Sie die folgenden Äußerungen in der indirekten Rede wieder (Variante 4)!

a) Er: „Warte auf mich nicht länger als bis halb fünf!"

b) Frau Sommerfeld zu ihrer Untermieterin: „Stellen Sie das Radio auf Zimmerlautstärke ein!"

c) Die Hausverwaltung brieflich an die Mieter: „Sorgen Sie dafür, daß die Kinder nicht auf dem Rasen spielen!"

6.5 Variante 5

mögen hat wie *dürfen, können* und *müssen* auch die Bedeutung ‚Vermutung'. In dieser Bedeutung wird *mögen* im Indikativ Präsens und Präteritum benutzt. Der Grad der Gewißheit, daß die Vermutung stimmt, ist bei *mögen* geringer als bei *müssen* und *dürfen*, jedoch größer als bei *können*.

– Sie *mag* zwanzig bis fünfundzwanzig Jahre | alt gewesen sein.

– Sie *mochte* zwanzig bis fünfundzwanzig Jahre | alt sein.

– *Ich schätze*, daß sie zwanzig bis fünfundzwanzig Jahre alt war.
– Sie war *vielleicht* zwanzig bis fünfundzwanzig Jahre alt.

Übung 6

Ergänzen Sie die Vorgaben zu vollständigen Sätzen und drücken Sie die Vermutung aus (Variante 5)!

a) Die Berge hier ... zwischen 2000 und 2500 Meter ... .
b) Wer ... ihm bloß diesen Unsinn ... ...? Ich kann mir gar nicht vorstellen, wo er das ... ...
c) Von Musik ... sie ja etwas ..., von Malerei hatte sie jedenfalls keine Ahnung.
d) Hat er die Prüfung bestanden? – Nein, leider nicht. Daran ... auch seine lange Krankheit ... .
e) Er hat das Grundstück vor einigen Jahren für 20.000 Mark erworben. Seither ... der Verkaufswert etwa um das Zehnfache ... .

6.6 Variante 6

Beispiele:
– *Mag* die Geschichte *auch* einfach erzählt sein, sie ist schwer zu verstehen.
– *Mag* die Erzählung *auch noch so* einfach sein, sie ist *trotzdem* nicht leicht zu interpretieren.
– *Wie* einfach die Geschichte *auch* erzählt sein *mag*, *dennoch* hat sie eine tiefe Bedeutung.
– *Wie* einfach das *auch immer* erzählt sein *mag*, *so* ist es *doch* schwer zu verstehen.

(Fortsetzung S. 248)

Bedeutung:
- *Es stimmt*, die Geschichte ist einfach erzählt; *richtig ist aber auch*, daß sie schwer zu verstehen ist.
- *Ich gebe zu* (*ich räume ein*), daß die Geschichte einfach erzählt ist; *andererseits* ist sie schwer zu verstehen.

In dieser konzessiven Bedeutung wird *mögen* im Indikativ Präsens und Präteritum gebraucht. Ersatzformen bieten Sätze wie:

- *Obwohl* (*obgleich, obschon*) die Geschichte einfach erzählt ist, ist sie schwer zu verstehen.
- Die Geschichte ist einfach erzählt; *trotzdem* (*dennoch*) ist sie schwer zu interpretieren.
- *Wenn* das *auch* einfach erzählt ist, *so* ist es *doch* schwer zu verstehen.
- Die Geschichte ist *zwar* einfach erzählt, *aber* (*doch*) sie ist schwer zu verstehen.
- *Gewiß*, die Geschichte ist einfach erzählt; sie ist *aber* schwer zu verstehen.

Übung 7

Ersetzen Sie das MV *mögen*, ohne dadurch den Inhalt des Gesagten zu verändern!

a) Mag die Reise auch viel gekostet haben, ich bereue nicht, daß ich sie gemacht habe.

b) Wo ich auch fragen mochte, nirgends war ein Heinrich Müller bekannt.

c) Wie immer sie auch über mich denken mag, ich finde sie sehr nett.

d) Mag Sylt auch noch so teuer und überlaufen sein, sehr viele Menschen halten diese Insel für ein erstrebenswertes Urlaubsziel.

e) So seltsam es klingen mag: Für Ärzte beginnt die kalte Jahreszeit bereits im August. Denn schon zu dieser Zeit machen sie ihre Patienten auf die Grippeschutzimpfung aufmerksam.

f) Mag auch an der Spitze der Krankenhaus-Hierarchie der Chefarzt stehen, für den Patienten ist „der wichtigste Mann" die Stationsschwester.

g) Mag auch das Bild vom knödelschlingenden, sich von Sauerkraut und Eisbein ernährenden Deutschen nicht mehr stimmen, die Statistik verrät: Die Bundesbürger sind zu dick; ein Drittel, zwanzig Millionen etwa, haben sogar Übergewicht.

h) Dicke Männer mögen gemütlich sein. Ob sie auch schön sind, ist eine andere Frage.

6.7 mögen: verschiedene Varianten

a) *Trinkst* du nicht *gern* Kakao?

b) Er *kann* Tiere im Haus nicht *leiden.*

c) Die Eltern *sahen es* nicht *gern*, daß Ursel mit Arbeiterkindern spielte.

d) Ich *hätte große Lust*, heute abend ins Kino zu gehen.

e) Sagen Sie ihm doch bitte, daß er mich anrufen ...!

f) Er bat mich, *mit niemandem darüber zu sprechen.*

g) *Ich schätze*, Alexander ist zwischen fünfundzwanzig und dreißig Jahre alt.

h) *Was meinst du*, wer so spät noch anruft?

i) Er gab uns zu verstehen, *ihn in Ruhe zu lassen.*

k) *Obwohl* ein Zimmer im Studentenheim viele Vorteile bietet, *zieht* sie *es vor*, privat zu wohnen.

l) Das Bild hatte *schätzungsweise* einen Wert von vier- bis fünftausend Mark.

m) Wieviel verdient *wohl* ein Krankenpfleger?

n) Die Belegschaft forderte von der Betriebsleitung, *ständig über die Entwicklung der Firma informiert zu werden.*

o) Sie sprach *zwar* viel von Emanzipation, *dennoch* war sie eine nicht emanzipierte Frau geblieben.

p) *Ich frage mich*, warum sie ihn geheiratet hat.

q) *Es ist möglich*, daß er damals ein anderer Mensch war als heute.

r) *Möglicherweise* hat sie damit gerechnet, daß er bald sterben würde.

s) Kleinigkeiten, *nun ja*, die hat er mitgenommen; *aber* „ein gemeiner Dieb" war er nicht.

t) Von Anfang an *konnten* die beiden sich nicht *leiden.*

u) Er übersah den angebotenen Stuhl, er ... in diesem Augenblick nicht ... .

v) So gut ... ich es auch mal ... . (Redensart)

w) Am liebsten ... ich alles in die Ecke ... . (Redensart)

x) ... sein, daß du recht hast.

y) *Gewiß*, das Kolbenmotorenflugzeug kann man technisch noch verbessern, *doch* das Düsenflugzeug kann es niemals wieder einholen.

z) *Obgleich* die Auseinandersetzung als ein Streit um Worte und Begriffe erscheint, stehen schwerwiegende ideologische Differenzen dahinter.

7. sollen — wollen

7.1 Behauptung

sollen und *wollen* mit dem inhaltlichen Merkmal ‚Behauptung' verbinden sich mit dem Infinitiv II eines Vollverbs, wenn es sich um eine Behauptung über etwas Vergangenes handelt.

7.1.1 Zur inhaltlichen Unterscheidung

(1) Herr A. *soll* noch einen Bruder ⬚ haben ⬚ .

(2) Herr A. *soll* einen Bruder ⬚ gehabt haben ⬚ .

(3) *Man sagt, daß* Herr A. einen Bruder ⬚ hatte ⬚ .

(4) Herr B. *will* immer alles schon im voraus ⬚ wissen ⬚ .

(5) Herr B. *will* das schon im voraus ⬚ gewußt haben ⬚ .

(6) Herr B. *behauptet*, er ⬚ habe ⬚ das schon im voraus ⬚ gewußt ⬚ .

Der Sprecher gibt in (1) und (2) wieder, was *andere* über Herrn A. sagen; er selbst stellt keine Behauptung auf. Dadurch, daß der Sprecher das MV *sollen* verwendet, drückt er aus, daß es sich um eine *fremde* Aussage über Herrn A. handelt (3). Der Sprecher *distanziert sich* von dieser Aussage.

In (4) und (5) sagt Herr B. — das Subjekt des Satzes — etwas über sich selbst aus. Dadurch, daß der Sprecher das MV *wollen* benutzt, kommt zugleich zum Ausdruck, daß er zu der Aussage von Herrn B. subjektiv Stellung nimmt (6). Der Sprecher *wertet* diese Aussage. (Er polemisiert sie — wie in (4) bis (6) —, oder er zieht sie in Zweifel. In einem Satz: *Er beurteilt sie in irgendeiner Form negativ*.)

7.1.2 sollen

Verwenden Sie in den folgenden Sätzen das MV *sollen*! — Beachten Sie die *kursiv* gedruckten Ausdrucksmittel!

a) *Man sagt*, viele Deutsche *hätten* Vorurteile gegenüber Ausländern.
b) *Es heißt, daß* es in München schon um die Jahrhundertwende die gleichen Wohn- und Zimmerprobleme gab wie heute.

c) *Es wird behauptet, daß* er bis zum Schluß der NSDAP angehörte.

d) – *Nach Aussage* der Wetterämter bieten die Nordhänge der Alpen zunehmend günstige Skimöglichkeiten. – Auch für die nächsten Tage, *so prophezeien* die Meteorologen, ist mit Regen und Tauwetter nicht zu rechnen. – Bis zu einem halben Meter Neuschnee *meldeten* die Schweizer Wintersportorte. – Rund zehn Pässe, *so der Bericht* des ADAC, wurden gesperrt.

e) – *Wie* ein englisches Forscherteam *festgestellt haben will*, neigen Zwillinge dazu, weniger intelligent zu sein als andere Kinder. – *Angeblich* verwenden sie zuviel Zeit darauf, miteinander anstatt mit anderen Kindern oder Erwachsenen zu sprechen. – Das Forscherteam kam zu dem Ergebnis, daß Zwillinge schlechtere Noten als andere Kinder erhielten. Ihre Leistungen *hätten* sich jedoch wesentlich verbessert, wenn sie einzeln erzogen würden und nicht gemeinsam aufwüchsen.

f) – *Laut* „Tagesspiegel" vom 1. 3. 1974 erhielten von über 25.000 Studienanwärtern für das Sommersemester 1974 knapp 7.000 Bewerber einen positiven Zulassungsbescheid. – Der gleichen Meldung *zufolge* standen für die etwa 17.000 Bewerber in der Medizin 2.600 Studienplätze zur Verfügung. – *Nach Angaben* der Zentralstelle für die Vergabe von Studienplätzen (ZVS) in Dortmund haben sich die Zulassungschancen im Vergleich zu den Ergebnissen vom Wintersemester 73/74 stark verbessert.

7.1.3 wollen

Verwenden Sie in den folgenden Sätzen das MV *wollen*! – Beachten Sie die *kursiv* gedruckten Ausdrucksmittel!

a) (Er spricht und versteht kaum ein Wort Englisch.) Er *behauptet*, er *habe* mehrere Jahre lang in Großbritannien gelebt und gearbeitet.

b) (Er befand sich in unmittelbarer Nähe der Unfallstelle.) Er *tat so, als hätte* er nichts gehört und nichts gesehen.

c) (Er ist auf der Straße, im Café und anderswo gesehen worden.) Er *gibt vor, daß* er mit Fieber und Halsschmerzen im Bett lag.

d) (Morgens waren noch ein paar hundert Mark in seinem Portemonnaie. Abends hatte er keinen Pfennig mehr.) *Angeblich* hat er das Geld verloren.

e) (Am 18. März, drei Tage nach Ablauf der Einsendefrist, waren seine Unterlagen noch immer nicht bei der Immatrikulationsstelle eingegangen.) Er *versichert*, er *habe* den Einschreibeantrag nach Erhalt am 2. März postwendend an die Universität geschickt.

f) (Vor der Verhandlung hatte man in Erfahrung gebracht, daß sie ihn von früher her kannte.) Die Zeugin *bestritt/stritt ab*, den Angeklagten jemals gesehen zu haben.

7.2 Empfehlung

7.2.1 sollte (Konj. II) + Infinitiv

(1) Seit langem klagst du über Bauchweh. Du *solltest* so schnell wie möglich zum Arzt ⎢ gehen ⎢.

– ..... *Ich rate dir*, so schnell wie möglich zum Arzt zu gehen.

(2) In der Galerie „zehn neun" stellt ein junger Münchener Maler aus. Du *solltest* dir seine Bilder bei Gelegenheit einmal ⎢ ansehen ⎢.

– ..... *Ich empfehle dir*, seine Bilder bei Gelegenheit einmal anzusehen.

(3) Bei Frau Sommerfeld wird ein Zimmer frei. Du *solltest* dorthin ⎢ umziehen ⎢.

– ..... *Ich schlage dir vor*, dorthin umzuziehen.

sollen in der Bedeutung *empfehlen*, *raten*, *vorschlagen* u. a. wird im Konjunktiv II der Gegenwart weitaus häufiger gebraucht als im Indikativ. – Eine inhaltliche Variante ergibt sich dadurch, daß das MV *müssen* an die Stelle von *sollen* tritt:

(4) Seit langem klagst du über Bauchschmerzen. Du *mußt* unbedingt einen Arzt ⎢ aufsuchen ⎢.

(5) In der Galerie „zehn neun" stellt zum ersten Mal ein junger Münchener Maler aus. Diese Ausstellung *mußt* du dir ⎢ ansehen ⎢.

(6) In der Galerie „zehn neun" stellt ein junger Maler aus. Diese Ausstellung *muß* man ⎢ gesehen haben ⎢.

Jeweils im zweiten Satz der Äußerungen (4) bis (6) bezeichnet der Sprecher etwas als notwendig und fordert, das Notwendige zu realisieren. Diesen Inhalt haben auch die Formulierungen (1) bis (3) mit *sollen* im Konjunktiv II. Dadurch aber stellt der Sprecher das, was er für notwendig hält, nicht als Forderung hin, sondern er schwächt diese (subjektiv) zu einer *Empfehlung*, zu einem *Rat*, einem *Vorschlag* ab. Eine ähnliche Bedeutungsvariante wird dann erzielt, wenn man das MV *müssen* im Konjunktiv II der Gegenwart benutzt:

(7) ..... Du *müßtest* unbedingt einmal zu einem Arzt ⎥ gehen ⎥ .

(8) ..... Diese Ausstellung *müßtest* du dir wirklich ⎥ ansehen ⎥ .

7.2.2 Übung

Verwenden Sie *sollte + Infinitiv*! − Beachten Sie die *kursiv* gedruckten Ausdrucksmittel!

a) Wir haben seit längerem nichts von ihm gehört. − *Ich rate Ihnen,* sich deshalb keine unnötigen Sorgen zu machen.

b) An der Abendkasse gab es nur noch sehr teure Karten. − *Warum hast du nicht auf mich gehört und* Karten im Vorverkauf besorgt?

c) Bei dem unbeständigen Wetter *empfiehlt es sich*, einen Schirm mitzunehmen.

d) Ich fahre übers Wochenende nach Wien. Was ist dort besonders se-hens*wert*?

e) *Es ist ratsam*, einen Vertrag gründlich durchzulesen, bevor man ihn unterschreibt.

f) Warst du schon in Berlin? − Nein, Berlin kenne ich nicht. − Dann fahr mal hin, *es lohnt sich*.

g) Ich habe fünfzehn Flaschen Bier gekauft. − *Es wäre* dann *vorteilhafter gewesen*, gleich einen ganzen Kasten zu nehmen.

h) *Es wäre besser gewesen, wenn* sie nicht geheiratet *hätte. Sie täte* jetzt *gut daran*, sich scheiden zu lassen.

i) Ich hoffe, er läßt über den Preis mit sich reden. − *Sie wären* wirklich *schlecht beraten, wenn* Sie sich da allzu große Hoffnungen machen.

k) *Es wäre vernünftiger*, du *bliebest* im Bett, bis die Grippe ganz auskuriert ist.

l) *Ich halte es für angebracht*, sich in einer so wichtigen Sache von einem Anwalt beraten zu lassen.

m) *Mir ist daran gelegen, daß* wir die Arbeit so schnell wie möglich zum Abschluß bringen.

7.3 sollen, wollen: Übungen

7.3.1 sollen: verschiedene Varianten

Ergänzen Sie die Vorgaben zu sinnvollen Sätzen! Verwenden Sie dabei das MV *sollen*! − Ein * bedeutet: Ersetzen Sie *sollen*, ohne den Inhalt des Gesagten zu verändern!

a) Was ... das, was du da machst?* b) Ich habe jetzt zu tun, er ... morgen ..... . c) Ich ... dir Grüße von Berta ... . d) Er hat so viel Arbeit, daß er nicht weiß, womit er zuerst ... . e) Eigentlich ... er schon gestern ..... . f) *(sich erkundigen)* Du ... ... schon früher ..... . g) Es wurde eine Kommission gebildet, die Vorschläge zur Verbesserung des Fremdsprachen-Unterrichts ... .* h) Ich weiß beim besten Willen nicht, wohin ich in Urlaub ... . i) Ich habe hier noch kein italienisches Restaurant entdeckt. − Was? Hier .....? k) Sie hatte sich seit langem auf die Hochzeit ihres Enkels gefreut. Doch diesen Tag ... sie nicht mehr ... .

7.3.2 wollen: verschiedene Varianten

Ergänzen Sie die Vorgaben zu sinnvollen Sätzen! Verwenden Sie dabei das MV *wollen*! − Ein * bedeutet: Ersetzen Sie *wollen*, ohne den Inhalt des Gesagten zu verändern!

a) Stell dir vor, er ... sich einen Bart ... .* b) Sie ... so schnell wie möglich wieder aus dem Krankenhaus ... .* c) Bärbel ... einmal selbständige Fotografin werden.* d) ... ... zu mir? − Was ... ... von mir? e) Bei naßkaltem Wetter ... der Wagen einfach nicht ... . f) Bis übermorgen ... sie das Buch ... .* g) Dieses Kapitel ... Sie in den Gebrauch der Modalverben ... .* h) Es ... nicht aufhören ... . i) Er ... nicht, daß sie mit anderen Männern ... .* k) Wenn er etwas ..., dann kann man reden und machen, was man ..., er ist nicht mehr davon abzubringen.*

7.3.3 sollen, wollen: verschiedene Varianten

Ergänzen Sie die Vorgaben zu sinnvollen Sätzen! Verwenden Sie dabei das MV *sollen* oder *wollen*! − Ein * bedeutet: Ersetzen Sie *sollen* oder *wollen*, ohne den Inhalt des Gesagten zu verändern!

a) Das ist keine gute Firma. Die Stelle dort ... ... nicht ... .* b) Sie ... fließend Chinesisch ... .* c) Er ... die Zahlungsaufforderung nicht ... .* d) *(überlegen)* Was du da vorhast, ... gut ... .* e) Hab keine Angst, der Hund ... doch nur mit dir ...!

f) Der Bewerber ... seine Fremdsprachenkenntnisse im Ausland ...
..... .* g) Eine verschleppte Grippe ... sorgfältig ... .* h) Was,
den Film kennen Sie noch nicht? Den ..... .* i) Er ... doch nie
heiraten. *(sich entschließen)* ... er sich jetzt doch .....?* k) Wir
sind sehr neugierig auf den neuen Schauspieler. *(hervorragender Komi-
ker)* Er ..... .*

8. Aufgabe zum schriftlichen Ausdruck

A

*Die Illustrierte „stern" veröffentlichte in ihrer Ausgabe 7/1976 einen Bericht
über die viel zu hohen Honorare der Ärzte in der Bundesrepublik Deutschland und die ständig steigenden Krankenhauskosten. In diesem Bericht heißt
es u. a.:* „(...) Längst zahlt der Versicherte rund 12 Prozent seines Lohnes
an die Krankenkassen, das sind durchschnittlich 190 Mark im Monat. Gebo-
ten werden ihm dafür:

— überfüllte Wartezimmer und abgehetzte Ärzte, die für Patienten kaum Zeit
  haben;
— Krankenhäuser, deren Pflegesätze schon fast den doppelten Zimmerpreis
  von Luxushotels ausmachen;
— eine Unzahl von Medikamenten, die nach Ansicht von Gutachtern nicht
  nur um zwanzig Prozent zu teuer, sondern oft genug unwirksam sind.

Im letzten Jahr zahlten die Versicherten für das Kranksein insgesamt 61,9
Milliarden Mark. Den Löwenanteil davon, 19,5 Milliarden Mark, das sind
31,5 Prozent, kassierten die niedergelassenen Ärzte (...).“

B

In einer der folgenden Ausgaben nahm ein Arzt zu dem Artikel Stellung:
„Ich habe in einem Vierteljahr ca. 1200 Krankenscheine und erreiche damit
wohl das durchschnittliche Einkommen eines Kassenarztes. Ich stelle Ihnen
gern meinen letzten Einkommenssteuerbescheid zu, damit Sie über die Ein-
kommensverhältnisse der großen Masse der Ärzte informiert sind. Das durchschnittliche Nettoeinkommen der meisten Ärzte beträgt monatlich 5000
Mark. Das dürfte bei 13 Stunden Arbeit und ständiger Bereitschaft auch bei
Nacht und am Wochenende nicht zu viel sein, zumal meistens die Ehefrau
des Arztes etwa sechs Stunden in der Praxis tätig ist. – Dr. med. Franz
Nühse, Unna"

C

Ein Patient schrieb dazu: „Aus eigener Erfahrung kann ich bestätigen, daß bei Ärzten die ,Laboritis' ausgebrochen ist. Wegen leichter Schwindelgefühle am Morgen habe ich meinen Arzt aufgesucht. Er kennt mich seit 20 Jahren. Durch 12 Laborleistungen wurde eine Rechnung von 45 Mark, für eine eingehende Untersuchung und eine Beratung, auf 445 Mark hochgetrieben. – K. Gaedtke, Erlangen"

Nehmen Sie zu der Veröffentlichung **A** sowie zu den beiden Zuschriften **B** und **C** Stellung! – Die folgenden Fragen sollen Ihnen helfen, eigene Gedanken zu entwickeln; sie brauchen daher nicht im einzelnen beantwortet zu werden. Es genügt, wenn Sie Antworten finden und diese in Ihre Stellungnahme einarbeiten.

Zu A:

– *Sind in Ihrem Land ähnliche Zustände anzutreffen? Wie lassen sie sich verbessern?*
– *Was halten Sie von einem verstaatlichten Gesundheitswesen, in dem alle Ärzte ungefähr gleich viel verdienen?*

Zu B:

– *Vergleichen Sie die angegebenen Arbeitszeiten und das Einkommen mit denen anderer Berufe!*
– *Vergleichen Sie die Angaben mit den Erfahrungen, die Sie in Ihrem Land gemacht haben!*

Zu C:

– *Herr Gaedtke schildert einen Einzelfall. Bestätigen Ihre Erfahrungen das Mißtrauen des Patienten G.?*
– *Sollte der Arzt nicht die Freiheit haben, alles zu tun, was für den Patienten nötig ist, auch wenn es, wie in diesem Fall, viel Geld kostet?*

Zu A, B, C:

– *Hängt also die Gesundheit vom Einkommen des Patienten ab?*

9. Mehrerlei Maß beim Arzt (Ergänzungs- und Umformungstext)

1. Schritt: Lesen Sie den Text! Unterstreichen Sie dabei, was Sie nicht verstehen! − Verdeutlichen Sie, worum es geht!

2. Schritt: Ergänzen Sie die Verben sowie fehlende Präpositionen, Artikel und Endungen!

3. Schritt: Lesen Sie den neu entstandenen Text! Geben Sie dabei die Wörter mit einem * durch bedeutungsähnliche Ausdrücke wieder!

BONN, 19. Juni (AP). Angehörige gehobener Berufsgruppen müssen in der Regel beim frei praktizierenden Arzt kürzere Zeit warten und genießen eine längere Behandlungsdauer als beispielsweise Arbeiter und Rentner. Das ergab eine INFAS-Repräsentativerhebung unter 1200 Personen, deren Ergebnisse am Donnerstag in Bonn veröffentlicht wurden.

Danach wurde nur ein knappes Drittel der Befragten mit Volksschulbildung, aber nahezu die Hälfte der Befragten mit Hochschulbildung länger als zehn Minuten im Sprechzimmer behandelt. Entsprechend habe sich ergeben, daß nur ein Viertel der Facharbeiter, aber mehr als die Hälfte der leitenden Angestellten und gehobenen Beamten in den Genuß dieser relativ langen Behandlungsdauer kämen.

Was die Wartezeit angeht, so ermittelte INFAS, daß nur etwa ein Zehntel der „gehobenen" Beamten und leitenden Angestellten länger als eine Stunde im Wartezimmer sitzen müßten, wohl aber die Hälfte der an- und ungelernten Arbeiter und immerhin ein gutes Drittel der Rentner.

(Zeilennummern: 2, 4, 6, 8, 10, 12, 14, 16, 18, 20, 22, 24, 26)

Z. 1−2:	Wer ... gehoben.. Berufsgruppe ...,	*angehören*
Z. 2−4:	braucht* in der Regel* ... frei praktizierend.. Arzt weniger lange	*warten*
Z. 4−5:	und ... auch gründlicher ...	*untersuchen*
Z. 5−6:	als beispielsweise* ein Arbeiter oder Rentner.	
Z. 6−7:	Das ... ... ein.. Repräsentativerhebung* ..., die vom INFAS[1])	*sich herausstellen* *durchführen*
Z. 7−8:	... ... 1.200 Personen.	*befragen (Passiv)*
Z. 8−9:	Die Ergebnisse ... nun in Bonn*	*bekannt geben*

(Fortsetzung S. 258)

1) Institut für Angewandte Sozialforschung in Bonn-Bad Godesberg.

Z. 10—11: Danach* ... nur ein knappes Drittel der	*behandeln*
Z. 11—12: Befragten, die ... Volksschule ... ...,	*besuchen*
Z. 12—13: aber nahezu* die Hälfte* derer, die ... Hochschulbildung ... ...,	*genießen*
Z. 13—14: länger* als zehn Minuten ... Sprechzimmer	
Z. 14—15 Entsprechend habe .....,	*ermitteln (Passiv)*
Z. 15—16: daß nur* ein.. Viertel* der Facharbeiter,	
Z. 16—17: aber mehr als ... Hälfte der Angestellten	
Z. 17—19: und Beamten in ... und ... Position* diese relativ* lange Behandlungsdauer*	*leiten* und „*heben"*
....	*zuteil werden*

Z. 20—27: 1. Formulierung:	
Z. 20: Was ... Wartezeit ...,	*betreffen*
Z. 20—21: so konnte ... INFAS ... ...,	*feststellen*
Z. 21—23: daß nur etwa* ein Zehntel der ... Beamten und ... Angestellten	*leiten* „*heben"*
Z. 23—24: länger als* eine Stunde im Wartezimmer* ... ... hatte,	*verbringen*
Z. 24—27: wohl aber die Hälfte der an- und un... Arbeiter* und immerhin ein gutes Drittel der Rentner*.	*lernen*

Z. 20—27: 2. Formulierung:	
Z. 20: Sofern ... ... Wartezeit ...,	*es handelt sich um*
Z. 20—21: so ... ... INFAS-Ermittlungen	*sich ergeben*
Z. 21—23: ..., daß nur etwa* ein Zehntel der ... Beamten und ... Angestellten eine mehr als einstündige Wartezeit .....;	*leiten* „*heben"*
Z. 24: das aber*	*der Fall sein*
Z. 24—27: ... ... Hälfte der an- und un... Arbeiter und immerhin ... ... gut... Drittel der Rentner.	*lernen*

10. Umformungstexte zur Redewiedergabe

*März, ein schizophrener Dichter, ist die Hauptperson des gleichnamigen
(1976 erschienenen) Romans von Heinar Kipphardt (geb. 1922). – Alexander März lebt seit elf Jahren in der psychiatrischen Klinik Lohberg. Ein junger Arzt, Dr. Kofler, versucht herauszufinden, was mit dem verstummten
Mann passiert ist. Öchsel, ein Soziologe, der in Lohberg seinen Ersatzdienst
als Hilfspfleger leistet, ist eine Zeitlang Koflers Mitarbeiter in der Therapie-
Gemeinschaft. Karl Fuchs, wie März Patient in Lohberg, ist dort seit 33 Jahren „hospitalisiert".*

A. Öchsel erzählt ...

Öchsel erzählt, daß März im Rauchzimmer stets auf einem bestimmten Rohr-
2 stuhl der Tür gegenüber säße. Um sein Verhalten zu testen habe sich Öchsel
eines Tages auf diesen Rohrstuhl gesetzt, als er März erwartete. März habe
4 zuerst nur ein paar Schritte in den Raum gemacht, sich eine Zigarette ange-
zündet und sei wieder gegangen, als sei er nur irrtümlich hereingekommen.
6 Nach einigen Minuten habe er erneut hereingeschaut und sei wieder verschwunden, weil der Stuhl noch immer besetzt war. Gleich darauf sei März
8 mit einem genau gleichen Rohrstuhl hereingekommen, habe den Stuhl direkt neben Öchsel gestellt und ihm damit bedeutet, seinen Stuhl frei zu ma-
10 chen. Als Öchsel darauf eingegangen sei, habe sich März auf seinen gewohn-
ten Stuhl gesetzt, die Beine elegant übereinandergeschlagen und einen Blick
12 zu Fuchs hinübergeworfen.

B. Kofler, Bericht.

Ich sagte März, daß wir zu der Überzeugung gekommen seien, ihm die Er-
2 laubnis zu geben, sich im Anstaltsgelände frei zu bewegen. Er könne sich
jederzeit an mich oder einen Pfleger wenden, wenn er die Station verlassen
4 wolle. Ob er davon Gebrauch machen wolle. Er reagierte nicht, verließ aber
am nächsten Tag mit Fuchs die Station und kaufte sich eine Zeitung.

Geben Sie die beiden Texte in der direkten Rede wieder! – Achten Sie
bei Öchsels Erzählung auf den Gebrauch der Zeitformen!

Texte zum Leseverständnis

LV 1 Die Krankenversicherung

Die nachfolgenden Skizzen und Texte beschäftigen sich mit der Krankenversicherung in der Bundesrepublik Deutschland. Dabei geht es vor allem um die Unterschiede zwischen privater und gesetzlicher Krankenkasse.

I.

A

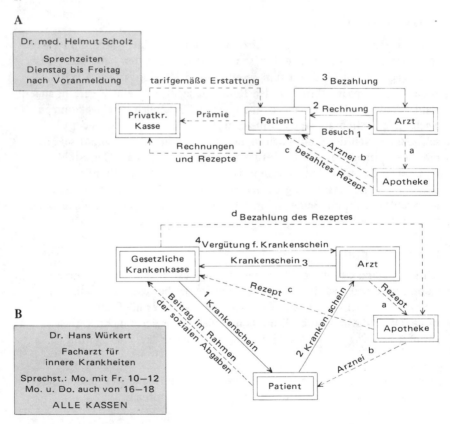

Aufgaben zum Verständnis

1. Erläutern Sie Skizze I A!
2. Warum ist der Patient in I A für Dr. Scholz Privatpatient, obwohl er Mitglied einer Krankenversicherung ist?
3. Erläutern Sie Skizze I B! Stellen Sie die Unterschiede zu I A fest!
4. Warum ist die gesetzliche Krankenversicherung für Bevölkerungsgruppen mit geringerem Einkommen grundsätzlich positiv zu bewerten?
5. Können Nachteile daraus entstehen, daß zwischen dem Pflichtversicherten und dem Arzt immer die Krankenkasse steht? Wenn ja, welche?

II.

Etwa 75 Prozent der bundesdeutschen Bevölkerung (einschließlich Berlin
2 West) gehören der sozialen Krankenversicherung an. Die Versicherung zahlt
im Krankheitsfall die Kosten der ärztlichen Behandlung. Der nach Abzug der
4 Verwaltungskosten übrigbleibende Kassenbestand der jeweiligen gesetzlichen
Krankenversicherungsanstalt wird zunächst zur Bezahlung der Arzneimittel,
6 der Krankenhauskosten und des Krankengeldes verwandt. Der Rest wird auf
die für die Behandlung von Pflichtversicherten zugelassenen Ärzte verteilt, ent-
8 sprechend der von den Ärzten vorgelegten Zahl von Krankenscheinen.

Der Privatpatient läßt sich bei Krankheit auf eigene Kosten behandeln. Seine
10 Krankenkosten werden ihm, wenn er Mitglied einer Privatkrankenkasse ist, je
nach dem Tarif, den er gewählt hat und für den er seinen Beitrag (Prämie)
12 bezahlt, ganz oder teilweise ersetzt. Dem Privatpatienten stellt der Arzt seine
Leistungen einzeln in Rechnung.

Aufgaben zum Textverständnis

1. Welche Geldmittel verwendet eine gesetzliche Krankenversicherungsanstalt für die Krankenkosten der Versicherten? (Z. 3–6)
2. Von welchen Ärzten können sich Sozialversicherte behandeln lassen? (Z. 6–7)
3. Wonach richtet sich die Bezahlung eines Arztes durch eine gesetzliche Krankenversicherungsanstalt? (Z. 7–8)
4. Erläutern Sie Z. 9 „Seine Krankenkosten ....." bis Z. 12 „..... teilweise ersetzt"!
5. Wird die ärztliche Behandlung von Pflichtversicherten immer leistungsgerecht bezahlt? (Z. 8; Z. 12–13)

III.

Der **Krankenschein** ist ein Formular, das der Pflichtversicherte von seiner Krankenkasse erhält und bei Beginn der Behandlung dem Arzt vorlegt. Der Krankenschein weist den Patienten als Mitglied der Sozialversicherung aus und ist
für den Arzt ein Anrechtschein auf das Honorar, das die Krankenkasse ihm
zahlen muß.

Krankengeld erhalten die Mitglieder der Sozialversicherung von ihrer Krankenkasse für jeden Tag, an dem sie wegen Krankheit ohne Verdienst sind. Das
Krankengeld ist etwa so hoch wie der zuletzt gezahlte Lohn.

Zur **Abrechnung der Krankenscheine** gibt der Kassenarzt zwar genau an, welche ärztlichen Leistungen für die Patienten jeweils notwendig waren; die Krankenkasse errechnet jedoch aus allen Leistungen der von ihr zugelassenen Ärzte
einen Durchschnitt pro Arzt. Danach richtet sich die Vergütung. Sie lag 1973
bei etwa DM 25,– pro Patient im Vierteljahr. Dieses Honorar erhält der Arzt
für den einmaligen Besuch eines Patienten in der Sprechstunde. Für den bett-
lägerigen Kranken, den er alle zwei Tage besuchen muß, erhält er im Vierteljahr aber auch nur den gleichen Betrag.

Eine **Operation** wird dem Privatpatienten je nach der Schwere des Falles in
Rechnung gestellt. Sie kann DM 500,– und mehr kosten. Für die Behandlung
eines Pflichtversicherten erhält der Arzt pro Tag eine feste Summe. Weitere
Kosten, auch für große Operationen, werden dem Arzt nicht erstattet.

Die **Beiträge** zur sozialen Krankenversicherung und die zu einer Privatkrankenkasse unterscheiden sich oft der Summe nach nur wenig voneinander. Der **Pri-
vatversicherte** jedoch erhält für seine Prämie Versicherungsschutz nur für seine eigene Person. Die Krankenkasse erstattet ihm seine Unkosten in genau
festgelegtem und für die Versicherung rentablem Umfang. Der **Sozialversicherte**
dagegen ist durch seinen Beitrag mit seiner ganzen Familie ohne Rücksicht auf
deren Größe versichert. Die gesetzliche Krankenversicherung hat alle Krankenkosten seiner Versicherten und durch das Krankengeld auch deren Lebensun-
terhalt während der Krankheit zu bestreiten.

Aufgaben zum Textverständnis

1. Welche Funktionen hat ein Krankenschein?
2. Erhält man von seiner sozialen Krankenversicherung für jeden Krankheits-
   tag Krankengeld?
3. Welche Probleme entstehen für den Kassenarzt aus dem Abrechnungsmo-
   dus der sozialen Krankenversicherung?

4. Welche organisatorischen und finanziellen Möglichkeiten gibt es bei einer Operation?
5. Für wen kann eine private Krankenversicherung Vorteile bieten?

Klaus Staeck · Vergiß den Krankenschein nicht!

LV 2 Gesundheit steht an erster Stelle

98,3 Prozent der westdeutschen Bevölkerung halten die Gesundheit für das
größte Gut des Menschen (97,0 Prozent Männer; 99,5 Prozent Frauen).

Geben Sie die statistischen Angaben in der indirekten Rede wieder! –
Verwenden Sie dabei die links stehenden Redeeinleitungen!

Verben/feste Verbindungen	Was kann man alles tun, um gesund zu bleiben?	in Pro-zent
– glauben, daß	Gesunde Lebensweise	37,0
– angeben, daß	Sport	37,0
– sich dafür aussprechen,	Frische Luft	31,4
daß	Schlaf, Ruhe	24,0
– der Meinung sein,	Mäßigkeit in der Ernährung	23,3
daß	Ärztliche Überwachung	17,1
– der Ansicht sein,	Wenig oder nicht rauchen	14,3
daß	Wenig oder nicht trinken	12,2
– der Auffassung sein,	Keine Überanstrengung	4,8
daß	Körperschutz	4,4
– die Ansicht vertreten,	Seelisches Gleichgewicht	4,1
daß ..·..	Ausgleich zum Beruf	1,0
– die Auffassung vertreten, daß	**Warum haben Sie sich noch nie vor-sorglich untersuchen lassen?**	
– den Standpunkt ver-treten, daß	Körperliches Wohlbefinden	39,3
– davon überzeugt sein,	Zeitmangel	23,9
daß	Bequemlichkeit	14,9
– der Überzeugung sein,	Ständig in Behandlung	9,5
daß	Unkenntnis der Möglichkeiten	3,5
– die Ansicht äußern,	Angst (Arzt, Behandlung, Befund)	4,1
daß	Alter (zu jung u. a.)	1,0

LV 3 Beim Arzt in Stadt und Land

Lesen Sie den Text und notieren Sie die inhaltlichen Hauptpunkte! – Versuchen Sie, Ihnen unbekannte Ausdrücke zu erschließen, bevor Sie ein Wörterbuch benutzen! – Beachten Sie die Anmerkungen auf den Seiten 267 und 268! – Unterstreichen Sie, was Sie nicht in Ihrem Wörterbuch finden oder nicht verstehen!

Gesundes Landvolk und widerstandsfähiges Bauernblut sind zwar Lieblings-
2 themen gestriger Schriftsteller, aber die Wirklichkeit sieht anders aus. Der Gesundheitszustand der Landbevölkerung in der Bundesrepublik ist schlechter
4 als der des Stadtvolkes. Über die Ursachen gibt es viel Literatur und Statistik. Zwei von den zahlreich vorgebrachten Gründen scheinen unmittelbar ein-
6 leuchtend: Mangel an Gesundheitsbewußtsein und Mangel an Ärzten.

Auf dem Lande wird jede Hand gebraucht; die mechanisierten Betriebe sind
8 auf möglichst wenig Menschenarbeit zugeschnitten. Die Kalkulation geht davon aus, daß der Mensch gesund ist. Wird er aber krank, dann liegt ein Teil
10 des landwirtschaftlichen Betriebes still, oder er muß von anderen unter Schwierigkeiten mitversorgt werden. Also wird Krankheit möglichst „ver-
12 drängt", bis es wirklich nicht mehr anders geht, bis die Krankheit manifest ist.

14 Doch gerade für diese ernsthaft Kranken auf dem Lande fehlt es an Ärzten. In Kleinstädten und Dörfern gibt es zu wenig Praktiker und die wenigen sind
16 überlastet und haben keine Zeit zur ärztlichen Weiterbildung. Sie leiden unter dem Andrang ernster Fälle, wo es mit ein paar freundlichen Worten und
18 sanften Rezepten nicht getan ist. Sie haben ein ungutes Gewissen angesichts des Tempos, das sie vorlegen müssen. Fünf Minuten pro Patient sind zu we-
20 nig, aber wenn sie sich länger Zeit nehmen, bleiben viele andere überhaupt ohne Behandlung und außerdem stimmt die Kasse nicht. Es müssen „Scheine
22 gemacht" werden.

Diese Notlage ist den Studenten und Medizinalassistenten wohl bekannt. Sie
24 suchen sich deshalb lieber eine Assistentenstelle in einem Krankenhaus. Dort haben sie zwar bei mäßiger Bezahlung überdurchschnittlich viele Wochenstun-
26 den und Nachtdienste abzuleisten, aber sie haben – anders als die Praktiker – irgendwann auch einmal dienstfrei und eine ungestörte Nacht.

28 Das „Deutsche Ärzteblatt" hat ausgerechnet, daß in den letzten zehn Jahren der Bestand an Ärzten um 30 Prozent gewachsen ist. Aber von diesem
30 Zuwachs – 31.000 – sind 21.000 Ärzte in den Krankenhausdienst gegangen.

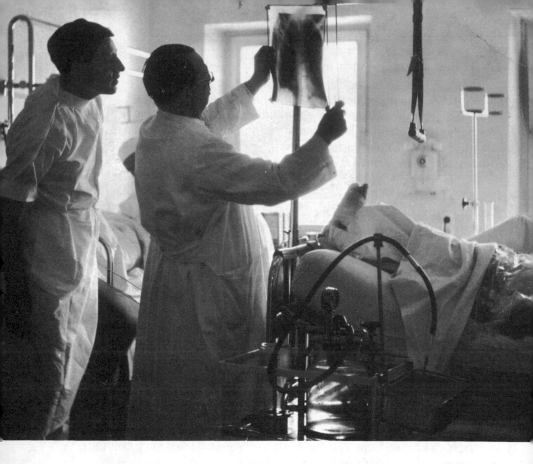

Seit 1960 hat sich damit die Zahl der Krankenhausärzte fast verdoppelt. In
32 dieser Entwicklung drückt sich der Ausbau des Krankenhauswesens in der
Bundesrepublik aus. Er war nötig. Doch hat es jetzt den Anschein, daß der
34 Bereich der ärztlichen Erstversorgung darüber vernachlässigt worden ist. Was
in diesem Bereich aber nicht behandelt werden kann, weil Zeit, Mittel und
36 Kraft fehlen, wird in die Krankenhäuser geschickt, denen dadurch immer
neue Überlastung droht.

38 Die ärztlichen Standesorganisationen, die den Medizinermarkt regulieren, sehen im frei praktizierenden Hausarzt den Inbegriff ärztlicher Existenz, ein
40 Ideal, wie von Hippokrates selbst entworfen. Im übrigen aber bleibt die Pre-
digt von den Schönheiten der Freiberuflichkeit platonisch. Die Anforderun-
42 gen, die der Nachwuchs zu erfüllen hat, bis er sich in eigener Praxis „nieder-
lassen" darf, sind streng und keineswegs immer frei von dem Zweck, nach-

44 drängende Konkurrenz zu dämpfen. Nicht jeder junge Arzt, der gerade die
Mühsal und Enge einer Universitätsausbildung hinter sich gebracht hat, hat
46 Lust, sich gleich anschließend in die Zucht von Ärztekammern und Verbän-
den zu begeben. Besonders dann nicht, wenn ein Krankenhaus ihm eine
48 leidlich bezahlte Assistentenstelle bietet, die zudem noch eine ärztlich be-
friedigende, weil medizinisch vernünftige Arbeitsweise gewährleistet. Sie bie-
50 tet eine ausreichende Infrastruktur, also modernem Gerät für Diagnose und
Therapie, geschultem Krankenpflegepersonal, Laboreinrichtungen und nicht
52 zuletzt in der Möglichkeit zur Diskussion von Fällen mit Kollegen. Selbst
wenn ein praktischer Arzt 100.000 Mark in seine Praxis steckt und der Fach-
54 arzt eine halbe Million, bringt er es doch nicht im entferntesten zu dieser
Intensität des Umgangs mit dem Patienten, wenn er nicht gerade als Spezia-
56 list für Privatpatienten in Mode ist.

Die Mittelform zwischen der zwar geldbringenden, aber aufreibenden Allge-
58 meinpraxis und dem abhängigen, unterbezahlten Krankenhausdienst wäre die
Gemeinschaftspraxis mehrerer Praktiker und Spezialisten in einem Haus mit
60 gemeinsamen Apparaten, Labors und Buchhaltung sowie geregelter Freizeit.
Es gibt sie schon in Großstädten, wo sie ebenfalls vernünftig ist, aber auf dem
62 Land, in den Kleinstädten und Mittelpunktdörfern der Zukunft wäre sie
noch viel nötiger und vernünftiger. Bislang steht ihr die Ideologie des guten
64 alten Hausarztes mit Kleinwagen und altfränkischer Reisetasche entgegen.
Staatliche Gesundheitspolitik könnte hier mit wahrscheinlich mäßigem Auf-
66 wand an Darlehen die heute bedrohte ärztliche Versorgung auf dem Land
sichern und damit „das Land" selbst vor Abwanderung und Auszehrung be-
68 wahren helfen.

ANMERKUNGEN:

Z. 5–6:   *einleuchtend* – klar, verständlich, überzeugend
Z. 7–8:   *zugeschnitten sein + N + P/auf-Akk. (+ hin)* – Beispiel: *Der Kurs war ganz*
            auf die Prüfung (hin) zugeschnitten. Das heißt: Es wurde nur das gemacht,
            was für die Prüfung notwendig war.
Z. 11–12:   (Partizip II von:) *verdrängen + N + A* – (hier:) so tun, als ob es Krank-
            heit nicht gibt
Z. 17:   *Andrang* (m.) – (hier:) große Menschenmenge; Beispiel: Bei Dr. med.
            Pfeiffer herrscht immer *großer Andrang.*
Z. 23:   *Medizinalassistent* (m.) – arbeitet nach seinem Studium zwei Jahre bei
            einem Oberarzt im Krankenhaus; erst danach kann er in eigener Verant-
            wortung tätig werden.
Z. 28:   *Deutsches Ärzteblatt* – Fachzeitschrift für Mediziner
Z. 38:   *Standesorganisation* (f.) – (zusammengesetzt aus:) *Organisation* (f.) und
            Stand (m.) = (hier:) Berufsgruppe; das heißt: Organisationen, die sich spe-
            ziell für die Rechte und Interessen der Ärzte einsetzen.

(Fortsetzung S. 268)

Z. 39:   *Inbegriff* (m.) – (abgeleitet von:) *inbegriffen* – Beispiel: Bedienung und
           Trinkgeld *sind im Preis inbegriffen. In dem Zimmerpreis sind* auch die Ne-
           benkosten *inbegriffen.* Das heißt: *mitgezählt, mitgerechnet, (mit) einge-
           schlossen.* – *Inbegriff* (m.) – das Höchste, (hier:) all das enthaltend und
           zusammenfassend, was zu einem Arzt gehört
Z. 40:   *Hippokrates* – griechischer Arzt, um 460 bis 377 vor Christus, begründete
           die wissenschaftliche Medizin und ärztliche Ethik
Z. 41:   *platonisch* – (abgeleitet von:) *Platon:* griechischer Philosoph, 427 bis
           347 vor Christus; *platonische Liebe:* nicht körperliche, sondern seelische
           oder geistige Liebe; (hier:) nicht der Realität entsprechend, wirklichkeits-
           fern
Z. 45:   *Mühsal* (f.) – Mühe (f.), Sorge (f.), Last (f.)
Z. 46:   *Zucht* (f.) – (hier:) Disziplin (f.), Ordnung (f.)
Z. 46:   *Ärztekammer* (f.) – Institution, die die Interessen der Ärzte vertritt und
           deren Berufsordnung überwacht
Z. 48:   *leidlich* – nicht ganz gut und nicht ganz schlecht; halbwegs gut, einiger-
           maßen, annehmbar
Z. 54:   *nicht im entferntesten* – ganz und gar nicht, nicht im geringsten
Z. 57:   *aufreibend* (Partizip I von:) *aufreiben* – (hier:) müde machen (ermüden),
           erschöpfen, (physisch/psychisch) verbrauchen, überbeanspruchen
Z. 62:   *Mittelpunktdorf* (n.) – Dorf, in dem Verwaltung, Schulen sowie soziale
           und kulturelle Einrichtungen für mehrere Dörfer konzentriert sind
Z. 64:   *altfränkisch* – (hier:) unmodern, altmodisch
Z. 66:   *Darlehen* (n.) – bei der Bank geliehenes Geld; Kredit (m.)
Z. 67:   *Auszehrung* (f.) – (abgeleitet von:) *auszehren + N + A* – schwächen;
           Kraft wegnehmen (entziehen)

Die Gliederung eines Textes

Ein längerer zusammenhängender Text ist meistens in *Absätze* eingeteilt, *er
ist gegliedert.* Der Text „Beim Arzt in Stadt und Land" hat sieben Absätze:
Z. 1 ff.; Z. 7 ff.; Z. 14 ff.; Z. 23 ff.; Z. 28 ff.; Z. 38 ff.; Z. 57 ff.

Jeder funktionsgerechte Absatz enthält einen *Hauptgedanken* (einen „Schlüs-
selgedanken"). Für jeden Absatz eines Textes müßte sich eine passende *Überschrift* formulieren lassen, die den Hauptgedanken dieses Absatzes wiedergibt
(zusammenfaßt).

Häufig ist es so, daß der Hauptgedanke eines Absatzes in einem Satz, dem
Schlüsselsatz, oder auch in einem Wort, dem *Schlüsselwort,* besonders deutlich zum Ausdruck kommt.

Aufgaben zur Gliederung des Textes

1. Ermitteln Sie für die einzelnen Absätze des Textes jeweils den Schlüsselsatz bzw. das Schlüsselwort/die Schlüsselwörter!
   – Unterstreichen Sie sie!
   – Prüfen Sie, ob der Schlüsselsatz bzw. das Schlüsselwort/die Schlüsselwörter die Mitteilungen des jeweiligen Absatzes angemessen zusammenfassen!
   – Versuchen Sie, aus den Schlüsselsätzen oder Schlüsselwörtern Überschriften für die einzelnen Absätze zu formulieren!
2. Fassen Sie den Text anhand der erarbeiteten Gliederung schriftlich zusammen!

LV 4 Wie ein Baby

> Lesen Sie den Text und notieren Sie die inhaltlich wichtigsten Punkte, so daß Sie darüber sprechen können! – Unterstreichen Sie, was Sie nicht verstehen! – Beachten Sie die Anmerkungen auf Seite 271!

Wenn Sie nach China reisen, kaufen Sie sich einen Reiseführer und bereiten
2 sich gründlich vor auf das fremde Land und seine fremden Bräuche. In die
weit fremdere Welt des Krankenhauses jedoch begeben Sie sich völlig unvor-
4 bereitet. Allerdings werden Sie dort ja auch meist eingeliefert. Schon dieses
Wort zeigt an, zu welcher „Klasse" Sie in der neuen Welt gehören werden,
6 nämlich zu den „Horizontalen" (auch Patienten genannt). Ausgeliefert sind
Sie nun den Herrschern dieses Landes, den „Vertikalen" (Ärzte, Schwestern
8 und Pfleger genannt). Widerstand ist zwecklos. Mag auch an der Spitze der
strengen Hierarchie der Arzt stehen wie ein General an der Spitze seiner Ar-
10 mee, für Sie ist hier der wichtigste Mann die Stationsschwester. Streng ist sie
und unbequem für ihre Untergebenen. Selbst der Assistenzarzt fürchtet sie.
12 Sie achtet darauf, daß Sie die richtige Spritze zur richtigen Zeit an der richtigen Stelle bekommen. Der Weg zum Chefarzt geht über sie, und Sie tun gut
14 daran, sich daran zu halten.

Diese fremde Welt spricht eine fremde Sprache. Hier ein paar Proben aus
16 dem Stations-Chinesisch: O.P. (Operationssaal) ist nicht zu verwechseln mit
o. B. (ohne Befund). Seltsame Formulierungen sollten Sie nicht verwirren.
18 Wenn die Stationsschwester beispielsweise sagt: „Jetzt wollen wir uns aber

schnell ausziehen und ins Bettchen legen!"', dann ist das — auch bei einer rei-
20 zenden Schwester — keine unsittliche Aufforderung.

Nunmehr sind Sie in der Baby-Lage und werden wie ein Baby behandelt.
22 Man könnte manchmal Minderwertigkeitskomplexe bekommen. Ohne nähere
Erklärung werden Sie ins Bett gelegt, aus dem Bett geholt, auf eine Bahre
24 gerollt, irgendwohin transportiert. Keiner sagt Ihnen, was geschehen soll. Sie
hören nur irgendein unverständliches Wort, und Sie fürchten sich — und nach-
26 her werden Sie bloß geröntgt.

Bleiben Sie wachsam! Spitzen Sie die Ohren! Es ist schon ganz gut zu wissen,
28 was einem 'rausgeschnitten werden soll, wenn man auf der Bahre vor dem
O.P. liegt. Chirurgen sind gefährliche Menschen! Und Sie haben ihnen ja
30 einen Blankoscheck gegeben, als Sie die Erklärung unterschreiben mußten:

32
> Mit den ärztlichen Maßnahmen, einschließlich Operation und Narkose,
> die für meine Behandlung notwendig sind, erkläre ich mich einverstanden.

Aber nicht immer schneidet man sich etwas von Ihnen ab. Manchmal ist Ihr
34 Aufenthalt auch gänzlich unblutig. Auf jeden Fall wollen Sie als Genesender
Ruhe haben. Hier haben Sie sie! Spätestens um 6 Uhr morgens, auf größeren
36 Stationen schon um 5, werden Sie geweckt, gemessen, bekommen Sie den
Puls gefühlt, werden Sie gewaschen, gelüftet. Die Versuche, danach noch
38 etwas Schlaf zu erhaschen, werden von der Putzfrau verhindert. Jetzt rollt
die Maschinerie des Tages an: Das Frühstück kommt; das Geschirr wird wie-
40 der abgeholt; die Visite kommt; es kommt die Schwester mit den Medikamenten; es kommt die Laborantin, um Ihnen Blut abzuzapfen. Es kommt
42 das Mittagessen; das Geschirr wird abgeholt. Die Schwester bringt das Thermometer, die Schwester holt das Thermometer. Sie hoffen auf den Mittags-
44 schlaf? Irrtum! Jedes Krankenhaus hat einen Gärtner, der verpflichtet ist, mit
seinem lautstarken Rasenmäher den Patienten zwischen 14 und 15 Uhr vom
46 Schlafen abzuhalten. Dann kommt der Kaffee, dann der Besuch; dann wird
das Geschirr wieder abgeholt; dann kommt das Betten. Erneut messen, Puls
48 fühlen. Es kommt das Abendbrot; das Geschirr wird wieder abgeholt. Es
kommen die Getränke für die Nacht; es kommt die Nachtschwester. Aber
50 vielleicht schlafen Sie dann schon. Ratlos steht die Schwester da: Wie kriegt
man den Kranken bloß wieder wach, um ihm das Schlafmittel zu geben? Ein
52 echtes Problem!

Nicht ganz unwichtig im Krankenhaus ist der Arzt. Immerhin kamen Sie ja
54 hierher, um sich von ihm behandeln zu lassen. Überlegen Sie sich jedoch

rechtzeitig die Frage: Wie behandle ich meinen Arzt? Ärzte sind auch Men-
56 schen. Von Krankenbett zu Krankenbett eilend muß so ein armer Chefarzt
während seiner Visite immer wieder neue Worte finden. „Ah — der Darm
58 von Nummer 8, das sind Sie! Wie geht's uns denn heute?" Fragen Sie doch
einmal freundlich zurück: „Und Ihnen? Was machen die Zähne? Und Ihre Kin-
60 derchen? Haben sie die Grippe gut überstanden?" Sie werden sehen: Der Erfolg ist verblüffend! Sie werden das Ende Ihrer Babyzeit erreicht haben.

ANMERKUNGEN:

Z. 17: *Befund* (m.) — Die Untersuchung hat nichts ergeben: ein negativer Befund.
Z. 23: *Bahre* (f.) — längliches Gestell, auf dem Verletzte, Kranke oder Tote getragen
werden
Z. 30: *Blankoscheck* (m.) — Scheck mit der Unterschrift des Konto-Inhabers, jedoch
ohne Angabe über die Höhe des Geldbetrags. Den Geldbetrag setzt der Scheck-
Besitzer selbst ein, wenn er den Scheck einlösen will.
Z. 34: *Genesender* — (Partizip I von:) *genesen* — gesund werden
Z. 37: *Puls* (m.) — leichter Schlag der Arterien, den man am Hals oder an der Innen-
seite des Handgelenks fühlen kann
Z. 40: *Visite* (f.) — täglicher Rundgang des Arztes durch die Zimmer der Krankensta-
tion

Aufgaben zur Ausdruckserschließung und zur Gliederung des Textes

1. Lesen Sie den Text noch einmal gründlich! — Bevor Sie im Wörterbuch
   nachschlagen, sollten Sie versuchen,
   — Unbekanntes zu erschließen: Kontext, Wortbildung;
   — die eine oder andere schwierige Stelle zu umschreiben: inhaltsgleiche
   Ausdrucksmittel;
   — andere Verständnishilfen anzuwenden: z. B. Signalwörter, Verb + obligatorische Glieder.

2. Ermitteln Sie die Schlüsselwörter bzw. die Schlüsselsätze der einzelnen Absätze!
   — Unterstreichen Sie sie!
   — Prüfen Sie, ob das Schlüsselwort bzw. der Schlüsselsatz die verschiedenen Mitteilungen des jeweiligen Absatzes auch wirklich zusammenfaßt!
   — Versuchen Sie, für die einzelnen Absätze passende Überschriften zu
   finden!

3. Fassen Sie den Text anhand der erarbeiteten Gliederung zusammen!

Anhang
Materialien und Aufgaben zur Hinführung auf die Zentrale Mittelstufenprüfung des Goethe-Instituts (ZMP)

A. Sprechanlässe (je nach Inhalt im Anschluß an R 1 bis R 6)

a) *Sie haben sich — über etwas sehr gefreut; — über etwas/jemanden sehr geärgert?* — Sprechen Sie darüber und bringen Sie dabei — Ihre Freude, — Ihren Ärger deutlich zum Ausdruck? (ab R 1)

b) *Sie haben etwas erlebt, z. B. was Sie — überrascht, — erschreckt hat; was Ihnen — gefallen, — mißfallen hat; was für Sie — angenehm, — unangenehm, — peinlich war?* — Berichten Sie darüber und bringen Sie Ihrem Gesprächspartner gegenüber deutlich zum Ausdruck, was in Ihnen vorgegangen ist! (ab R 1)

c) *Sie können etwas empfehlen, z. B. — ein Lokal, — einen Laden, — ein Buch, — eine Veranstaltung, — einen Film, — ein Ausflugsziel, — eine Reise?* — Versuchen Sie, Ihren Gesprächspartner davon zu überzeugen! (ab R 3)

d) *Sie möchten — etwas unternehmen, — etwas Neues kennenlernen, aber nicht allein, sondern zu zweit/in der Gruppe, z. B. — in ein Lokal, — zum Tanzen, — ins Kino, — in ein Museum gehen; — eine Ausstellung, — eine Veranstaltung besuchen; — ins Grüne/ans Wasser/in die Berge fahren; — etwas Sehenswertes kennenlernen?* — Überreden Sie Ihren/Ihre Gesprächspartner mitzumachen! (ab R 3)

e) *Sie haben etwas unternommen, vielleicht auf eine Empfehlung hin, — was sich nicht gelohnt hat, — was Sie enttäuscht hat, z. B. — ein Lokal, — einen Laden, — eine Veranstaltung, — eine Ausstellung besucht; — sich einen Film angesehen; — ein Buch gelesen; — einen Ausflug/eine kurze Reise gemacht?* — Raten Sie Ihrem Gesprächspartner dringend davon ab! (ab R 3)

f) *Sie haben etwas gekauft, was Ihren Erwartungen — voll entspricht, — ganz und gar nicht entspricht?* — Beschreiben Sie so konkret wie möglich, worum es sich bei dieser Anschaffung handelt, und bringen Sie zum Ausdruck, warum Sie — so zufrieden, — so unzufrieden sind! (ab R 4)

(Fortsetzung S. 274)

Wer die Nacht nicht vor dem Morgen
lobt. Wer für das Frühstück den
richtigen Dreh findet. Wer so Gaumen
und Geist für den Tag inspiriert.
Wer das Echte liebt – der raucht Gauloises.

Die Echten aus Frankreich. Würzig und unverwechselbar
im Tabak. Gauloises 20 Stück DM 2,10.
Gauloises mit Filter in der blauen und in der weißen
Packung 20 Stück DM 2,20.

GAULOISES

Die Echten
aus Frankreich

GL 501

g) *Sie — kennen einen Menschen, — haben einen Menschen kennengelernt,*
den Sie — interessant, — sympathisch, — auf irgendeine Art ungewöhn-
lich finden? — Versuchen Sie, diesen Menschen so zu beschreiben, daß
Ihr Gesprächspartner eine Vorstellung von ihm bekommt, ihn vielleicht
sogar kennenlernen möchte. (ab R 6)

h) *Sie kennen einen Menschen, — der Sie enttäuscht, — der sich Ihnen ge-*
genüber in einer bestimmten Situation falsch/für Sie unerwartet verhalten
hat? — Erzählen Sie, was vorgefallen ist, was daran für Sie enttäuschend/
unerwartet war, wie Sie sich an seiner Stelle verhalten hätten! (ab R 6)

B. „Die Echten aus Frankreich" (Abbildung S. 275 — Mündlicher
Ausdruck: im Anschluß an R 4)

Die nachfolgenden Fragen haben den Zweck, Sie zum Sprechen anzuregen;
sie brauchen weder im einzelnen noch in der vorgegebenen Reihenfolge
beantwortet zu werden. Es steht Ihnen daher frei, eigene Gedanken zu dieser oder über diese Abbildung zu äußern.

— *Beschreiben Sie die Szene auf dieser Abbildung!*
— *Was sagt die Einrichtung des Zimmers über die Person aus?*
— *Wie finden Sie diese Art zu frühstücken? Könnten Sie daran Gefallen fin-*
den? Haben Sie persönlich besondere Frühstücks-/Essensgewohnheiten —
und wenn ja, welche? Beschreiben Sie sie!
— *Was spricht Sie bei diesem Werbefoto am meisten an? Was erscheint Ihnen*
daran besonders werbewirksam — und warum?
— *Sollte man für Zigaretten überhaupt werben? Warum? Warum nicht?*
— *Was halten Sie von einem generellen Reklameverbot für Tabakwaren, für*
Alkohol, für Arzneimittel?
— *Wozu ist die Werbung da? Was spricht nach Ihrer Meinung für, was gegen*
die Konsumwerbung?
— *Ist die Wirtschaft auf Werbung angewiesen — oder kann/könnte sie auch*
ohne Werbung auskommen?

C. Brieffreundschaft (ab R 6)

1. Schreiben Sie Ihre Antwort in Form eines Briefes, also mit Ort, Datum,
Anrede, Grußformel, Unterschrift!

(Fortsetzung der Aufgaben zum Text S. 276)

Was für eine Überraschung! Plötzlich höre ich mal wieder
von Dir. Warum hast Du denn so lang geschwiegen? Was mich an
Deinem Brief besonders freut, ist das ausgezeichnete Deutsch, das
Du in den vergangenen acht (oder wieviel?) Wochen gelernt hast. Du
hast ja früher schon gemerkt, wie schwer es mir fiel, mich in Deiner
Sprache mit Dir zu unterhalten. – Als ich hörte, wieviel so ein
Sprachkurs kostet, überlegte ich mir, wie Du das eigentlich bezahlst.
Solltest Du in Schwierigkeiten kommen, könnte ich Dir gern für einige
Zeit helfen.
Glaubst Du denn, daß Du mit Fremdsprachenkenntnissen in
Deiner Heimat eine bessere Stellung bekommst? Und wofür ist
denn dort gerade Deutsch so wichtig? Oder beabsichtigst
Du jetzt doch, in der Bundesrepublik zu bleiben? Denn
ja – was wirst Du hier tun?
Überrascht war ich, daß Dir mein letzter Brief nachgeschickt
werden mußte. Wie oft mußt Du denn Deine Wohnung wechseln –? Mir ging es allerdings nicht anders, als ich Prakti-
kantin war: Im ersten Zimmer, das ich nach langem Suchen zusammen mit meiner Schwester bezogen hatte, lief
eines Tages das Wasser die Wände herunter. – Rohrbruch!
Die Wirtin, bei der ich die nächste Bude gemietet hatte,
starb nach 6 Wochen, und die Enkel wollten die Wohnung für
sich allein haben. Dem Vermieter des dritten Zimmers gefielen
meine Schallplatten nicht. Der nächste Vermieter war prima, und
wir gründeten eine Wohngemeinschaft, aber die zerfiel nach
8 Monaten aus den üblichen Gründen.
Übrigens: Noch nie hast Du etwas über Deine Geschwister und
Deine Eltern berichtet. Da Du mich nun für den nächsten Sommer
zu Dir nach Hause eingeladen hast, (oder jedenfalls, daß
ich mir die Gegend mal ansehe, aus der Du kommst), würde
ich gern auch etwas von Deiner Familie wissen.
Stell Dir vor: Ich hatte einen Autounfall, den ersten in meinem
Leben. Der kleine Wagen war ziemlich zerdrückt. Ich übrigens
auch. Nach 6 Wochen Krankenhaus fühle ich mich jetzt aber
wieder besser. Das passierte leider im gleichen Augenblick,
da ich mein neues Studium beginnen wollte (Betriebs –
wirtschaftslehre hatte ich nach dem 2. Semester abgebrochen).
Schreibst Du bald mal? Ich freue mich auf Deinen Brief.

Claudia

2. Nehmen Sie Stellung zu Claudias Fragen und Äußerungen in den Zeilen 2, 4 und 8 bis 9!
3. Beantworten Sie die Zeilen 10 bis 11, 11 bis 12 und 12 bis 14!
4. Gehen Sie auf die Frage in Zeile 16 und die nachfolgende Schilderung ein! Erkundigen Sie sich nach dem, was in dem Satz von Zeile 25 bis 26 unklar bleibt!
5. Beantworten Sie die Zeilen 27 bis 28 bzw. 30!
6. Äußern Sie sich zu den Ereignissen, die Claudia in den Zeilen 32 bis 37 beschreibt!
7. Äußern Sie den dringlichen Wunsch, Claudia wiederzusehen! Machen Sie einen Vorschlag!

D. Alexander Kluge · Manfred Schmidt (Schriftlicher Ausdruck: im Anschluß an R 6)

Wir stehen dabei vor dem Phänomen, daß die sich wandelnde industrielle Gesellschaft wahrscheinlich von allen sozialen Schichten die gleichen Eigenschaften verlangen wird, die ich folgendermaßen bezeichnen möchte: erstens Zuverlässigkeit, zweitens Mobilität, drittens Weltverständnis. Diese drei Forderungen bedürfen der Erklärung. *Hellmut Becker*

Nicht dem Schicksal in den Rachen greifen, sondern sich, sobald es den Rachen öffnet, ein anderes aussuchen. *Beethoven-Schmidt*

Lebenslauf

Manfred Schmidt wurde am 21. Februar 1926 vorzeitig in Thorn (Westpreu-
10 ßen) als Sohn des prakt. Arztes Manfred Schmidt und seiner Frau Erika, geb. Scholz, geboren. Er besuchte die deutsche Volksschule seiner Heimatstadt
12 und später das Realgymnasium. Von dort meldete er sich Ostern 1943 zur Luftwaffe. Als die Einheit geschlossen in die Waffen-SS überführt werden
14 sollte, desertierte er zusammen mit seinem Freund K. und rettete sich in die Schweiz. Sie nahmen die Tour über den Bodensee, wo sein Freund K. jemand
16 kannte und ein verstecktes Boot besaß.

Nach seiner Verhaftung in der Schweiz wandte sich Manfred Schmidt an
18 einen früheren Bekannten seiner Mutter. Mit Unterstützung dieses guten Freundes gelang ihm und K. die Flucht aus dem Internierungslager nach Zü-
20 rich. Sofort nach Beendigung des elenden Krieges wurde Manfred Schmidt von einer Ölfirma engagiert und nach Sydney (Australien) gebracht. Hier
22 verlebte er glückliche Zeiten bis zu seiner Rückversetzung in das wiedererstandene Europa im Jahre 1951.

24 Zum Quartalende 1951 trat er in eine Spitzenstellung bei der Firma B. &
Quamp AG ein; ein wenig später brach die Ölfirma in Australien, die er gerade
26 verlassen hatte, hinter ihm zusammen. Auf den Bankrott hatte Manfred Schmidt
genausowenig Einfluß wie auf die Machtergreifung von 1933 oder den Kriegsaus-
28 bruch 1939, aber er sah ihn rechtzeitig voraus und schied dort aus. Als Mitarbeiter der B. & Quamp AG war er bei seinen Untergebenen und den Vorstandsmit-
30 gliedern beliebt. Seine Fähigkeit, sich neuen Situationen rasch einzufügen.
zeichnete ihn vor anderen Mitbewerbern aus. Seit Februar ist Schmidt verheira-
32 tet mit Helena K., der Schwester seines langjährigen Freundes K.

Bewerbung

Ich, Manfred Schmidt, verheiratet, kinderlos, bin geboren am 21. 2. 1926 in
34 Thorn (Westpreußen), als ehelicher Sohn des prakt. Arztes Dr. med. Manfred
Schmidt und seiner Ehefrau Erika, geb. Scholz. In meiner Heimatstadt be-
36 suchte ich die Grundschule und später das Realgymnasium, an welchem ich
Ostern 1942 die kriegsmäßige Reifeprüfung bestand. Nach vorübergehender
38 Militärzeit und einem Aufenthalt in der Schweiz nahm ich im Sommer 1945
die Stellung eines stellvertretenden Ingenieurs bei der Fa. Pignatelli Cie. in
40 Sydney (Australien) an. Unmittelbar nach meiner Ernennung zum stellvertretenden Werksleiter wechselte ich diese zweifellos interessante Tätigkeit und
42 bewarb mich bei der Fa. B. & Quamp AG in Frankfurt (Main). Für diese
Firma war ich mehrere Jahre an verschiedenen Orten tätig. Der Wunsch,
44 mich nicht einseitig auf ein bestimmtes Tätigkeitsfeld festzulegen und an
dessen Schicksal teilzunehmen, bestimmte mich, im März vergangenen Jahres
46 in die Fa. Helldorf, Holzgroßhandlung einzutreten, eine Firma, in der ich besondere Erfahrungen auf dem Gebiete des Kambala-Einkaufs sammeln konn-
48 te und auch die Verkaufsabteilung zu betreuen hatte. Nach wie vor erscheint
mir die alles umfassende Tätigkeit in dieser Firma nicht unbefriedigend.
50 Andrerseits sehe ich mich zu der vorliegenden Bewerbung veranlaßt, da sie
geeignet erscheint, mich zu verbessern.

Aufgaben

1. Vergleichen Sie den „Lebenslauf" und die „Bewerbung" in bezug auf
   1.1 Persönliches;
   1.2 Berufliches;
   1.3 Sonstiges, das beide Texte nach Ihrer Ansicht in auffälliger Weise
       voneinander unterscheidet!

(Fortsetzung S. 278)

Notieren Sie stichwortartig, welche Unterschiede Sie feststellen! Äußern Sie sich dazu!

2. Fassen Sie die sich ergänzenden Angaben beider Texte zu Person, Schule und Berufsweg in Form einer tabellarischen Übersicht zusammen!

3. Umformungen

Beantworten Sie die folgenden Fragen! — Geben Sie die erfragten Inhalte in Teilsätzen wieder! Achten Sie dabei auf eine verbale Ausdrucksweise!

Beispiel:

Text: Nach vorübergehender Militärzeit (...) nahm ich (...) die Stellung eines stellvertretenden Ingenieurs (...) an. (Z. 37—40)

Frage: Wann nahm Manfred Schmidt diese Stellung an?

Antwort: *Nachdem er vorübergehend beim Militär gewesen war.* (Teilsatz, eingeleitet mit *nachdem*)

a) An wen wandte sich Manfred Schmidt in der Schweiz? (Z. 17—18)
b) Warum tat er das? (Z. 17)
c) Was gelang ihm und K.? (Z. 19—20)
d) Auf welche Weise gelang ihnen das? (Z. 18—19)
e) Wann wurde Manfred Schmidt nach Sydney engagiert? (Z. 20)
f) Wie lange blieb er dort? (Z. 22—23)
g) Wohin kam er 1951? (Z. 22—23)
h) Worauf hatte Manfred Schmidt keinen Einfluß? (3 Antworten: Z. 24—26; Z. 27: Z. 27—28)
i) Mit wem ist Schmidt verheiratet? (Z. 31—32)
k) Wann wechselte Schmidt zur Fa. B. & Quamp AG? (Z. 40—41)

4. Dem „Lebenslauf" und der „Bewerbung" sind zwei kurze Texte als Motto vorangestellt.

4.1 Was besagt der Text von Hellmut Becker? (Z. 1—6)
4.2 Beethovens Ausspruch lautet: „Dem Schicksal in den Rachen greifen!" Was besagt im Unterschied dazu das hier verwendete Motto? (Z. 7—8)
4.3 Welchen Zusammenhang sehen Sie jeweils zwischen Motto und „Lebenslauf" bzw. „Bewerbung"? Inwiefern stellen diese Texte eine „Erklärung" des jeweiligen Mottos dar?

E. Wir leben länger (Leseverständnis: im Anschluß an R 7)

Der Artikel „Wir leben länger" ist inhaltlich in sieben Abschnitte gegliedert. Für jeden dieser Abschnitte finden Sie nachfolgend eine Überschrift. Schreiben Sie die Nummern dieser Überschriften jeweils in den Kasten, unter dem der betreffende Abschnitt beginnt!

1 *Hoffnung auf das Ende der Todeskrankheit Nummer 1*
2 *Der Erfolg vorbeugender Maßnahmen im Kindesalter*
3 *Wir leben länger*
4 *Bleibt die feucht-heiße Zone ein Seuchengebiet?*
5 *Größer werden – ein Prozeß, der nicht erst gestern begann*
6 *Bald frei von jeder Erkältung?*
7 *Wissenschaftliche Hilfe für ein längeres Leben*

Vor einigen Jahren wollte man in Paris eine Modeschau mit Originalgewän-
2 dern aus der Rokokozeit veranstalten. Die Absicht konnte nicht verwirklicht
werden. Es war unmöglich, Mannequins zu finden, denen die Kleider paßten.
4 Ebenso gibt es heute keinen Europäer, der eine mittelalterliche Ritterrüstung
tragen könnte.

☐

6 Die Menschen sind in den letzten Jahrhunderten ständig größer geworden,
und heute geht diese Entwicklung mit gesteigertem Tempo weiter. Die Kin-
8 der wachsen den Eltern buchstäblich über den Kopf. Das ist vor allem auf
die Verbesserung der Ernährung zurückzuführen, insbesondere in den Kinder-
10 und Wachstumsjahren, auch auf die im allgemeinen gesündere Lebensweise:
Säuglinge kommen heutzutage nicht mehr ins Wickelpolster, Kinder spielen
12 im Freien.

Man kann mit Sicherheit annehmen, daß sich dieser Prozeß auch in den näch-
14 sten zwanzig Jahren fortsetzen wird. Junge Menschen von 1,90 bis 2 Meter
Größe werden 1990 nicht sonderlich auffallen; Schuhnummer 47 wird zum
16 normalen Sortiment gehören, das in jedem Konfektionsgeschäft vorrätig ist.
In neuen Häusern wird man die Normhöhe der Türen mindestens mit 2,10
18 Meter festlegen, und in alten Häusern, wo die Türen oft nur 1,90 Meter hoch
sind, wird es so manche Beule an den Köpfen unvorsichtiger junger Leute
20 geben.

Die Menschen werden nicht nur größer, sie werden auch älter werden. Die
22 durchschnittliche Lebenserwartung betrug in Deutschland zu Beginn unseres
Jahrhunderts rund 50 Jahre, vor dem Zweiten Weltkrieg 60 Jahre und liegt
24 heute in der Bundesrepublik etwa bei 70 Jahren; 1990 wird sie an 80 Jahre
herankommen, nach Ansicht mancher Fachleute sogar an 85. (Die Durch-
26 schnittswerte für Frauen liegen immer ein wenig höher, für Männer ein wenig
niedriger als der allgemeine Durchschnitt.) In zwanzig Jahren werden also viel
28 mehr Kinder als heutzutage ihre Urgroßeltern − zumindest ihre Urgroßmüt-
ter − noch persönlich kennenlernen.

30 Personen, die 70, 80, 90 und sogar noch mehr Jahre alt wurden, hat es zwar
früher auch schon gegeben, aber die Zahl (der Prozentsatz) dieser Personen
32 ist dank der Erhöhung des Lebensstandards, der Verbesserung der Ernährung
und der Wohnverhältnisse sowie dank der medizinischen und hygienischen
34 Fortschritte immer größer geworden; die Zahl der Menschen, die vorzeitig
sterben − als Säuglinge, Kinder, in jungen und mittleren Jahren −, nimmt
36 ständig ab und wird noch weiter abnehmen.

□

Die volle Lebensspanne, also das Alter, das ein Mensch erreicht, der nicht
38 vorzeitig einer Krankheit, einem Unfall oder sonst einer äußeren Einwirkung
zum Opfer fällt, hat sich bisher nicht irgendwie merklich verlängert. Der in
40 der jüngsten Zeit erfolgte Aufschwung der Geriatrie − also jenes Zweiges der
Medizin, der sich mit den Alterserscheinungen beschäftigt − wird hier viel-
42 leicht schon in den kommenden Jahrzehnten gewisse Fortschritte bringen.
Aber während dies noch ziemlich vage Hoffnungen sind, kann man mit eini-
44 ger Zuversicht annehmen, daß die Entwicklung der Geriatrie den nach Jahren alternden Menschen eine immer länger währende Periode der Rüstigkeit,
46 der geistigen und körperlichen Frische wird bescheren können. Die Verlängerung des Lebens ist nicht darauf ausgerichtet, die Periode eines hilflosen und
48 pflegebedürftigen Greisenalters auszudehnen. Es ist vielmehr damit zu rechnen, daß immer mehr Menschen nach dem Ausscheiden aus dem Berufsleben
50 einen aktiv gestalteten Lebensabend verbringen werden.

☐

In zwanzig Jahren wird es in Europa wahrscheinlich eine seltene Ausnahme
52 sein, daß ein Mensch an einer Infektionskrankheit sterben muß. Denken wir
nur daran, welches Entsetzen noch vor wenigen Jahren die Mitteilung auslö-
54 ste, daß ein Kind an Kinderlähmung (Poliomyelitis) erkrankt sei. Seit der
Einführung der Schutzimpfung ist diese Krankheit praktisch abgeschafft.

☐

56 Heute können wir in die Mittelmeerländer fahren, ohne uns vor Malariaan-
steckungen fürchten zu müssen. Diese Krankheit ist dort verschwunden,
58 ebenso in der UdSSR, den USA und vielen anderen Ländern. Aber noch
1946 hatte es allein in Italien über 300.000 Malariafälle gegeben. In Indien
60 war noch 1948 ein Drittel der Gesamtbevölkerung – über 100 Millionen
Menschen – malariakrank gewesen; 1963 waren es nur noch 50.000 Perso-
62 nen, und 1990 werden Indien und voraussichtlich auch die anderen Länder
Asiens und Lateinamerikas von dieser Krankheit befreit sein. Nur in Schwarz-
64 afrika wird man vielleicht noch mit ihr zu kämpfen haben.

☐

Ähnliche Fortschritte wird man zweifellos auch bei den meisten anderen In-
66 fektionskrankheiten machen. Viele wird man ganz ausrotten, andere wird
man heilen und ihre Verbreitung in Seuchen und Epidemien verhindern kön-
68 nen. Die vorbeugende Grippeschutzimpfung, die heute noch sehr unbefriedi-
gende Erfolge zu verzeichnen hat, wird in zwanzig Jahren wohl schon wirk-
70 lich wirksam sein, und man darf hoffen, daß man auch die harmloseren Er-
kältungen, die den Verlust sehr vieler Arbeitsstunden verursachen, weitge-
72 hend beseitigt haben wird.

☐

Mit gutem Grund ist ferner zu erwarten, daß die Behandlung und Heilung
74 von Krebs in den nächsten Jahren erheblich fortschreiten wird. Mit der allmählichen Überwindung der Infektionskrankheiten ist Krebs zu einer der
76 häufigsten Todesursachen geworden. Ein ganzes Heer von Ärzten und Bio-

chemikern beschäftigt sich heute mit der Erforschung dieser Krankheit und
78 beginnt bereits, deren Geheimnissen auf die Spur zu kommen.

*

Die nachfolgenden 19 Sätze sind kurze Zusammenfassungen verschiedener Textstellen.
Einige dieser Zusammenfassungen stimmen nicht mit dem überein, was tatsächlich im
Text steht: In diesem Fall setzen Sie in der Spalte NEIN ein Kreuz hinter den betreffenden Satz. – Trifft die Zusammenfassung zu, notieren Sie in der Spalte JA/ZEILE
die Nummer der betreffenden Zeile bzw. die Nummern der betreffenden Zeilen.

	ZUSAMMENFASSUNGEN	JA/ZEILE	NEIN
1	Originalgewänder aus der Rokokozeit sind den Mannequins von heute im allgemeinen zu groß.		
2	Im Durchschnitt werden Kinder heutzutage größer als ihre Eltern.		
3	Daß die Kinder größer werden als ihre Eltern, wird sich in den kommenden Jahrzehnten ändern.		
4	Eine Körpergröße von 195 cm und mehr wird eines Tages ganz normal sein.		
5	Es ist gar nicht so einfach, heutzutage ein Paar Schuhe der Größe 47 zu kaufen.		
6	1935 wurde man durchschnittlich 10 Jahre älter als 30 Jahre zuvor.		
7	Frauen leben im allgemeinen etwas länger als Männer.		
8	Damals haben mehr Kinder ihre Urgroßeltern gekannt als heute.		
9	Man lebt heute länger, weil es mehr zu essen gibt.		
10	Früher starben weniger Menschen an Krankheiten als heute, sie lebten vielmehr in Gesundheit bis an ihr Ende.		

	ZUSAMMENFASSUNGEN (Fortsetzung)	JA/ZEILE	NEIN
11	Die Geriatrie ist eine Wissenschaft, die sich vor allem mit der körperlichen Verfassung alternder Menschen befaßt.		
12	Man ist heute bemüht, alte Menschen unter allen Umständen am Leben zu halten.		
13	Eines Tages werden alle tötlichen Krankheiten überwunden sein.		
14	Kinderlähmung gehört zu den Ansteckungskrankheiten.		
15	Wer z. B. nach Griechenland oder in die Türkei fährt, sollte sich vorsorglich gegen Malaria impfen lassen.		
16	Zwar sind Infektionskrankheiten heute noch in vielen Teilen der Welt auf dem Vormarsch, doch eine Wende in dieser Entwicklung beginnt sich abzuzeichnen.		
17	In absehbarer Zeit wird es kaum noch Erkältungskrankheiten geben.		
18	Krebs hat heute viel von seinem Schrecken vergangener Jahrzehnte verloren.		
19	Die Ursachen, die Krebs erzeugen, sind weitgehend bekannt; es fehlt allerdings noch an geeigneten Methoden, diese Krankheit zu behandeln und zu heilen.		

*

Fragen und Aufgaben zu den Ausdrucksmitteln des Textes

1. „Vor einigen Jahren wollte man in Paris eine Modeschau mit Originalgewändern aus der Rokokozeit veranstalten." (Z. 1–2) → 1.1 *Vor einigen Jahren ... in Paris eine Modeschau ... . 1.2 Die Mannequins ... auf dieser Veranstaltung Originalgewänder aus der Rokokozeit ... .*

2. „Die Absicht konnte nicht verwirklicht werden." (Z. 2–3) → *Die Absicht ... sich nicht ... .*

3. „Es war unmöglich, Mannequins zu finden, denen die Kleider paßten." (Z. 3) → *Es waren ....., die die Kleider ... .*

4. „Die Kinder wachsen den Eltern buchstäblich über den Kopf." (Z. 7–8) – *Warum heißt es hier* „buchstäblich"?

5. „Die Kinder wachsen den Eltern (...) über den Kopf. Das ist (...) auf die Verbesserung der Ernährung zurückzuführen, (...) auch auf die im allgemeinen gesündere Lebensweise." (Z. 7–10) → *(...) Das ist vor allem ... zurückzuführen, daß sich die Ernährung ... ..., (...) auch ..., daß man ....*

6. „Man kann mit Sicherheit annehmen, daß sich dieser Prozeß auch in den nächsten zwanzig Jahren fortsetzen wird." (Z. 13–14) → *Dieser Prozeß ... sich auch in den nächsten zwanzig Jahren ... .*

7. „In neuen Häusern wird man die Normhöhe der Türen mindestens mit 2,10 Meter festlegen, (...)." (Z. 17–18) → *Was ist* „Normhöhe"?

8. „Personen, die (...), hat es zwar früher auch schon gegeben, aber die Zahl (...) dieser Personen ist dank der Erhöhung des Lebensstandards, der Verbesserung der Ernährung und der Wohnverhältnisse sowie dank der medizinischen und hygienischen Fortschritte immer größer geworden; (...)." (Z. 30–34) → *Aus welchen Gründen ist die Zahl dieser Personen immer größer geworden? Drücken Sie sich verbal aus! 8.1 Weil ..... 8.2 Weil ..... 8.3 Weil .....*

9. „Die volle Lebensspanne, also das Alter, das ein Mensch erreicht, der nicht vorzeitig einer Krankheit (...) oder sonst einer äußeren Einwirkung zum Opfer fällt, (...)." (Z. 37–39) → *9.1 Notieren Sie zwei Beispiele für eine* „äußere Einwirkung" *als Todesursache! 9.2 Erklären Sie den Unterschied zwischen* „Lebenserwartung" (Z. 22) *und* „Lebensspanne" (Z. 37)*!*

10. „Geriatrie" (Z. 40) – *Notieren Sie stichwortartig die wichtigsten Ziele dieses neuen Zweiges der Medizin!*

11. „Seit der Einführung der Schutzimpfung ist (die Kinderlähmung) praktisch abgeschafft." (Z. 54–55) → *11.1 Seit wann ist die Kinderlähmung abgeschafft? – Seitdem ..... 11.2 Warum heißt es hier* „praktisch"?

12. „Viele (Infektionskrankheiten) wird man ganz ausrotten, andere wird man heilen und ihre Verbreitung in Seuchen und Epidemien verhindern können." (Z. 66–68) → *Was wird man verhindern können? – Daß* .....

13. *Eine* „Grippeschutzimpfung" (Z. 68) *– das ist eine Impfung,* .....

14. „Mit der allmählichen Überwindung der Infektionskrankheiten ist Krebs zu einer der häufigsten Todesursachen geworden. Ein ganzes Heer von Ärzten (...) beschäftigt sich (...) mit der Erforschung dieser Krankheit und beginnt bereits, deren Geheimnissen auf die Spur zu kommen." (Z. 74–78) → 14.1 *Dadurch daß die Infektionskrankheiten* ..... 14.2 *Was bedeutet hier* „ein ganzes Heer"? 14.3 *Ein ganzes Heer von Ärzten ist ... beschäftigt,* ..... 14.3 *Was bedeutet hier* „auf die Spur kommen"?

Quellenverzeichnis

S. 20, S. 22: **Die Bremer Stadtmusikanten.** *Nach:* Die Märchen der Brüder Grimm. Vollständige Ausgabe. Leipzig: Insel-Verlag, 1910. – S. 28: **Ein Kindheitserlebnis** (...). *Aus:* Stefan Andres · Der Knabe im Brunnen. München-Zürich: R. Piper & Co, 1975. S. 38: **Franz Kafka · Kleine Fabel.** *Aus:* Franz Kafka: Die Erzählungen. Frankfurt a. M.: S. Fischer 1961.

S. 40–41: **In Untermiete** (...). *Aus:* Liebe Deine Deutschen wie Dich selbst. Reinbek bei Hamburg: Rowohlt Taschenbuchverlag, 1970. – S. 49–50: **Verlobter** (...). *Aus:* Erziehung und Wissenschaft, 1. 3. 1975. – S. 57–58: **Häuser.** *Aus:* Peter Bichsel · Die Jahreszeiten. Neuwied und Berlin: Hermann Luchterhand Verlag, 1967. – S. 59–60: **Zimmeranzeigen.** *Montage:* Verschiedene Nummern „Der Tagesspiegel", 1974. – S. 62–65: **Zimmermisere** (...). *Aus:* „Süddeutsche Zeitung", 4. 1. 1972. – S. 71–73: **Meuterei** (...). *Aus:* „Stern", 7. 12. 1969. – S. 78: **Jürgen Becker · Raum-Fragen.** *Aus:* J. B. · Umgebungen. edition suhrkamp 722, 1. Auflage 1974.

S. 82–83: **Im Schnell-Restaurant.** *Montage:* Rudolf Walter Leonhardt · X-mal Deutschland. München-Zürich: R. Piper & Co, 1964; „Süddeutsche Zeitung", 18. 6. 1971. – S. 100–101: **Reibekuchen** (...). *Aus:* Peter Fischer · Schlaraffenland, nimms in die Hand! Berlin: Wagenbachs Taschenbücherei 5, 1975. – S. 103–109: **„Bitte einen Ruppertsberger** (...)!" Originalbeitrag (Klaus Adler). – S. 112–114: **Bertolt Brecht · Über niederen Materialismus.** *Aus:* B. B. · Gesammelte Werke in 20 Bänden. Prosa 4. Frankfurt a. M.: Suhrkamp Verlag, 1967.

S. 116–117: **Einkaufsrennen** (...). *Montage:* „Der Tagesspiegel", 28. 11. 1971; „Süddeutsche Zeitung", 30. 11. 1970 und 11. 12. 1970. – S. 125–126: **Immer wieder dieselbe Diskussion** (...). *Aus:* „Frankfurter Rundschau", 13. 10. 1976. – S. 132–135: **Eröffnungsangebot.** *Montage:* Versandhaus-Katalog „Quelle", Herbst 1971; Anzeigen verschiedener Tageszeitungen. – S. 138: **Preise.** *Montage:* Schlagzeilen verschiedener Tageszeitungen, Illustrierten und Angebotslisten. – S. 139–143: **Hausfrau sein** (...). *Aus:* „Stern", 15. 7. 1970. – S. 144: **Ausgaben** (...)? *Aus:* „Stern", 3. 9. 1972. – S. 145–146: **Günter Grass · No Madamchen** (...). *Aus:* G. G. · Die Blechtrommel. Darmstadt: Luchterhand Verlag, 1968.

S. 148: **Brief vom 15. 11. 1978.** Originalbeitrag der Programmautoren. – S. 152, S. 154: **Briefe vom 12. 12. 1978 und 17. 2. 1979.** *Nach* Formbriefen der Technischen Universität Berlin. – S. 160: **„Sei schön** (...)!" *Nach:* „Frankfurter Rundschau", 6. 11. 1976. – S. 167–170: **Im Wirtshaus** (...). *Aus:* „Süddeutsche Zeitung", 19. 2. 1975. – S. 174–177: **Merkblatt des DAAD.** Ausschnitte. – S. 178–180: **Uwe Timm · Seminar.** *Aus:* U. T. · Heißer Sommer. München: C. Bertelsmann, 1974.

S. 184–185: **Erich Kästner · Aus meinem Leben.** *Aus:* Was nicht in euren Lesebüchern steht. Fischer-Bücherei 875. Frankfurt a. M., 1968. – S. 191–192: **Echtheit. Unechtheit.** *Aus:* Reinhard und Anna-Marie Tausch · Leben hinter Fassaden. In: „psychologie heute", 4. Jg., Heft 5, 1977. Weinheim: Julius Beltz Verlag. – S. 198–200: **Erich Kästner ist tot.** *Aus:* „Frankfurter Rundschau", 30. 7. 1974. – S. 207–211: **Deutschland und ich. Ein Hundertjähriger** (...). *Aus:* „Zeitmagazin", 22. 1. 1971. – S. 214–216: **Heinrich Böll · Über mich selbst (1968).** *Aus:* H. B. · Hierzulande. Aufsätze zur Zeit. München: Deutscher Taschenbuch Verlag, Nr. 11, 8. Auflage 1972. – S. 219–220: **Nina.** *Aus:* „Kursbuch" 47, 1977. Berlin: Kursbuch/Rotbuch Verlag. – S. 220–221: **Gabriele Wohmann · Über meine Mutter.** *Aus:* G. W. · Ausflug mit der Mutter. Darmstadt: Luchterhand Verlag, 1976.

S. 224–225: **Ein Brief aus dem Krankenhaus.** Im Besitz der Empfängerin, Frau Renate Adler. – S. 257: **Mehrerlei Maß beim Arzt.** *Aus:* „Frankfurter Rundschau", – S. 259: **Öchsel erzählt . . . und Kofler. Bericht.** *Aus:* Heinar Kipphardt · März. München: C. Bertelsmann, 1976. – S. 260–263: **Die Krankenversicherung.** *Aus:* Gustav A. Süß · Der junge Staatsbürger. Grundzüge der Sozialkunde. Frankfurt a. M.: Verlag Moritz Diesterweg, o. J. – S. 264: **Gesundheit steht** (. . .). *Aus:* „Du und die Welt", 3, 1971. – S. 265–267: **Beim Arzt** (. . .). *Aus:* „Süddeutsche Zeitung", 23. 12. 1970. – S. 269–271: **Wie ein Baby.** *Aus:* „Die Welt", 11. 9. 1971.

ANHANG (S. 273 ff.) – S. 278–279: **Alexander Kluge · Manfred Schmidt.** *Aus:* A. K. · Lebensläufe. Anwesenheitsliste für eine Beerdigung. suhrkamp taschenbuch 186, 1974.

Bildnachweis

Werner Eckhardt, München (2. Umschlagseite)
Bilderdienst Süddeutscher Verlag (S. 21, 59, 109, 133, 144, 208, 210, 266)
Ullstein Bilderdienst Berlin (West) (S. 93)
Roland Kabik, Berlin (S. 89)
Deutschland – Deine Geselligkeit (S. 91); Die echten aus Frankreich (S. 275) Gruner und Jahr GmbH, Hamburg
Tischgespräche (S. 92) F. K. Waechter, Frankfurt
Snips (S. 131) C. A. Jürgen Lehnartz GmbH & Co. KG
Wirtschaftsriese – Bildungszwerg (S. 159) Verlag Dr. N. Stoytscheff, Darmstadt
Klaus Staeck, Heidelberg (S. 263)
Marie Marcks, München (S. 288, 3. Umschlagseite)